地铁工程施工技术与管理研究

王溯　王革　谷永赛　主编

延吉·延边大学出版社

图书在版编目（CIP）数据

地铁工程施工技术与管理研究 / 王溯，王革，谷永赛主编． -- 延吉：延边大学出版社，2024．5
ISBN 978-7-230-06615-0

Ⅰ．①地… Ⅱ．①王… ②王… ③谷… Ⅲ．①地下铁道－工程施工－研究 Ⅳ．①U231

中国国家版本馆CIP数据核字(2024)第109516号

地铁工程施工技术与管理研究
DITIE GONGCHENG SHIGONG JISHU YU GUANLI YANJIU

| 主　　编：王溯　王革　谷永赛 |
| 责任编辑：梁　杰 |
| 封面设计：文合文化 |
| 出版发行：延边大学出版社 |
| 社　　址：吉林省延吉市公园路977号　　邮　　编：133002 |
| 网　　址：http://www.ydcbs.com　　E-mail：ydcbs@ydcbs.com |
| 电　　话：0433-2732435　　传　　真：0433-2732434 |
| 印　　刷：三河市嵩川印刷有限公司 |
| 开　　本：710mm×1000mm　1/16 |
| 印　　张：17.75 |
| 字　　数：320 千字 |
| 版　　次：2024 年 5 月 第 1 版 |
| 印　　次：2024 年 5 月 第 1 次印刷 |
| 书　　号：ISBN 978-7-230-06615-0 |

定价：90.00元

编 写 成 员

主　　编：王　溯　王　革　谷永赛

编写单位：中铁十九局集团轨道交通工程有限公司

前　　言

　　由于城市道路交通越来越拥挤，城市对轨道交通的需求越来越强烈。地铁作为城市轨道交通的重要组成部分，其作用越来越重要，地位也越来越高。地铁能够让我国城市交通运输更加多元化，并且能缓解城市交通压力。目前，地铁已成为颇受欢迎的交通工具，不仅解决了城市人口剧增和人口流动性增强带来的交通拥堵问题，而且为居民生活水平的提高做出了巨大的贡献。其实，地铁工程建设的难度较大。为了切实保证地铁工程的稳定性、安全性及经济效益与社会效益，施工企业需要了解地铁施工流程，明确各项施工技术，并制定安全管理措施。

　　本书分上下两篇，共七章。上篇为"施工技术篇"，主要内容包括明挖法施工、浅埋暗挖法施工、新奥法施工、盾构法施工；下篇为"施工管理篇"，主要内容包括地铁工程质量管理、地铁工程施工风险管理、地铁工程施工安全管理。

　　《地铁工程施工技术与管理研究》一书共 32 万余字。该书由中铁十九局集团轨道交通工程有限公司王溯、王革、谷永赛担任主编。其中第一章第一节、第二节、第二章、第六章第二节、第三节由第一主编王溯负责撰写，字数为 10.7 万余字；第一章第三节、第三章、第五章由第二主编王革负责撰写，字数为 10.7 万余字；第四章、第六章第一节、第七章由第三主编谷永赛负责撰写，字数为 10.6 万余字。

　　由于笔者水平有限，加之编写时间有限，书中难免存在不妥之处，恳请广大读者不吝批评指正。

笔者

2024 年 4 月

目 录

上篇 施工技术篇 1

第一章 明挖法施工 2

第一节 明挖法概述 2

第二节 地下连续墙施工 24

第三节 土钉墙施工 46

第二章 浅埋暗挖法施工 55

第一节 浅埋暗挖法概述 55

第二节 浅埋暗挖法分类 59

第三节 浅埋暗挖法的初期支护 73

第四节 浅埋暗挖的二次支护 78

第五节 隧道施工的超前支护 81

第六节 监控量测 84

第三章 新奥法施工 92

第一节 新奥法概述 92

第二节 超前支护 96

第三节　初期支护 …………………………………………… 100

第四节　全断面注浆加固 …………………………………… 106

第五节　防水层施工 ………………………………………… 110

第六节　衬砌施工 …………………………………………… 115

第七节　附属结构施工 ……………………………………… 121

第八节　地质预报 …………………………………………… 125

第四章　盾构法施工 …………………………………………… 131

第一节　盾构机 ……………………………………………… 131

第二节　盾构始发、试掘进与到达 ………………………… 136

第三节　管片预制技术 ……………………………………… 145

第四节　盾构隧道掘进 ……………………………………… 152

下篇　施工管理篇 ……………………………………………… 179

第五章　地铁工程质量管理 …………………………………… 180

第一节　地铁工程质量管理概述 …………………………… 180

第二节　地铁公司对地铁工程质量的管理 ………………… 188

第三节　地铁施工单位质量管理 …………………………… 195

第四节　地铁监理单位质量管理 …………………………… 205

第六章　地铁工程施工风险管理 ……………………………… 221

第一节　地铁工程施工风险管理概述 ……………………… 221

第二节　地铁工程施工风险的动态管理模式 ……………… 226

　　第三节　地铁工程施工监测信息预警管理 ………………… 231

第七章　地铁工程施工安全管理 ……………………………… 236

　　第一节　地铁工程施工安全管理概述 ……………………… 236

　　第二节　地铁工程施工安全事故 …………………………… 241

　　第三节　基于信息化的地铁工程施工安全管理 …………… 251

参考文献 ………………………………………………………… 271

上篇　施工技术篇

　　地铁工程施工技术是地铁建设的核心内容,其精湛与否直接关系到整个工程的成败。在这一篇中,我们将分别从明挖法、浅埋暗挖法、新奥法、盾构法四个方面深入剖析地铁工程的主要施工技术,全面展现地铁工程施工技术的精髓。

第一章　明挖法施工

第一节　明挖法概述

一、明挖法的概念

明挖法指的是在地下结构工程施工时，从地面向下分层、分段依次开挖，直至达到结构要求的尺寸和高程，然后在基坑中进行主体结构施工和防水作业，最后回填恢复地面的施工方法。其基本流程为：打桩（护坡桩）→路面开挖→埋设支撑防护与开挖→地下结构物施工→回填→拔桩恢复地面（或路面）。

明挖法是地铁工程的主要施工方法之一。在工程周围环境和交通条件允许，车站或区间隧道埋深较浅时，优先选用明挖法施工。

明挖法施工中的基坑可以分为敞口放坡基坑和有围护结构的基坑两类。在这两类基坑施工中，所采用的维护基坑边坡稳定的技术措施不同。因此，应根据隧道所处位置、隧道埋深、工程地质和水文地质条件，选择基坑类型。

若基坑所处地面空旷，周围无建筑物或建筑物间距很大，地面有足够空地能满足施工需要，又不影响周围环境，则采用敞口放坡基坑施工。因为这种基坑施工方法简单、速度快、噪声小、无须做围护结构。如果因场地限制，基坑放坡坡度稍大于规定坡度，则可采用适当的挡土结构，如采用土钉加混凝土喷抹面对边坡加以支挡。即使如此，造价仍然是较低的。

若基坑很深，地质条件差，地下水位高，特别是又处于城市中繁华的市区，地面建筑物密集，交通繁忙，无足够空地来满足施工需要，没有条件采用敞口放坡基坑，则可采用有围护结构的基坑。

明挖法的优点如下：①能较充分地利用地下空间；②施工方法简单，并已成熟；③施工工期较短；④施工风险较小；⑤较暗挖法施工工程的造价低。

明挖法的缺点如下：①施工受环境和气象影响较大；②施工对周围环境、地面交通、人们生活影响较大；③需要做大量的地面拆迁和地下管线保护及改移工作。

二、明挖法的基本类型

（一）先墙后拱

先墙后拱适用于地形有利、地质条件较好的各种浅埋隧道和地下工程。其施工步骤是：先开挖基坑或堑壕，再以先边墙后拱圈（或顶板）的顺序施作衬砌和敷设防水层，最后进行洞顶回填。当地形和施工场地条件许可，边坡开挖后又能暂时稳定时，可采用带边坡的基坑或堑壕；当施工场地受到限制，或边坡不稳定时，可采用直壁的基坑或堑壕，此时坑壁必须进行支护。

（二）先拱后墙

先拱后墙适用于破碎岩层和土层的隧道和地下工程施工。其施工步骤是：从地面先开挖起拱线以上部分，按地质条件可开挖成敞开式基坑，或支撑的直壁式基坑，接着修筑顶拱，然后在顶拱掩护下挖中槽，分段交错开挖马口，修筑边墙。

（三）墙拱交替

墙拱交替将上述两种类型相结合，边墙和顶拱的修筑相互交替进行，适用于不能单独采用先墙后拱或先拱后墙的特殊情况。其施工步骤是：先开挖外侧边墙部位土石方，修筑外侧边墙；开挖部分堑壕至起拱线，修筑顶拱；分段交错开挖余下的堑壕，修筑内侧边墙。

三、明挖法的分类

按照边坡围护方式的不同，明挖法一般可分为放坡明挖法、悬臂支护明挖法和围护结构加支撑明挖法 3 种形式。

（一）放坡明挖法

放坡明挖法是根据隧道侧向土体边坡的稳定能力，由上向下分层放坡开挖隧道所在位置及其上方土体至设计隧道基底高程后，再由下向上施作隧道衬砌结构和防水层，最后施作结构外填土并恢复地表状态的施工方法。放坡明挖法一般在边坡面不加设支护，可采用喷混凝土面和锚杆进行护坡。放坡明挖法要求施工开挖深度较浅，场地地基土质较好，且基坑平面有足够的空间用于放坡。该方法施工简单、经济实用，可在空旷地区或周边环境允许时，在保证边坡稳定的条件下优先选用。

放坡明挖法可进一步分为全放坡明挖和半放坡明挖。全放坡明挖指基坑采取放坡开挖，不进行坑墙支护，根据地质条件采用适宜的边坡坡度，分层、分段开挖至所需深度进行结构施工，完成施工后进行回填和恢复。半放坡明挖则是在基坑底部设置一定高度的悬臂式钢柱，增强土壁的稳定性。

（二）悬臂支护明挖法

悬臂支护明挖法是指将基坑围护结构插入基底高程以下一定深度，然后在围护结构的保护下开挖基坑内的土体至设计基底高程后，再由下向上顺作主体结构和防水层，最后回填土以恢复地表状态的施工方法。

（三）围护结构加支撑明挖法

围护结构加支撑明挖法是指当基坑较深、围护结构的悬臂较长时，在不增加围护结构的刚度和插入深度的条件下，在围护结构的悬臂范围内架设水平支撑以加强围护结构来共同抵抗较大的外侧土压力的施工方法。在主体结构由下向上顺作的过程中，按要求的时序逐层、分段拆除水平支撑，完成结构体系转换，最后施作结构外回填土并恢复地表状态。

四、明挖法的施工技术要点

采用明挖法施工的隧道，其主体结构施工与地面上工程类似，其主要工序为基坑开挖与支护。

（一）敞口放坡基坑

在地铁工程采用明挖法施工时，为了防止塌方，保证施工安全，在基坑（槽）开挖深度超过一定限度时，土壁应做成有斜率的边坡，以保证土坡的稳定。

当采用敞口放坡基坑法修建隧道时，保证基坑边坡的稳定是非常重要的。边坡坍塌，不但会使地基受到震动，影响承载力，而且会影响周围地下管线、地面建筑物的稳定和交通安全。

1.土方边坡开挖

当地下水位低于基底，在湿度正常的土层中开挖基坑（槽），且敞露时间不长时，可做成直立壁，不加支撑，但挖方的深度不宜超过下列规定：

碎石土和砂土：1.0 m。

轻亚黏土及亚黏土：1.25 m。

黏土：1.5 m。

坚硬的黏性土：2 m。

在施工过程中,应经常检查沟壁的稳定情况。

当土的湿度、土质及其他地质条件较好且地下水位低于基底,基坑(槽)深度在 5 m 以内且不加支撑时,其边坡的最大允许坡度见表 1-1。

表 1-1 深度在 5 m 以内不加支撑的边坡最大允许坡度

土的类别	边坡坡度(高:宽)		
^	人工挖土并将土抛于坑(槽)上边	机械挖土	
^	^	在坑(槽)底挖土	在坑(槽)上边挖土
轻亚黏土	1:0.67	1:0.50	1:0.75
亚黏土	1:0.50	1:0.33	1:0.75
黏土	1:0.33	1:0.25	1:0.67
中密碎石土	1:0.67	1:0.50	1:0.75

注:1.如人工挖土不把土抛到基坑(槽),随时将土运往弃土场,则应改用机械挖土的坡度。

2.当有足够资料和经验时,可不受此表所限。

2.影响基坑边坡稳定的因素及保持基坑边坡稳定的措施

在开挖不符合规范条件的基坑(槽)时,要确保土方边坡稳定。边坡稳定问题是敞口放坡基坑法施工中最重要的问题。如果处理不当,就容易导致土坡失稳,产生滑动,从而影响工程进展,危及生命安全,造成工程失败,因此土坡稳定是保证敞口放坡基坑法施工既安全又经济的关键。

(1)影响基坑边坡稳定的因素

影响基坑边坡稳定的因素主要有:

①没有按设计坡度进行边坡开挖。

②基坑边坡坡顶堆放材料、土方,停放运输机械、车辆,增加附加荷载。

③基坑降排水措施不力。地下水未降至基底以下,而地面雨水、基坑周围地下给排水管线漏水渗流至基坑边坡的土层中,浸湿土体,加大土体自重,增

加土体的剪应力。

④在基坑开挖后暴露时间过长,土体经风化而变得松散。

⑤在基坑开挖过程中,未及时刷坡,甚至挖反坡,使土体失去稳定性。

(2)保持基坑边坡稳定的措施

为保持基坑边坡的稳定,可采取以下措施:

①根据土层的物理力学性质确定基坑边坡坡度,并于不同土层处做成折线形边坡或留置台阶。

②做好基坑降排水和防洪工作,保持基底和边坡的干燥。

③当基坑放坡坡度受到一定限制而采用围护结构又不太经济时,可采用坡面土钉、挂金属网喷射混凝土或抹水泥砂浆护面。

④严格控制基坑边坡坡顶 1~2 m 范围内堆放的材料、土方和其他重物,以及较大的机械所产生的荷载。

⑤在基坑开挖过程中,随挖随刷边坡,不得挖反坡。

⑥暴露时间在 1 年以上的基坑,一般可采取护坡措施。

(二)有围护结构的基坑

目前,城市隧道明挖基坑所采用的围护结构种类很多,其施工方法、工艺和所用的施工机械也各不相同。因此,应根据基坑深度、工程地质和水文地质条件、地面环境条件等,经综合比较后确定围护结构。

1.工字钢桩围护结构

作为基坑围护结构主体的工字钢,一般为 50 号、55 号和 60 号大型工字钢。在基坑开挖前,在地面用冲击式打桩机沿基坑设计边线逐根打入地下,桩间距一般为 1.0~1.2 m。当地层为饱和淤泥等松软土层时,也可采用静力压桩机和振动打桩机进行沉桩。在基坑开挖时,随挖土方随在桩间插入 5 cm 厚的水平木背板,以挡住桩间土体。在基坑开挖至一定深度后,若悬臂工字钢的刚度和强度都不够,则需要设置腰梁和横撑或锚杆(索)。腰梁多用大型槽钢、工字钢制成，横撑则可采用钢管或组合钢梁。

工字钢桩围护结构适用于黏性土、砂性土和粒径不大于 10 cm 的砂卵石地层。当地下水位较高时，必须配合人工降水措施。打桩时，施工噪声一般都在 100 dB 以上，大大超过环保法规定的限值。因此，这种围护结构只适用于郊区距居民点较远的基坑施工。

2. 钢板桩围护结构

钢板桩强度高，桩与桩之间的连接紧密，隔水效果好，可多次使用。因此，沿海城市如上海、天津等地修建城市隧道时，在地下水位较高的基坑中多采用钢板桩维护结构。北京地铁一期工程在木樨地过河段也曾采用钢板桩维护结构。

钢板桩常用断面形式，多为 U 形或 Z 形。我国城市隧道施工中多用 U 形钢板桩，其沉放和拔除方法、使用的机械均与工字钢桩相同。由于城市隧道施工时基坑较深，为保证钢板桩垂直度且方便施工，并使其能封闭合拢，多采用屏幕式构造。钢板桩围护结构的适用范围，基本上与工字钢相同。

3. 钻孔灌注桩围护结构

（1）成孔方法

钻孔灌注桩一般采用机械成孔。隧道明挖基坑中所用的成孔机械，多为螺旋钻机和钢丝绳冲击钻机。正反循环回转钻机由于采用泥浆护壁成孔，故成孔时噪声低，适于城区施工，在明挖隧道基坑和高层建筑深基坑施工中应用广泛。

① 螺旋钻机成孔。螺旋钻机分长螺旋钻机和短螺旋钻机两种。由于地质条件限制，长螺旋钻机应用较广泛。由于短螺旋钻机要在把钻头提升到地面后反转甩出钻进中挤入钻杆叶片间的土，在反复钻进和提升过程中，孔壁易坍塌，因而在黏性土中较为适用，在其他软土地层中则受到一定限制。

长螺旋钻机钻孔直径一般为 300～800 mm，钻深可达 25 m；而短螺旋钻机钻孔直径一般为 400～1 500 mm，钻深可达 35 m。

螺旋钻机一般只适用于干作业钻进。但在 20 世纪 80 年代末，我国在水泥砂浆灌注桩的基础上稍加改进，成功研发出钻孔压浆成桩法。其施工程序为：钻孔至孔底→随压浆随提升钻杆→吊放钢筋笼后灌注石子，以形成钢筋混凝土桩。此种钻孔方法因随提钻随压水泥（砂）浆护壁，解决了螺旋钻机水中钻进引起孔壁坍塌的问题。

②钢丝绳冲击钻机成孔。利用悬吊着的钻头的冲击力，将钻孔内的土或岩层冲碎，并采用泥浆护壁，通过捞渣将钻孔内的大部分泥土清出孔外。其操作要点为：在钻孔前，先在孔口处埋设护筒，然后使钻机就位，并使钻头中心对准护筒中心；在钻进过程中，当深度在护筒底以下 3~4 m 时，应低锤冲击，锤高控制在 0.4~0.6 m，并及时加泥浆护壁，保持孔壁稳定；每冲击 3~4 m 掏一次渣，并及时加水，保持孔内水位高度，防止坍孔。在掏完渣后，向孔内加护壁泥浆并保持正常浓度。这样反复冲孔、掏渣、注浆，直至设计深度。

③正循环回转钻机成孔。在钻机驱动钻具回转钻进的同时，冲洗液沿钻杆与孔壁之间的环形空间上升，然后从孔口返回沉淀池，形成正循环回转钻进。钻机的主要部件有转盘、电动机、卷扬机、钻架、钻杆、钻头和水管等。

④反循环回转钻机成孔。冲洗液从地面沿钻具与孔壁间的环形空间或采用专门管线以及双壁钻杆的外环间隙流向孔底，然后沿钻杆的中心孔上升，返回地面，形成反循环排渣回转钻进。其主要设备与正循环回转钻机成孔的设备基本相同，但一般不需要泥浆泵。

（2）钻孔灌注桩混凝土配制与灌注

①混凝土应按设计配合比配制；坍落度为水下混凝土 18~22 cm，干作业混凝土 12~18 cm；强度要达到设计要求；在基坑开挖后，桩身无蜂窝、麻面、断桩、夹泥等不良现象。

②混凝土灌注分干孔灌注和水下灌注两种。干孔灌注一般采用直接由孔口倾倒入孔的方式，由于桩身较长，依靠混凝土的自重即可将其振实。水下混凝土灌注通常采用导管灌注方式，混凝土通过导管连续灌入桩孔内。为方便混凝土灌注，导管顶部应放置漏斗。在第一次灌注混凝土时，应事先在地面组装好

导管，经检查合格后吊入桩孔，并在导管底部装隔水塞，但不能妨碍混凝土顺利排出。导管底距桩孔底高度不宜超过 500 mm。

在灌注混凝土的过程中，应将导管埋入混凝土内 2~3 m，并严格控制导管拆卸时间，一般不超过 15 min。混凝土灌注要连续进行。在灌注混凝土的同时，应测量混凝土的上升高度，以便及时提升和拆卸导管。在桩身混凝土达到设计强度后，方可进行土方开挖。

4.挖孔灌注桩围护结构

挖孔灌注桩又称人工挖孔桩，简称挖孔桩。挖孔桩具有应用灵活、无机械噪声和泥浆污染、易调整纠偏和控制精度、对施工场地和机具设备要求不高及造价便宜等优点。

（1）成孔方法和步骤

挖孔桩通常是由工人用手持式工具挖掘成孔，并用手摇或电动卷扬机和吊桶出土。每挖一节桩身土方，就立模灌注混凝土护壁，逐节交替地由上往下进行，直到设计标高。随着井身加深，应即时安装通风、照明、通信等设备。在挖至地下水位以下后，一般可采用潜水泵排水，但为防止挖孔底部塌方，排水量不应超过 60 L/min。若水量过大，则应先进行注浆加固，再挖孔。

挖孔桩的最小直径为 800 mm，但为了工作方便，以不小于 1 200 mm 为宜。

为了防止挖孔坍塌，保证施工安全，每节桩身开挖长度应控制在 0.9~1.0 m。在复杂地质条件下，每一节的开挖长度应缩短。混凝土护壁厚度为 10~15 cm，必要时可配置一定数量的直径为 6~10 mm 的钢筋，混凝土标号为 C20。特大直径的挖孔桩，其混凝土护壁的尺寸和构造应专门设计。混凝土护壁均留在挖孔内，成为桩身的一部分。

挖孔桩桩身混凝土的制备和灌注方法及技术要求与钻孔灌注桩相同。

（2）挖孔桩的施工安全措施

挖孔桩施工安全是头等重要的问题，除上面已提到的要求外，尚应注意：

①要有足够的现场调查资料和有经验的现场管理人员，并严格按操作规程

施工。

②要加强地面观察，检查是否有异常的沉陷现象。

③在孔口应设置围栏和工作平台。

④应设置通风系统和瓦斯检测仪器。

⑤井下挖土工人应戴安全帽、保险吊带、防毒口罩，挖孔内还要设置救生吊梯。

5.地下连续墙围护结构

当基坑深、地质条件差、地下水位高时，一般需要采用地下连续墙作为基坑的围护结构；当条件适宜时，常常配合使用土层锚杆或横撑。

6.土钉墙围护结构

土钉墙围护结构是在隧道新奥法原理的基础上发展而来的，又称为深基坑的"喷锚网支护结构"。所谓土钉，就是置于基坑边坡土体中，以较密间距排列的细长金属杆。土钉依靠它与土体接触面上的黏结力或摩擦力，与其周围土体形成一个有自承能力的挡土墙体系，承受未加土钉土体施加的侧压力，以保持基坑边坡的整体稳定性。

土钉墙围护结构用于深基坑开挖的做法如下：从上到下分段开挖土方，每段高度一般为 1~2 m，并随开挖随在开挖面上设置土钉，然后挂网喷混凝土。也可先挂网喷混凝土，后设置土钉，视土质而定。土钉可击入土体，但通常都是先钻孔，然后插入土钉并沿全长注浆。

土钉与锚杆有相似之处，但作用机理不尽相同。除锚固段外，锚杆沿长度方向受到同样的拉力，并将此拉力通过锚座传给面部的挡土墙或桩。但土钉受力沿其长度方向是不均匀的，土钉支护中的喷射混凝土面层不是主要受力构件。土钉间距小而数量多，锚杆间距大而数量少。

土钉墙的施工要点：

①钻设钉孔。采用钻机或人工钻设，孔径一般为 100~150 mm，孔深一般为基坑深度的 70%~100%，孔距为 0.5~2 m，倾斜度为 13°~20°。

②加工并安装钉杆。钉杆可采用螺纹钢筋。孔口处留有弯钩，以便与墙体网片焊接。钉杆与注浆管要绑扎牢固。为保证钉杆置于孔中心，每隔2 m左右设置一支撑环。在钉孔钻好后即可安装钉杆。

③注浆。在钉杆安装完毕后，即可进行注浆。浆液可采用水泥浆或水泥砂浆，其强度不低于20 MPa，水灰比为0.4~0.5，并根据需要，掺早强剂、微膨胀剂等外加剂，注浆压力保持在0.4~0.6 MPa。

④当水泥砂浆达到设计强度后，对土钉施加设计荷载10%~20%的预加应力。

⑤挂钢筋网，并将纵向加强筋与钢筋网和土钉之间焊接牢固。

⑥在做好以上工作后，即可喷射混凝土。其强度不低于20 MPa，厚度为7~10 cm。

7.基坑围护结构的支撑体系

用明挖法修建隧道的过程中，基坑工字钢桩、钢板桩、灌注桩以及地下连续墙等围护结构，多采用横撑或锚杆加以支撑。除壁式地下连续墙根据设计沿纵向设置各道支撑暗梁外，其他围护结构的支撑点全部作用在紧贴桩的水平腰梁上，腰梁一般采用工字钢或槽钢背靠背并排制成。

空间较窄基坑的横撑，一般采用型钢加焊缀板制成；而车站或较宽基坑的横撑，常采用多节串联且两端长短可以调整的 $\phi 600$ mm 以上的钢管以及钢桁架。当采用横撑比较困难而地质条件又允许时，也可采用土层锚杆代替横撑。

纵向腰梁、横撑、锚杆应根据受力经过计算加以确定，并事先进行设计。

（1）腰梁、横撑及锚杆位置的确定

地下连续墙和支护桩顶部，一般采用现浇腰梁联结。而工字钢桩、钢板桩，通常随基坑土方开挖，在其2~3 m处设置第一道横撑。为防止锚杆拉应力对土层及地下管线产生不良影响，一般第一道锚杆设置在距地面以下4 m处。其他各层横撑及锚杆位置应根据受力计算确定，并在基坑土方开挖过程中，随挖随设置。

主体结构，特别是车站结构，埋置深、结构高，基坑围护结构应设置多道横撑或锚杆。由于在结构完成后还要拆除腰梁、横撑和锚头等，所以基坑围护结构的横撑、锚杆和腰梁的设计，必须与主体结构施工步骤紧密结合。主体结构顶面以上的横撑底面至结构顶板的距离应不小于 100 cm，以利于结构顶板施工。

（2）土层锚杆

当基坑面积很大且采用横撑较困难时，采用锚杆支撑更能显示其优越性。但在地层软弱且松散时，锚杆设置较为复杂和困难。在设计土层锚杆时，应进行承载力、截面积和稳定性等方面的计算。土层锚杆由锚头、锚杆和锚固体组成。目前，我国隧道明挖基坑围护结构的锚杆杆体多采用钢筋或钢绞线。

①锚杆布置。最上层锚杆的覆土厚度一般不少于 4 m。锚杆间距通过计算确定，一般上下层间距为 4～5 m，水平间距为 1.5～3 m。锚杆倾角为向下 13°～35°。锚固体位于滑动土体 1 m 以外，锚杆长度目前常用 15～30 m。

②土层锚杆施工技术要点。第一，钻孔。应根据地质情况选用不同的钻机，在钻孔前，根据设计确定孔位并做好标志。在钻孔时，严格控制位置、方向和深度。第二，锚杆制作与安装。在制作锚杆时，应根据设计断面，采用 1～3 根钢筋或钢绞线制成束形，每隔 2～3 m 绑扎一处。为保证锚杆束位于钻孔中心，并方便插入，应每隔 2～3 m 左右放置一个定位器。同时，为使自由段拉杆自由伸长，应在锚固段和自由段之间放置堵浆器，或在非锚固段包裹塑料布加以保护。在安装锚杆之前，要认真检查，若符合要求，则可进行安装。当钻机钻杆退出后，应及时插入锚杆和注浆管。第三，注浆。注浆是土层锚杆施工中的一个关键工序。锚杆注浆一般使用普通硅酸盐水泥，水灰比为 0.4～0.45，因其具有流动性而适合泵送。为防止由泌水、干缩导致的水灰比的降低，可掺加外加剂和微膨胀剂。注浆一般采用一次注浆法，在一些重要的工程中，也可进行第二次注浆，以提高锚杆的承载力。第四，锚杆试验与张拉。锚杆试验一般分为抗拔试验和抗拉试验。这两种试验的锚杆根数一般均为 3 根。张拉是对

工程上的每一锚杆施加一定的预应力。我国隧道明挖基坑锚杆的张拉预应力一般仅为设计荷载的 70%。在每次加荷后，都要量取锚头的变位，并把张拉结果与抗拉试验结果对照。

（三）基坑降水和排水

在明挖法施工中，若基坑底在地下水位以下，土质又具高渗透性，为保证工程质量及安全，须把地下水位降到边坡面和坑底以下。尤其是当遇到承压含水层时，若不减压，基底就会遭到破坏，出现砂的隆起和基底土的流失现象。

降低水位也是基坑加固的一种方法。特别是当软土层下有砂土层时，抽取砂层中的水，使上部软土层内产生负孔隙水压力，可大大增加其有效应力，达到抽水固结作用。

1.降水和排水方法

在基坑开挖时，可采用的降水与排水方法有以下几种：

（1）集水坑排水降水法

集水坑排水降水法是沿坑底周围基础范围以外开挖排水沟，根据渗入基坑水量的大小，沿排水沟每隔 20～40 m 挖一个集水坑。集水坑底应较基坑底低 1～2 m，并铺垫 300 mm 厚的碎石层。抽水工作要持续到基础施工完毕进行回填土时为止。

土质为细砂、粉砂或亚砂土的地点，采用集水坑排水降水法易出现流砂现象；当板桩与排水相结合，板桩外部与板桩内部的水压差较大时，也常会引起流砂现象。对于这两种极易产生流砂的情况，均不宜采用集水坑排水降水法。采用集水坑排水降水法，必须经过精确的计算与设计，以确保施工安全。

（2）井点降水法

井点降水法是在基坑开挖前，预先在基坑四周埋设一定数量的滤水管，利用抽水设备抽水，使地下水位降落到坑底以下。井点降水法包括轻型井点、喷射井点、深井点等方法。

①轻型井点。按井点布置图将滤管埋好，从滤管中抽出地下水。经过一段时间，地下水位逐渐降落到坑底以下。抽水工作要持续到基础完工之后。这种方法可使所挖的土始终保持干燥状态，从根本上防止流砂的发生，改善工作条件。同时，在土内水分排出后，动水压力将被减小或消除，密实程度将得到提高，因此边坡角度会增大。

②喷射井点。喷射井点的工作原理是：自高压泵输入的水流，经输水导管到喷嘴，由于喷嘴处截面变小，流速骤增，于是喷嘴周围产生负压，将所欲提升的地下水经吸入管吸入混合室，排出井点。

③深井点。当土粒较粗、渗透系数很大、透水层也很厚时，采用深井点较为合适。其优点是降水的深度大，范围也大，因此可以布置在基坑施工范围以外，使其排水时的降落曲线达到基坑之下。深井点可以单用，也可以和井点系统合用。

④其他方法。a.真空井点降水。当基坑处于渗透系数小的细粒粉土地层时，土中一部分水由于毛细管力的作用而不能用重力的方法抽出，此时用普通井点已不能成功地降水，因此必须采用真空井点降水。真空井点降水是在井点的顶部用黏土或膨润土封住，其厚度为 1~1.5 m，以保持滤管和其填料内的真空度，使井点的水力坡降增加。这种情况的降水要求井点的间距小，从而使地下水易于抽出。b.电渗降水。对于更细颗粒的土，如一些粉土、黏质粉土和红粒黏土等，用前面所述的方法均不能成功地降水，此时可用电渗降水。其原理是：在上述土层中插入两个电极，通以直流电，则土中的水将与土分离，由阳极流向阴极，若将井点作为阴极，则可将分离的水抽出。

2.渗透变形破坏及其防治措施

（1）渗透变形的基本形式

大量的研究表明，渗透变形包括流土和管涌两种形式。

流土是指在渗流作用下，黏性土或无黏性土体中某一范围内的颗粒或颗粒群同时发生移动的现象。流土发生于渗流处而不发生于土体内部。在开挖基坑时遇到的流砂现象，就属于流土的类型。

管涌是指在渗流作用下，无黏性土体中的细小颗粒通过粗大颗粒的孔隙，发生移动或被水流带走的现象。它发生的部位可在渗流溢出处，也可在土体内部。

渗透变形的两种类型是在一定水力坡降条件下，土受渗透力作用而表现出来的两种不同的变形和破坏现象。在开挖施工中应避免发生。

（2）防止流砂现象的措施

在基坑开挖中，处理好土层和水的关系至关重要，特别是砂与砂土层，若不注意排水，极易导致地下水渗流而出现流砂现象。解决的办法有两种：一种方法是用长板桩或地下连续墙来防止地下水渗流的进入；另一种方法是在基坑外将地下水位降低，并将地下水排走，使其不致危及基坑的开挖。

3.降排水方案选择与应注意的问题

降排水方案的选择涉及的问题很多。应综合考虑现场的地质、地形、地下水等条件，还要考虑工程的重要性、基坑几何尺寸、施工技术条件等，最终选择经济合理的降排水方案。

对于一般工程，明挖法施工多采用明沟加集水井的方法降排水，其所需设备简单、费用较低，水可及时排出工地。对于大型重要工程，特别是地质条件较差、含水层较浅、有承压水、地下水位较高的情况，采用井点降排水方法可从根本上防止流砂现象的发生，改善工作条件。

在黏土中开挖，必要时应考虑采用电渗法降排水。

在选择降排水方案及设计施工时，根据影响降水因素，还应注意如下问题：

①气象条件。基坑降水应特别注意气象条件对地下水的影响，应了解当地降雨、暴雨量。

②地质条件。抽水量应根据地质条件及施工经验确定。

③场地条件，包括现场有无堆土、车辆载重量、附近民房及建筑物情况、地下管线及抽排水通道位置等。

④坡面保护。随着开挖的进行,应加强坡面的保护,以减少漏气,保证降排水效果。一般多采用塑料膜或挂钢筋网喷水泥浆护坡。

⑤供电保证。必须双路供电,以免断电造成井点停转,引起边坡坍塌。

⑥设备保证。井点泵必须有备用量,以防止因故障停止抽水。

⑦对于不熟悉的地区,务必进行现场抽水试验,确定渗透系数,核对计算数据。

(四)基坑开挖与回填

1.基坑监控量测

地下铁道邻近建筑物和交通要道,为确保施工安全,对于支护桩(工字钢桩、钢板桩等支护桩)、地下连续墙和土钉墙等支护的基坑,在墙体上应设置观测点,观测水平和横向位移,并绘出时间-位移曲线,如果需要,还可进行土压力和结构应力测试,以获得综合资料。

2.基坑土方开挖

(1)应具备的条件

①已拟定出开挖实施方案。

②基坑内地下水位已降至开挖面以下 0.5 m。

③弃(存)土地点已经落实。

④地下管线已经改移或悬吊完毕。

⑤运输道路及行走路线已经确定并取得了有关部门的认可。

⑥现场拆迁已完成,场地已清理干净,已排除地面水并做好测量工作。

⑦施工机械、车辆已维修保养好。

(2)常用的机械设备和车辆

常用的机械设备和车辆有推土机、挖掘机、铲运机和大型翻斗运输车等。

(3)设置运输马道

为满足机械出入基坑的需要,应设置马道,其坡度一般为 1∶7,设置位置要因地制宜，通常300 m左右设置一条，并尽量以车站出入口和通风道处为马道，减少土方的开挖数量。

（4）土方开挖

土方应分层开挖，每层开挖深度一般为4～6 m，如果采用有围护结构的基坑，土方开挖则需与横撑、锚（钉）杆的施工相配合。为防止基底扰动和超挖，在采用机械挖至设计标高以上10～20 cm时，应采用人工清底。

3.基坑回填

在基坑回填前，应选好土料（以砂性土为宜）、清理基底、做好质量控制的准备工作等。基坑应分层并从低处开始逐层回填并压实。基坑边坡与主体结构之间狭窄之处，应采用人工回填。地下管线处应从两侧用细土均匀回填。在特殊部位处理好后，再采用机械进行大面积回填。为确保回填密实度，在回填过程中，应根据规定进行密实度检查，在合格后方可回填上层土。

（五）结构防水层施工

采用明挖法施工的结构防水，一般由结构自防水和附加防水层组成。附加防水层可以用卷材、涂料或防水砂浆等做成。通常防水层都设在主体结构外侧（迎水面），且要求与结构的表面黏结良好。

根据基坑护坡方法，如桩柱法、地下连续墙法等所提供的防水层施作条件，可选择先贴法或后贴法，一般底板及侧墙下部用先贴法。

防水层应满足下列要求：处于侵蚀性介质中的要耐侵蚀，受振动作用的要有足够的柔性。

1.卷材防水

（1）材料

我国目前的防水卷材品种较多，大致可分为以下几类：

①沥青防水卷材。根据胎体的不同，沥青防水卷材有很多种，它们共同的优点是具有良好的耐水性和耐腐蚀性，但它们也具有热流冷脆性，这是它们致

命的弱点，故隧道等重要工程一般不用。

②改性沥青防水卷材。根据不同的改性剂，改性沥青防水卷材可分为塑性体防水卷材［以无规聚丙烯（APP）为代表］、弹性体防水卷材［以苯乙烯-丁二烯-苯乙烯嵌段共聚物（SBS）为代表］、自黏结防水卷材、聚乙烯沥青防水卷材、橡胶粉改性防水卷材等。国际上常用的为APP和SBS改性剂。

③高分子防水卷材。按其母材性质可分为：橡胶类，如三元乙丙橡胶、氧丁橡胶、丁基橡胶、再生橡胶等；塑料类，如聚氯乙烯、氯化聚乙烯、低密度聚乙烯（LDPE）、线性低密度聚乙烯（LLDPE）等；多种合成树脂，如用乙烯-醋酸乙烯共聚物（EVA）、乙烯共聚物（ECB）等制成的防水卷材；橡胶类与塑料类共混制品，如氧化聚乙烯-橡胶共混防水卷材等。

（2）结构防水层的设计

在设计结构防水层时应注意：

①选材。目前，隧道明挖结构的外贴式防水层均选用改性沥青防水卷材或高分子防水卷材。卷材的配套材料（如黏结剂）应与所选的卷材相匹配。无论是卷材还是黏结剂都应能与结构表面黏结良好，且能在水中保持其黏结性，以防止防水层局部破损。此外，在选材时还应考虑施工的季节性和经济性，如溶剂型黏结剂在冬天难以挥发，会影响质量和工期。

②保护层。结构底板以及放坡开挖或工字钢桩支护开挖的侧墙部分的防水层都应在其外设置保护层，以免后续工序施工时弄坏防水层。保护层一般由预制混凝土板或砖墙组成。在设计中，应规定保护层内表面平整、光滑。不允许有凸出的"水泥钉"，以免在侧向压力作用下将防水层压穿。

（3）结构防水层的施工

明挖结构防水层施工的一般步骤为：先在底板的找平层及边墙下部（永久保护墙与卷材接槎高度）用先贴法按规定施作防水层，并抹防水砂浆予以保护，然后立模灌注主体结构，在拆模后接长卷材，用后贴法将其粘贴于边墙和顶板的外侧，最后施作顶板保护层。

在施工过程中要注意：

第一，基面要平整、牢固、清洁、干燥，湿度小于9%。沥青类卷材圆弧半径不小于150 m，高分子类卷材圆弧半径不小于100 mm。后贴法部位的基面应涂刷打底料。

第二，卷材防水层的层数应根据场地的水文地质情况、工程的重要性、卷材的质量和厚度等因素确定。卷材间的搭接长度不应小于100 mm（长边）或150 mm（短边），上下两层和相邻两幅卷材接缝应错开1/3幅宽。平、立面转角处卷材如需要接缝，则应将接缝放在平面上，距立面不小于300 m。

第三，在黏结卷材时，无论是外防外贴还是外防内贴，均应先在保护墙上用白灰砂浆或水泥砂浆找平，在达到强度后再贴卷材。

第四，当采用热熔法施工时，湿度过低会影响黏结质量，过高则会烧坏防水层。

2.涂料防水

在明挖结构中也可采用大面积的涂料防水，但要注意保证涂料防水厚度均匀一致。在基面复杂的部位，因卷材不易施工，采用涂料则较为方便。

（1）选材

应选用防水、抗菌、无毒或低毒、刺激性小的涂料，目前比较适用的是焦油聚氨酯涂料。

（2）基面要求

基面应平整、清洁、无浮浆，可使用溶剂型涂料时含水率小于9%。

（3）施工

在施工前，必须检测涂料性能是否符合规定，配料要准确，搅拌要均匀。在涂刷时，第二层涂料与前一层涂料的涂刷方向应相互垂直。

当与玻璃布、玻璃毡片、土工布等材料复合使用时，布材铺贴不得皱折。

3.明挖结构变形缝等防水构造施工要点

（1）变形缝

变形缝防水构造形式和材料应根据工程特点、地基和主体结构变形情况以及水压、水质和防水等级等因素确定。缝宽一般为 20～30 mm。水压较大的变形缝通常采用埋入式橡胶止水带。对防水等级较高的工程，根据施工条件，可在变形缝外侧或内侧用其他防水材料，如使用嵌缝材料或高分子卷材进行加强。

（2）后浇缝

①应在其两侧结构混凝土的龄期达 6 周以上时再施工。

②在施工前，应将接缝处的混凝土凿毛，清洗干净，保持润湿并刷水泥净浆。

③采用补偿混凝土将后浇缝浇筑满，其强度等级和抗渗标号均不低于两侧主体结构混凝土。

④养护时间不少于 28 d。

（3）施工缝

在凿毛清洗干燥后，在结构断面中部附近放置遇水膨胀腻子条。也可采用橡胶或塑料止水板等，但施工比较麻烦。

（4）穿墙管

①应在浇筑混凝土前埋设，并加止水环，环与主管要满焊。

②如需要更换墙管，则采用套管法。

③当穿墙管线较多时，可采用穿墙盒，盒的封口钢板应与墙上的预埋件焊牢，并将密封材料注入钢板上的浇筑孔中。

（六）主体结构施工

1.钢筋工程

（1）钢筋加工

隧道工程施工位于城市，场地狭窄，因此钢筋一般在工厂加工好后运至现场再进行安装。地下铁道区间隧道结构断面形式统一，鉴于此，可大量采用点焊钢筋骨架，减少现场绑扎工作量，降低劳动强度，保证工程质量。

工厂加工钢筋，均按规范和设计要求进行。钢筋在出厂前须经过检查验收，在合格后才能运往施工现场。

（2）钢筋绑扎

为保证钢筋绑扎质量，在绑扎前要做好以下工作：

①认真熟悉设计图纸，拟定施工方案，确定绑扎顺序，做好技术交底。

②核对并检查钢筋数量、类别、型号等是否与设计相符。

③检查结构位置、标高和模板支立情况，在无误后测设钢筋位置。

④清理结构内杂物并准备好绑扎铁丝和工具。

在做好施工准备后，按规范和设计要求进行绑扎。若施工中采用套筒冷挤压、电渣压力焊等施工技术连接钢筋，则要按相应的规范施工，以确保工程质量。

在钢筋绑扎完后，应进行隐蔽工程检查，在合格后方可进行下道工序。

2．模板构筑

明挖隧道为钢筋混凝土框架结构，表面积大、模板用量多，做好模板设计工作是十分重要的。

为保证钢筋混凝土质量，应尽量采用钢模板或胶质叠合板；有条件的地段，可采用模板台车。但在地下铁道结构特别是车站、通风道等处，预埋件较多，应考虑采用钢木模板，以利预埋件的固定和穿出。

方形或矩形柱可采用组合钢模板，圆形柱则多采用对装成节的钢模板或玻璃钢模板。变形缝处的端头模板要便于设置和固定止水带、填缝板，因此应采用木模板。

（1）模板基本要求

①应事先设计，并进行计算，保证模板的强度、刚度和稳定性。

②接缝严密不漏浆，并涂隔离剂，以利拆模。

③必须保证各部位形状尺寸和相互间位置的正确性。

④要考虑多次周转使用及方便安装和拆除，对混凝土无损伤，并方便钢筋

绑扎和混凝土灌注。

⑤在结构顶板模板支立时，应考虑 1～3 cm 的沉落量。

（2）模板台车的使用

采用明挖法施工的隧道断面是定型的，而且结构长。因此，应采用模板台车灌注混凝土，以实现模板拆装、运输机械化，加快施工进度，降低劳动强度，保证工程质量。

模板台车是利用钢模板铰接折叠原理，采用设于台车上的机械手的推、拉、顶的作用来实现模板拆支的，其施工程序和操作要点为：

①支模板。台车载着模板运至安装地点，分别伸出垂直、水平、斜拉千斤顶，将模板顶出并就位。

②拆模板。台车运至拆模地点，分别伸出垂直、水平、斜拉千斤顶与模板铰相连，分别收缩斜拉、垂直、水平千斤顶，将模板拆下。

3.混凝土灌注

隧道结构的混凝土灌注应符合防水混凝土工程的要求。明挖隧道在城市范围内施工，其混凝土大多数为商品混凝土，由搅拌站集中生产，由搅拌车运送，由输送泵车输送至灌注地点。

钢筋混凝土工程施工要点：

①结构底板、墙、顶（楼）板钢筋混凝土施工，均应以变形缝划分区段间隔施工，并一次灌注完毕。

②顶（楼）板、底板以台阶分层进行灌注，墙及柱子分层水平灌注，并保证上下层覆盖时间不超过 2 h。

③钢筋与模板间必须用砂浆或塑料垫块垫紧，以保证钢筋保护层厚度。

④如混凝土出现离析现象，则应进行二次搅拌，在搅拌均匀后方可灌注。当混凝土灌注高度超过 2 m 时，应加串筒。

⑤混凝土采用高频振捣器振捣，并在底板、顶（楼）板混凝土初凝之前用平板振捣器再进行一次振捣，以消除泌水，确保混凝土密实。

⑥在预埋件多和钢筋密集处,需要采用同标号细石混凝土灌注,保证不漏振。

⑦在变形缝止水带处,顶(楼)板、底板应掀起止水带,灌注其下混凝土,并振实,在将止水带缓慢压在下层混凝土上后,再灌注其上混凝土。边墙处止水带应采用铁丝将其拉紧于边墙立筋上,防止混凝土灌注时将止水带压偏。

⑧施工缝应尽量少留或不留,隧道底板与边墙施工缝留在底板表面以上20～30 m 处,并尽可能做成凹形、凸形或台阶形。在灌注混凝土之前,应将其凿毛,清除浮渣和杂物,用水清洗并保持湿润。在灌注混凝土时,先铺放20～30 mm厚的同标号砂浆,再正式灌注混凝土。

⑨在灌注墙、柱与板交界处后,应停歇1～1.5 h,再继续灌注混凝土。

⑩在灌注混凝土过程中,派专人观测模板、支架、钢筋、预埋件和预留洞处的情况,如发现变形、移位等,则应及时进行处理。

⑪在混凝土灌注终凝后,及时采取养护措施,保持混凝土表面湿润。

第二节　地下连续墙施工

一、地下连续墙的定义

一般来说,地下连续墙是指利用各种挖槽机械,借助泥浆的护壁作用,在地下挖出窄而深的沟槽,并在其内浇注适当的材料而形成的一道具有防渗、防水、挡土和承重功能的连续的地下墙体。

若地下连续墙为封闭状,则基坑开挖后,地下连续墙既可挡土又可防水,为地下工程施工提供条件。地下连续墙也可以作为建筑的外墙承重结构,两墙合一，大大提高施工的经济效益。

二、地下连续墙的发展

地下连续墙开挖技术起源于欧洲。1950 年，意大利开始在水库大坝工程中使用地下连续墙技术。1958 年，我国引进了此项技术并将其应用于北京密云水库的施工中。20 世纪 70 年代中期，这项技术开始推广应用到建筑、煤矿、市政等部门。我国的一些重大地下工程和深基础工程是利用地下连续墙工艺完成的，取得了很好的效果。如广州白天鹅宾馆、广州花园酒店、上海电信大楼、上海国际贸易中心、新上海国际大厦、上海金茂大厦等高层建筑深基础工程都应用了地下连续墙。

经过几十年的发展，地下连续墙技术已经相当成熟。目前，地下连续墙的最大开挖深度为 140 m，最薄的地下连续墙厚度为 20 cm。

三、地下连续墙的分类

按成墙方式可分为：桩排式地下连续墙、槽板式地下连续墙、组合式地下连续墙。

按墙的用途可分为：防渗墙、临时挡土墙、永久挡土（承重）墙和作为基础用的地下连续墙。

按墙体材料可分为：钢筋混凝土墙、塑性混凝土墙、固化灰浆墙、自硬泥浆墙、预制墙、泥浆槽墙（回填砾石、黏土和水泥三合土）、后张预应力地下连续墙、钢制地下连续墙。

按开挖情况可分为：地下连续墙（开挖）、地下防渗墙（不开挖）。

四、地下连续墙的优缺点

（一）地下连续墙的优点

①施工时振动小，噪声低，施工速度快，建造深度大，非常适合在城市密集建筑群中建造深基坑支护及进行逆作法施工。

②墙体刚度大，整体性、防渗性和耐久性好，质量可靠，在用于基坑开挖时，极少发生地基沉降或塌方事故，几乎不渗水。

③可以紧贴原有建筑物施工。

④占地少，可以充分利用建筑红线以内有限的地面，充分发挥投资效益。

⑤适用于多种地基条件，能适应较复杂的地质情况，从软弱的冲积地层到中硬的地层、密实的砂砾层，各种软岩和硬岩等所有的地基都可以建造地下连续墙。

⑥可用作刚性基础。地下连续墙早已不再单纯作为防渗防水、深基坑维护墙，而是越来越多地代替桩基础、沉井或沉箱基础，承受更大荷载。

⑦用地下连续墙作为土坝、尾矿坝和水闸等水工建筑物的垂直防渗结构，是非常安全和经济的。

（二）地下连续墙的缺点

①在一些特殊的地质条件（如很软的淤泥质土、含漂石的冲积层等）下，施工难度很大，存在施工的适应性问题。

②如果施工方法不当或地质条件特殊，则可能出现相邻槽段不能对齐和漏水的问题，甚至出现槽壁坍塌问题。

③如果地下连续墙仅用作临时的挡土结构，费用就会相对较高。采用钢板桩尚可回收重复使用，经济效果更好。

④在城市施工时，弃土和废泥浆的处理比较麻烦。若处理不当，则会造成

环境污染。

⑤现浇地下连续墙的墙面通常较粗糙，如果对墙面要求较高，就需要使用喷浆或喷砂等方法进行表面处理或另做衬壁。

五、地下连续墙施工技术

（一）导墙施工

导墙起着锁口、成槽导向、储存泥浆稳定液、维护上部土体稳定和防止土体坍落、承担临时施工荷载等作用，直接关系着地下连续墙成槽的精度。在导墙施工时，若地质情况比较好，则直接施作导墙；若地质松散，则可从地表进行注浆加固。

1. 导墙形式的确定

以软土地层为例，根据设计图纸以及地质情况，导墙采用"┐┌"形结构形式，导墙混凝土采用 C25 钢筋混凝土施作（内掺早强剂），导墙两侧的翼面置于原状土上。为保证两侧导墙能紧贴地面并在地下连续墙施工前和施工中不产生内挤，导墙翼面宽度应为 1.3 m，墙厚 0.2 m，导墙深度为 1.8 m，导墙顶面高出地面不小于 0.1 m，防止周围的散水流入槽段内。导墙的净距按照《地下铁道工程施工质量验收标准》（GB/T 50299—2018）的要求大于地下连续墙的设计宽度 40 mm。

导墙各转角处应向外延 300 mm，以满足最小开挖槽段及成槽需要，以免成槽断面不足，妨碍钢筋笼下槽。

2. 导墙的施工

（1）导墙施工流程

平整场地→测量定位→挖槽及垫层→钢筋绑扎→支立模板→灌浇混凝土→拆模→设横支撑。

（2）导墙沟槽开挖

为了确保导墙的稳定性，导墙施工以底部深入未经扰动的原状土，在回填夯实的加固土体上制作牢固的钢筋混凝土导墙，根据测量放样在导墙位置进行开挖，清除导墙施工范围的障碍物，直至原状土，然后施作导墙，导墙顶高出地面 10 cm 以上。

导墙采用 C25 钢筋混凝土结构，壁厚 20 cm，配筋为双层双向 ϕ12@150 mm，导墙净宽 1 250 mm。导墙尽量和附近的施工便道一体浇筑，在绑扎施工便道的钢筋之前，先将导墙两侧用优质黏土分层回填、压实。

在放坡（放坡比为 1∶0.5）后用挖掘机开挖导墙沟，人工配合修整清底，并用潜水泵抽排坑内积水。在导墙开挖好一段后，在沟底施作 50 mm 厚 1∶3 水泥砂浆抹平。当水泥砂浆达到一定强度后，开始绑扎钢筋，架立模板，经测量检查位置符合规范偏差要求，并经监理工程师检查确认后，进行 C25 混凝土灌注，泵送入仓，采用插入式振捣器振捣密实。导墙顶面标高严格控制，局部高差控制在 5 mm 以内，轴线偏差不超过 10 mm。

如果在导墙施作过程中遇到障碍物、软弱地层或其他废弃管线导致开挖深度过大，则可把导墙加深，以满足施工要求。

（3）导墙的钢筋混凝土施工

①在导墙沟槽开挖完成、垫层完成并达到一定强度后，绑扎导墙钢筋。导墙钢筋用 ϕ12 mm 螺纹钢，在施工时双层双向布置，钢筋间距按 150 mm×150 mm 排列，水平纵向钢筋置于内侧。钢筋保护层厚度为 30 mm。

②为确保导墙施工质量，在施工前先检查模板的平整度。

③侧墙模板采用组合钢模板，分块长度为 2 m×1 m。面板为 6 mm 厚钢板，面板背肋采用 6 mm 厚钢板并与面板点焊连接，纵横向间距 250 mm 布置。模板加固采用 ϕ48 mm 钢管，纵向钢管间距为 300 mm，竖向钢管间距为 500 mm。两竖向钢管间采用 ϕ20 mm 钢筋对撑，钢筋两端与竖向钢管焊接。模板应加固牢固，严防跑模。在混凝土浇筑前，先检查模板的垂直度和中线以及净距是否

符合要求,经"三检"合格后报监理工程师通过,方可进行混凝土浇筑。

④混凝土浇筑采用人工与反铲配合。在混凝土浇筑时,两边对称交替进行,严防走模。如发生走模,则立即停止混凝土的浇筑,重新加固模板,并校正到设计位置,之后方可继续进行浇筑。

⑤混凝土的振捣采用插入式振捣器,振捣间距根据振捣器的有效范围确定,防止振捣不均,同时也防止在一处过振而发生走模现象。

(4)模板拆除

待导墙混凝土强度达到设计强度的80%后方可拆模,在拆模后立即检查导墙的中心轴线和净空尺寸以及侧墙混凝土的浇筑质量,如发现侧墙混凝土侵入净空或墙体出现空洞,则应及时修凿或封堵,并召集相关人员分析讨论事故发生原因,制定相应措施,防止类似问题再次发生。

在模板拆除后,立即架设木支撑,支撑上下各一道,呈梅花形布置,间距为1.0 m。在成槽施工前,不允许拆除支撑,以免导墙移位。经检查合格后报监理工程师验收,在验收合格后立即回填,防止导墙内挤。同时,在导墙顶翼面上用红油漆做好分幅线并标上幅号。

在导墙混凝土强度达到设计强度前,禁止任何重型机械和运输设备在其旁边通过。导墙施工缝与连续墙接缝错开,导墙顶面铺设安全网片或木板,以保障施工安全。

3.导墙施工技术要求

①内墙面与地下连续墙纵轴平行度为±10 mm。

②内外导墙间距为±10 mm。

③导墙内墙面垂直度为0.5%。

④导墙内墙面平整度为3 mm。

⑤导墙顶面平整度为5 mm。

4.导墙施工注意要点

①在导墙施工全过程中,保持导墙沟内不积水。

②横贯或靠近导墙沟的废弃管道需要封堵密实，以免成为漏浆通道。

③导墙沟侧壁土体是导墙浇筑混凝土时的外侧土模，防止导墙沟宽度超挖或土壁坍塌。

④导墙的墙趾需要插入未经扰动的原状土层中。

⑤导墙分段施工，每段长度以 20～40 m 为宜。为防止施工机械荷载大造成导墙移位，导墙接缝采用错缝搭接，水平钢筋应预留连接钢筋与邻接段导墙的水平纵向钢筋相连接，使导墙成为一个整体。导墙混凝土可与施工便道混凝土一同浇筑，以利于导墙的稳定。

⑥导墙是液压抓斗成槽作业的起始阶段导向物，必须保证导墙的内净宽度尺寸与内壁面的垂直精度达到设计和规范要求。

⑦在导墙立模结束之后、浇筑混凝土之前，应对导墙放样成果进行最终复核，并请监理工程师验收签证。

⑧在导墙混凝土达到设计强度后，方可进行成槽作业。

⑨在导墙混凝土浇筑完毕，拆除内模板之后，及时加设两道 10 cm×10 cm 方木对口撑，支撑间距约 1 m，上下两道。对口撑在槽段开挖时才拆除，确保导墙垂直精度，并向导墙沟内回填土方，以免导墙产生位移。

（二）高压旋喷桩施工

高压喷射注浆法是利用钻机把带有喷嘴的注浆管钻进土层的预定位置后，以高压设备使浆液或水（空气）成为 20～40 MPa 的高压射流从喷嘴中喷射出来，冲切、扰动、破坏土体，同时钻杆以一定速度逐渐提升，将浆液与土粒强制搅拌混合，在浆液凝固后，在土中形成一个圆柱状固结体（即旋喷桩），以达到加固地基或止水防渗的目的。

在喷射注浆前，应检查高压设备和管路系统，设备的压力和排量必须满足施工需要。管路系统的密封圈必须良好。各通道和喷嘴内不得有杂物。此外，还应准备适量的常规配件。

1.高压旋喷桩施工工艺

（1）钻机就位

将钻机安放在设计孔位上，使钻头对准孔位中心。为保证钻孔满足规范要求，在钻机就位后必须做水平校正，使钻杆轴线垂直对准孔位，并固定好桩机。

（2）钻孔

钻孔的目的是把注浆管置入预定深度，钻孔方法可根据地层、加固深度和机具设备等条件确定。在成孔后，校验孔位、孔深及垂直度是否符合规范要求：孔位纵横向偏差不大于 50 mm，孔深不小于设计深度，垂直度偏差不大于 1%。

（3）下注浆管

在成孔合格后即可下注浆管到预定深度。在下管之前，必须进行地面试喷，检验喷射装置及气、浆发生装置是否正常。

（4）喷射注浆作业

将注浆管下到预定深度后，检验喷射方向、摆动角度，进行地下试喷，在一切正常后即可自下而上进行喷射作业。在施工过程中，必须时刻注意检查浆液初凝时间、气浆流量及压力、提升速度、旋摆速度、喷射方向等参数是否符合设计要求，并随时做好记录。

（5）冲洗机具

在喷射作业完成后，应把注浆管等机具冲洗干净，管内、机内不得残存水泥浆。通常把浆液换成水，在地面上喷射，以便把泥浆泵、注浆管和软管内的浆液全部排除。

（6）移动机具

将钻机等机具移到新孔位上。

2.高压旋喷桩施工要点

（1）变参数喷射

天然地基的地质情况比较复杂，沿深度变化大，有多种土层，其密实度、含水量、土粒组成和地下水状态等有很大差异。若采用单一的技术参数来喷射长桩，则会形成直径或长度极不均匀的固结体，导致旋喷桩直径不一，使承载力降低。为确保质量，应根据钻孔时获得的孔位处地层情况，对不同深度或不同土层采用不同的技术参数，对硬土、深部土层和土粒大的卵砾石要延长喷射时间，适当放慢提升速度和旋摆速度或提高喷射压力。

（2）重复喷射

在不改变喷射技术参数的条件下，对同一孔位作重复喷射，能增加土体破坏的有效长度，从而增加固结体的直径或长度和提高固结体强度。有关试验资料表明，在黏性土中复喷一次直径可增大38%，在砂性土中可增大50%。

（3）冒浆处理

在喷射注浆过程中，有一定数量的土颗粒与水、浆混合后，沿着注浆管管壁冒出地面。通过对冒浆量、冒浆比重的测量及冒浆颜色的观察，可及时了解地层状况，判断喷射注浆的大致效果和喷射技术参数的合理性。不冒浆、断续冒浆、冒浆量过大或过小时为异常现象。当出现异常现象时，首先检查提升速度，旋摆喷速度，气、浆流量和压力等技术参数，及时采取措施调整。

①当压力骤然上升或压力过高而流量偏低时，说明有堵嘴或管路被堵塞现象，应及时停喷，认真检查气浆软管，在必要时拔出注浆管，检查气浆通道及喷嘴。

②当流量不变而压力突然下降时，应检查各部位的泄漏情况，在必要时拔出注浆管，检查密封性能，更换过度磨损的喷嘴。

③当流量、压力均偏低时，应及时停喷，检查修理相应发生装置。

④当不冒浆、断续冒浆或冒浆量过小时，若系土质松软，则可适当提高注浆管提升速度，或降低高压泵压力，对已喷范围适当进行二次注浆。若附近有空洞、通道，则不提升注浆管，继续注浆，直至冒浆为止；或拔出注浆管，待浆液凝固后重新注浆，直到冒浆为止；或采用速凝浆液，使浆液在注浆管附近凝固。

⑤冒浆量过大，一般是有效喷射范围与注浆量不相适应，注浆量大大超过所需浆量所致。采用双管法施工可适当缩小喷射孔径，提高喷射压力，基本保持注浆量不变。若仍无效，则可提高提升速度和旋摆喷速度。

（4）搭接处理

施工中会出现种种故障，造成注浆间断，为防止注浆间断造成固结体内出现软弱夹层，影响固结体的均匀性和整体性，必须进行搭接处理。搭接长度不小于 10 cm。

（5）分序喷射

在高压喷射注浆施工时，在水泥土浆液固结硬化之前，有效喷射范围内的地基土因受到扰动而强度降低。高压喷射注浆应分序隔孔施工，防止窜孔破坏已喷射注浆固结体。相邻孔喷射作业间隔时间以 2～5 d 为宜。如发现窜孔现象，则应用沙袋堵塞窜孔冒浆出口。

（6）防止凹穴

由于空气的排出以及水泥土浆液渗漏、析水和沉淀作用，水泥土混合浆液在凝固过程中存在不同程度的收缩，最终固结体顶部将出现一个凹穴。可采取以下措施予以消除：

①采取超高喷射注浆方法，即喷射注浆的顶面，其超高量应大于收缩高度，可在施工中具体掌握。

②在浆液凝固前回灌冒浆捣实。

3．高压旋喷桩检验

高压喷射注浆可根据工程要求和当地经验采用开挖检查、取芯（常规取芯或软取芯）、标准贯入试验、载荷试验或围井注水试验等方法进行检验，并结合工程测试、观测资料及实际效果综合评价加固效果。质量检验宜在高压喷射注浆结束 28 d 后进行。

（三）泥浆制备与质量管理

现场泥浆池均用工具式泥浆箱储备各种泥浆，泥浆主要在地下连续墙挖槽过程中起护壁作用。泥浆护壁技术是地下连续墙工程的基础技术之一，其质量好坏直接影响到地下连续墙的质量与安全。

1. 泥浆配合比

根据工程特点及地质条件，采用优质泥浆护壁。泥浆经验组成配比见表1-2。

表 1-2　泥浆经验组成配比

材料名称	水	膨润土	外加剂（CMC）	纯碱（Na_2CO_3）
组成	1 000 kg	80 kg	0.3～0.5 kg	3～5 kg

配合比在施工中根据试验槽段及实际情况作适当调整。

2. 泥浆性能指标及技术要点

泥浆对挖槽施工影响很大，泥浆性能的优劣直接影响到地下连续墙成槽施工时槽壁的稳定性。泥浆的黏度和比重应视土质而定。遇有粉砂、细砂地层时应提高泥浆黏度，但黏度不宜大于 45 Pa·s。当地下水位较高时，可提高泥浆比重，但比重不宜大于 1.25 g/cm³。在循环使用护壁泥浆时应经常测定其性能指标。在施工过程中，如果泥浆性能指标不能满足槽壁稳定性要求，则应及时对泥浆性能指标进行调整，对用过的浆液进行净化处理，在浆液达到要求后重复使用。

技术要点如下：

①泥浆搅拌应严格按照操作规程和配合比要求进行。在泥浆拌制后，应静置 24 h，之后方可使用。

②在成槽施工中，泥浆会受到各种因素的影响而降低质量。为确保护壁效果及混凝土质量，应对槽段被置换后的泥浆进行测试，对不符合要求的泥浆进行处理，直至各项指标符合要求后方可使用。

③对严重水泥污染及超比重的泥浆（泥浆比重大于 1.3 g/m³，pH 值大于 14 时）作废浆处理，废弃泥浆应根据城市环卫要求用全封闭运浆车运到指定地点，以保证城市环境清洁。

④严格控制泥浆的液位，保证泥浆液位在地下水位 0.5 m 以上，并不低于导墙顶面以下 0.3 m。若液位下落，则应及时补浆，以防塌方。

3. 泥浆制备

泥浆搅制在泥浆箱中进行，利用搅拌筒配置，制浆顺序见图 1-1。

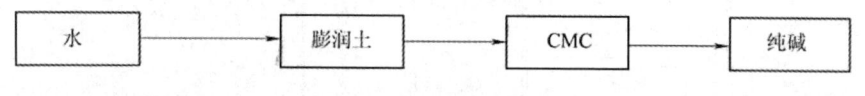

```
水 → 膨润土 → CMC → 纯碱
```

图 1-1　泥浆搅制流程

具体配制细节如下：先配制 CMC 溶液，静置 5 h，按配合比在搅拌筒内加水，加膨润土，在搅拌 3 min 后，再加入 CMC 溶液，搅拌 10 min，再加入纯碱，在搅拌均匀后，放入储浆池内，待 24 h 后，膨润土颗粒充分水化膨胀，即可泵入循环池，以备使用。

4. 泥浆循环

在挖槽过程中，泥浆由循环池注入开挖槽段，边开挖边注入。

在挖槽时采用正循环，在清槽过程中采用反循环，泥浆由循环池泵入槽内，槽内泥浆抽到沉淀池，以物理处理后，返回循环池。

泥浆采用机械分离和自然重力沉淀相结合的方法进行处理。换出来的泥浆在处理槽段内采用一台 SZ2 型振动筛处理，筛子分为两段，上段 10 目，下段 20 目。在循环泥浆经过分离净化之后，虽然清除了许多混入其间的土渣，但并未恢复其在使用过程中因膨润土、纯碱和 CMC 等成分的消耗和受水泥成分与有害离子的污染而削弱了的护壁性能。因此，在循环泥浆经过分离净化之后，还应调整其性能指标，恢复其原有的护壁性能。泥浆循环工艺流程见图 1-2，泥浆处理见图 1-3。

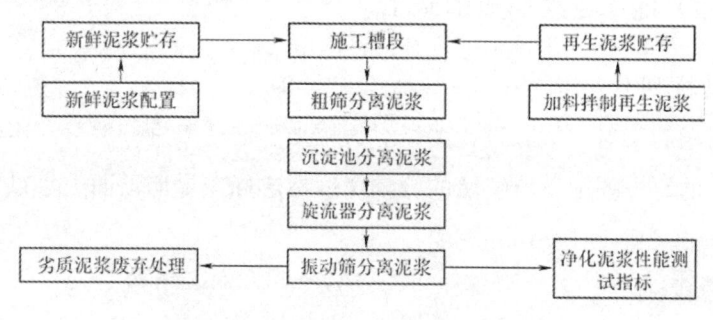

图 1-2　泥浆循环工艺流程图

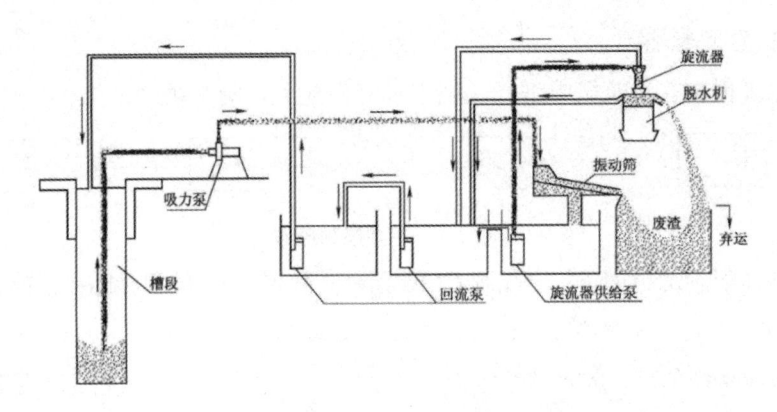

图1-3 泥浆处理示意图

在混凝土灌注过程中，上部泥浆返回沉淀池，而混凝土顶面以上4 m内的泥浆排到废浆池，在原则上废弃不用。

5.泥浆质量管理

①泥浆制作所用原料应符合技术性能要求，在制备时符合制备的配合比。

②在泥浆制作中，每班进行两次质量指标检测。在补充泥浆时，须不断用泥浆泵搅动。

③泥浆密度宜2 h检测1次。泥浆的储备量不得低于单元槽段体积的2倍。在进行泥浆稳定性检测时，对于已静置1 h以上的泥浆，从其容器的上部1/3和下部1/3处各取出泥浆试样，分别测定其密度，如这两者没有差别，则认为泥浆质量合格。

（四）地下连续墙成槽施工

1.槽段划分

在成槽施工前，按照设计图纸对每幅地下连续墙进行编号。用红漆直接将所施工的每一幅地下连续墙的分幅宽度标志标在导墙顶面上，以便进行挖槽控制。

2.槽段放样

根据设计图纸和控制点在导墙上精确定位地下连续墙分段标记线，并根据锁口管实际尺寸在导墙上标出锁口管位置。

3. 成槽设备选型

成槽机应配备垂直度显示仪表和自动纠偏装置,确保成槽垂直度不大于设计图纸中的要求(不大于 0.3%)。

4. 成槽机垂直度控制

地下连续墙成槽采用长导板液压抓斗挖土,每次挖土前须扤直液压抓斗,确保其成槽垂直度不大于 0.3%。挖槽在 7.0 m 深度以内时,速度不宜太快。在挖槽施工中,随时注意液压抓斗的垂直度并及时纠偏推板,做到勤纠、小纠。

5. 成槽挖土

(1) 成槽挖土顺序

为防止新槽段开挖对相邻已灌注混凝土槽段产生影响,地下连续墙单元槽段实行分区、分段施工,均采用间隔跳跃式流水作业施工。在每个槽段施工时,根据槽段宽度确定挖槽的幅数和次序。对于三序成槽的槽段,应先两边后中间;对于转角的槽段,应先短边后长边。

(2) 成槽挖土注意事项

① 在挖槽施工中,随时注意液压抓斗的垂直度,注意保持抓斗中心平面和导墙中轴平面重合,抓斗入槽、出槽应慢速、稳当,根据成槽机仪表及垂直度情况及时纠偏,确保开挖槽壁面的垂直度和水平位置精度。

② 在成槽时,泥浆应随着出土量补入,以保证泥浆液面在规定的高度。在抓斗掘进时,不宜补入泥浆。

③ 成槽机掘进速度应控制在 15 m/h 左右。在成槽时,不宜快速掘进,以防槽壁失稳。当挖至槽底 2~3 m 时,应用测绳测深,防止超挖和少挖。

6. 清槽、换浆、刷壁

(1) 清槽

采用沉淀法清槽,在抓斗直接挖除槽底沉渣之后进行。为进一步清除抓斗未能挖除的细小土渣,应当用起重机将 Dg100 空气升液器悬吊入槽,用空气压缩机输送压缩空气，以吸浆反循环法吸除沉积在槽底部的土渣淤泥。在清槽开始时，吊空气升液器的吸管不能一下子放到槽底深度，应先在离槽底 1～2 m 处进行试吸，防止吸泥管的吸入口陷进土渣里堵塞吸泥管。在清底时，吸泥管要由浅入深，使空气升液器的喇叭口在槽段全长范围内离槽底 0.5 m 处左右上下移动，吸除槽底部土渣淤泥。

当空气升液器在槽底部往复移动不再吸出土渣，实测槽底沉渣厚度小于 10 cm 时，即可停止移动空气升液器，开始置换槽底部不符合质量要求的泥浆。在下钢筋笼后，若槽底泥浆不合格，则采用置换法清槽。

清槽方法如图 1-4 所示。

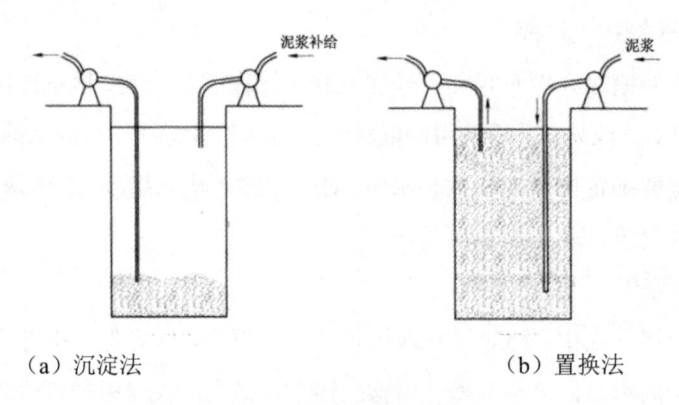

（a）沉淀法　　　（b）置换法

图 1-4　清槽方法示意图

（2）换浆

换浆是否合格，以取样试验为准。在换浆全过程中，应控制好吸浆量和补浆量的平衡，不能让泥浆溢出槽外或让浆面低于导墙顶面 30 cm。

（3）刷壁

接头连接施工质量直接关系到地下连续墙的防水效果。在施工中，应对闭合幅段及连接幅段进行接头处理，用刷壁器进行刷壁，刷壁往复次数应不少于 20 次，并做好施工原始记录。刷壁先用钢板面进行粗刷，再用钢丝面进行细刷。对于个别不易刷除干净的地方，应根据实际情况增加刷壁次数，刷至没有泥皮为止。

7.成槽注意事项

①开挖之前,成槽机下需要垫 20 mm 厚钢板。成槽机应以最大工作半径停机,以减少开挖时导墙内外侧压力。成槽机起重臂倾斜度控制在 65°～75°。在挖槽过程中,起重臂只做回转动作,不做俯仰动作。技术人员要在导墙上准确标出开挖槽段尺寸,从而使钢筋笼和接头桩按设计位置准确沉放。成槽机的主钢丝绳必须与槽段的中心重合。

②成槽机必须轻提慢放,严格控制成槽速度。在开始的 6～7 m,开挖速度要缓慢,确保成槽垂直度,防止连续墙偏移中心线。在开挖过程中,技术人员要随时观察斗臂所在的平面是否与槽段所在平面垂直,定时观测斗臂左右偏移情况,时刻注意下沉过程中的速度是否均匀。

③转角及接头处的异型槽段,应严格按规定形式开挖。在挖槽施工时,若发现异常情况,则立即停止施工,在分析原因并采取相应措施后,再继续施工。

④成槽机筑坝位置应放宽,以减少泥浆面落差。

⑤在成槽过程中,大型机械设备不得在槽段边缘走动,以确保槽壁稳定。

⑥在挖槽时,不断向槽内注入新鲜泥浆。随时检查泥浆质量并及时调整,使泥浆指标符合要求并满足特殊地层的需要。

⑦在雨天地下水位上升时,及时加大泥浆比重和黏度。在雨量较大时,暂停挖槽并封盖槽口。

⑧在施工中,必须做好成槽记录,对土层分层进行详细记录。当开挖至设计标高后,及时检查槽位、槽深、槽宽和垂直度,在合格后方可进行清底。

(五)锁口管吊放

在槽段清基合格后,立刻紧靠土壁吊放锁口管,全长垂直偏差小于 0.1%,管径小于壁厚 50 mm,管外壁应平整和光滑。锁口管由履带起重机分节吊放拼装,垂直插入槽内,在沉放时应缓慢,不得碰撞槽壁和强行入槽。锁口管的中心应与设计中心线相吻合,底部沉入槽底 30～50 cm,以保证密贴,防止混凝土倒灌。上端口与导墙连接处用木榫楔实,防止倾斜。

(六) 钢筋笼制作和吊装

1. 钢筋笼的制作

钢筋笼可在钢筋加工场加工,也根据施工场地的实际情况,搭设钢筋笼制作平台。钢筋笼制作平台采用槽钢制作。为便于钢筋放样布置和绑扎,在平台上根据设计的钢筋间距、预埋件及钢筋接驳器的设计位置画出控制标记,在安装后采用点焊焊接固定,以保证钢筋笼和各种预埋件的布设精度。

在制作好的钢筋笼上精确量测地下连续墙与钢筋混凝土围檩的钢筋连接器和预埋钢筋的位置,用电焊焊牢预埋筋及预埋钢板,用塑性盖子盖住连接器另一端的端头口,外面设保护木板,用小铁丝固定牢固。在钢筋笼制作好后,根据本幅钢筋笼所用槽段的实测导墙顶面标高来确定安装标高线,并在钢筋笼顶部吊环上用红油漆标示。预埋钢板锚固钢筋采用埋弧焊连接。钢筋制作允许偏差、检验单元和数量见表1-3。

表1-3 钢筋制作允许偏差、检验单元和数量表

序号	项目	允许偏差/mm	检验单元和数量
1	钢筋笼长度	±50	用钢尺量,每片钢筋网检查上、中、下3处
2	钢筋笼宽度	±20	
3	钢筋笼厚度	±10	
4	主筋间距	±10	任取一断面,连续量取间距,取平均值作为一点,每片钢筋网上测4点
5	分布筋间距	±20	
6	预埋件中心位置	±10	抽查

2. 钢筋笼的吊装

清孔完毕,经现场监理工程师检查、批准后,即可吊装钢筋笼。

为了防止钢筋笼吊装就位时发生变形,纵向主筋和加强箍筋应焊接牢固,

其他箍筋适当点焊,并绑扎牢固。在吊装前,对钢筋笼的分节长度、直径,主筋和箍筋的型号、根数、位置,以及焊接、绑扎、声测孔绑扎等情况做全面检查,确保各部位质量达到规定要求。

为保证钢筋笼保护层厚度,在加工钢筋笼时,每隔 2 m 在钢筋笼环筋上交叉、对称设置 4 个中间带圆孔的混凝土垫块,在钢筋笼下沉时,垫块紧贴孔壁转动,保持钢筋笼与孔壁之间具有一定的间隙。

当钢筋笼长度超过 25 m 时,分两节吊装。在吊装时,确保上下两节顺直,两节之间采用帮条焊连接,双面焊缝长度不小于 $5d$,单面焊缝长度不小于 $10d$(d 为钢筋直径)。为保证连接时的质量和满足规范要求,在加工钢筋笼时,相邻焊接接头应错开 50%。

当钢筋笼吊装完成后,在钢筋顶部主筋上对称布置 2 根 $\phi 18$ mm 的钢筋,用以调节钢筋笼的上下位置。吊筋固定在漏斗架或特设固定架上,防止混凝土灌注时钢筋笼上浮。

在钢筋笼安装后,进行二次清孔。沉渣厚度应符合规范要求,泥浆指标相对密度应不大于 1.03~1.10,含砂率应小于 2%。在符合规范要求后,再灌注桩身混凝土。

3.钢筋笼制作和吊装注意事项

①在钢筋笼抬吊或单吊时,应遵循同步、协调、平稳的原则。

②在钢筋笼制作前,应核对单元槽段实际宽度与成型钢筋尺寸。对于闭合幅槽段,应提前复测槽段宽度,根据实际宽度调整钢筋笼宽度。

③钢筋笼接头必须严格按设计图进行连接,保证其连接质量。

④钢筋焊接质量应符合设计要求,吊攀、吊点加强处须满焊,主筋与水平筋采用点焊连接,纵横向受力筋相交处须点焊,四周钢筋交点须全部点焊,其余交点可采用 50%交错点焊,并严格控制焊接质量。

⑤钢筋笼在制作后,须经过三级检验。钢筋笼在符合质量标准要求后,方能起吊入槽。

⑥根据规范要求，导墙墙顶面平整度为 5 mm。在钢筋笼吊放前，要再次复核导墙上 4 个支点的标高，准确计算吊筋长度，确保误差在允许范围内。

⑦当钢筋笼吊放入槽时，不允许强行冲击入槽，同时注意钢筋笼基坑面与迎土面，严禁放反。搁置点槽钢必须根据实测导墙标高焊接。

（七）水下混凝土灌注

在地下连续墙混凝土施工前，与混凝土供应商提前联系，进行混凝土的试配工作，确定混凝土的配合比。

1.混凝土

地下连续墙采用 C35 水下混凝土。混凝土配合比应满足设计强度要求，采用导管在泥浆中浇注的混凝土应和易性好、流动度大、缓凝。混凝土与泥浆密度差应大于 1.1 g/cm³。采用掺外加剂的防水混凝土，水泥用量如下：采用卵石时不应小于 370 kg/m³，采用碎石时不应小于 400 kg/m³。坍落度应采用（200±20）mm。

2.导管布置

采用内径为 250 mm 的快速接头钢导管，节长为 2.5 m，最下一节长度为 4 m。管节连接应严密、牢固。在施工前，应试拼并进行隔水栓通过试验。

标准槽段设置 2 根导管（异型槽段每边 1 根导管），导管水平布置距离不宜大于 3.0 m，导管距槽段端头不宜大于 1.5 m，导管下端距槽底 300～500 mm，不宜过大或过小。在灌注混凝土前，应在导管内临近泥浆面位置吊挂隔水栓。灌注水下混凝土的隔水栓采用预制混凝土塞，料斗做成圆锥形，一次容量不小于 3 m³。

3.混凝土灌注

地下连续墙混凝土灌注见图 1-5。在连续墙混凝土灌注前，利用导管进行 15 min 以上的泥浆循环，以提高槽内泥浆质量。在钢筋笼沉放就位后，应及时灌注混凝土。应保证各导管储料斗内混凝土的储量。在开始灌注时，埋管深度应不小于 50 cm。混凝土连续灌注，随着混凝土面的上升，适时提升和拆卸导管，其埋入混凝土的深度为 1.5～3.0 m，相邻两导管内混凝土高差不大于 0.5 m。严禁将导管提出混凝土面。在导管提升时，应避免碰撞。混凝土的灌注速度应不低于 2 m/h。终浇混凝土面高程应高于地下连续墙的墙顶 30～50 cm。

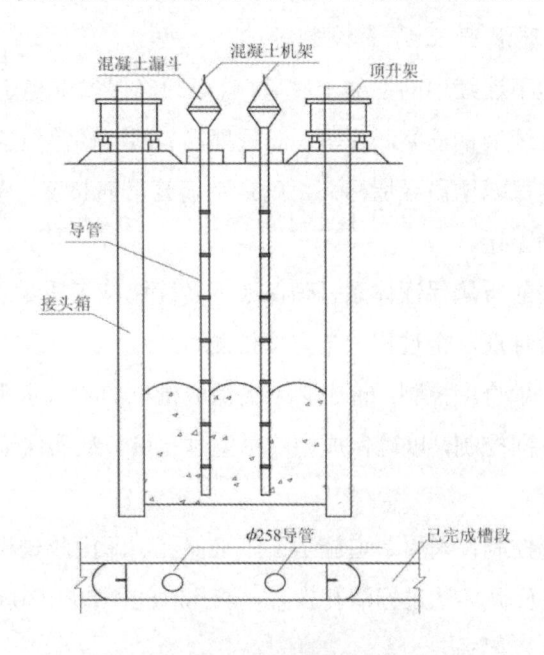

图 1-5　地下连续墙混凝土灌注示意图

在施工中，应严格控制导管提拔速度和混凝土灌注速度。应派专人测量灌注进度，并及时反馈灌注信息，以便施工控制。

设专人每 30 min 测量一次导管埋深及管外混凝土面高度，每 2 h 测量一次导管内混凝土面高度。每小时混凝土面上升高度不小于 3 m。混凝土应连续灌注，在任何情况下，间歇时间都不得超过 30 min。

在灌注混凝土时，置换出的泥浆不得溢出地面。槽段内的泥浆一部分抽回沉淀池，另一部分暂时存放到导墙内。

4.试件

每浇完 1～2 车混凝土，应对来料方数和实测槽内混凝土面深度所反映的方数，用测绳校对一次，二者应基本相符。根据《地下铁道工程施工质量验收标准》（GB/T 50299—2018），每幅槽段的抗压试件不得少于 1 组，每 5 个槽段制作 1 组抗渗压力试块。每车混凝土都必须现场取样并做坍落度试验，不合格的应立即退回厂家。

5.灌注水下混凝土质量控制要点

①为保证地下连续墙的混凝土质量，就必须确保槽壁稳定，保证成槽质量。

②在地下连续墙钢筋笼制作时，对预埋筋、预埋件等位置进行精确定位并固定牢固，根据每幅槽段导墙标高，确定钢筋笼吊筋长度，从而保证预埋筋、预埋件尺寸正确无误。

③建立完整的质量保证体系，确保地下连续墙施工质量达到"优良"，在施工中跟踪质量管理，全过程、全方位检测。

④地下墙的垂直度控制：首先必须确保成槽机的主机水平，并由成槽机自行纠偏装置来双向控制，以确保成槽的槽壁垂直度，从而保证地下连续墙垂直度满足设计要求。

⑤槽底沉渣控制：采用 2 道施工工序来保证，即由成槽机自行扫孔，清除沉淤，再用吸浆反循环法进行清孔换浆，清孔时间不少于 30 min，直至沉渣厚度满足设计及规范要求。

6.锁口管提拔

将锁口管提拔与混凝土灌注相结合，将混凝土灌注记录作为锁口管提拔时间的控制依据。根据水下混凝土凝固速度的规律及施工实践，在混凝土灌注开始 2～3 h 后开始拔动，其幅度不宜大于 50 cm，以后每隔 30 min 提拔一次，其幅度为 50～100 cm，并观察锁口管的下沉。待混凝土灌注结束 4～8 h（根据混凝土厂家提供的混凝土终凝时间确定）后，将锁口管一次全部拔出并及时做好清洁和疏通工作。

在后续槽段开挖后，对前槽段竖向接头进行清刷，清除附着的土渣、泥浆等。

（八）墙底注浆施工

根据设计要求，对地下连续墙槽底进行注浆处理。在地下连续墙施工过程中，在钢筋笼上埋设注浆管和单向注浆阀，在成墙后 7~8 h 首先进行清水劈裂开阀，将墙底的注浆管头周围的混凝土以及土体的混合物劈开，保证管道的通畅，在贯通后立即停止，在 7~15 d 后（混凝土强度达到 70%时）即可进行后注浆施工。在注浆前，必须对注浆设备和注浆管路进行检查，检查注浆导管是否畅通，再通过注浆管用高压泥浆泵将水泥浆压入墙底。

1. 预留注浆管

根据设计要求预埋注浆管（见图 1-6），每幅地下连续墙需要埋设 2 根注浆管。注浆管采用 $\phi 50\ mm \times 3\ mm$ 的钢管，插入槽底 50 cm。入槽的底部制成花杆形式，可用封胶带或黑包布包住。为了保证桩底浆液的扩散范围，把注浆管底部 50 cm 的部分制作成花管，钢管的底端呈尖形开口。在花管范围内，按梅花形设置出浆小孔，孔径 6~8 mm，孔间距为 100 mm。对于花管的密封性，安排专人验收检查，确保钢筋笼在下放过程中不会损坏。

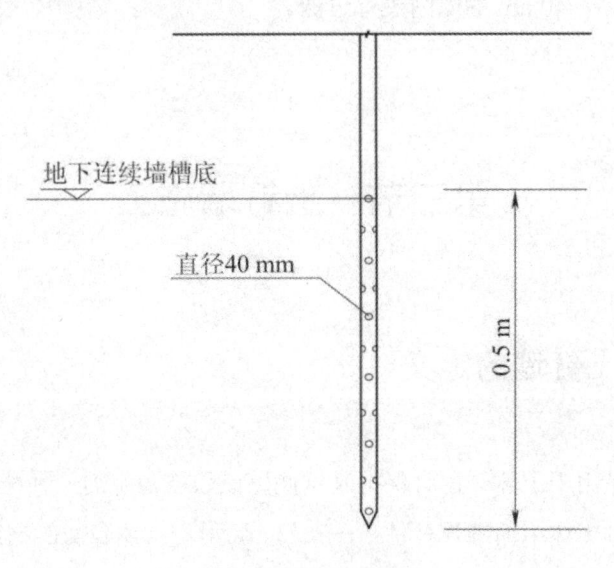

图 1-6 注浆管示意图

2. 注浆时间

在地下连续墙混凝土强度达到 70% 后，方可进行墙底注浆。

3. 注浆要求

注浆最高压力不超过 2 MPa，单根注浆量一般为 2 t（注浆量须根据墙段的长度和宽度进行调整），水灰比为 0.5～0.6。在施工时，墙底注浆终止标准按注浆量与注浆压力双控。当注浆量达到设计要求时，可终止注浆。当压力值大于 2 MPa 并持续 3 min，且注浆量达到设计注浆量的 80% 时，可终止注浆。

4. 试注浆

在注浆时，详细记录注浆压力的大小和注浆量，观察是否冒浆，墙顶标高有无变化，以此作为以后注浆时的调整依据。

5. 注浆

浆液压注采用 YZB-32 型压浆机，注浆压力控制在 0.6～0.8 MPa。注浆流速控制在 32～47 L/min。在完成设计要求的注浆量后，封闭注浆口。

在注浆时，保证水泥浆液中固体颗粒有效进入注浆地层土颗粒之间，将注浆水泥用不大于 40 μm 的滤网进行过滤。

第三节　土钉墙施工

一、土钉墙的定义

土钉墙是用于土体开挖时保持基坑侧壁或边坡稳定的一种挡土结构，主要由密布于原位土体中的细长杆件——土钉、黏附于土体表面的钢筋混凝土面层及土钉之间的被加固土体组成。土钉墙是具有自稳能力的原位挡土墙，可抵抗水土压力及地面附加荷载等作用力,从而保持开挖面稳定。

土钉墙是一种土体原位加筋技术,是由水平或近水平设置于天然边坡或开挖形成的边坡中的加筋杆件及面层结构形成的挡土体系,用以改善原位土体的性能,并与原位土体共同工作,形成作用与重力式挡墙相同的轻型支挡结构,从而提高整个边坡的稳定性。

二、土钉墙的发展

在20世纪70年代初期,德国、法国等国家开始了对土钉墙的研究和应用。

在德国,土钉墙是基于挡土墙系统发展起来的。在20世纪50年代末期,人们在基坑开挖前先建造各种不同的支护柱或地下连续墙,再利用土层锚杆对其进行背拉处理,从而发展了锚杆挡土墙。20世纪60年代出现了锚杆构件墙和加筋土墙。加筋土墙可以代替锚固的结构物,但修建这种挡土墙必须从底部到顶部进行施工,并进行完全的开挖。20世纪70年代初,基于对加筋挡土墙结构的改进,人们发展了土钉墙。它使用了与加筋土墙建造顺序相反的方法,避免了完全开挖,即把天然土体用土钉就地加固,并进行喷射混凝土护面。

在法国,土钉墙是基于新奥法的原理发展起来的。20世纪60年代初出现的奥地利隧道施工法,即新奥法,是将喷射混凝土与全长黏结的锚杆相结合,为岩石隧道开挖提供及时有效的稳定支护。后来,新奥法在土质隧道中也取得了成功,并进一步被应用于土质边坡和软岩边坡的临时支护,这就是土钉墙的首次应用。在这以后,土钉墙技术用于边坡稳定和深基坑开挖支护的做法在法国得到普遍推广。

我国从80年代开始进行土钉墙的试验研究和工程实践,于1980年在山西柳湾煤矿边坡稳定中首次应用了土钉墙技术。目前,土钉墙这一加筋新技术在深圳、北京、厦门、惠州、武汉和广州等地得到推广应用,土钉墙技术已从试验研究阶段走向工程的普遍应用阶段。

三、土钉的类型

（一）钻孔注浆型

先用钻机等机械设备在土体中钻孔，成孔后置入杆体（一般采用 HRB335 带肋钢筋制作），然后沿全长注水泥浆。钻孔注浆土钉几乎适用于各种土层，抗拔力较高，质量较好，造价较低，是最常用的土钉类型。

（二）直接打入型

在土体中直接打入钢管、角钢等型钢，钢筋，毛竹，圆木等，不再注浆。由于这类土钉直径小，与土体间的黏结摩阻强度低，承载力小，钉长又受限制，所以布置较密，可用人力或振动冲击钻、液压锤等机具打入。直接打入土钉的优点是不需要预先钻孔，对原位土的扰动较小，施工速度快，但在坚硬黏性土中很难打入，不适用于服务年限大于 2 年的永久支护工程。当杆体采用金属材料时造价稍高，国内应用很少。

（三）打入注浆型

在钢管中部及尾部设置注浆孔，使其成为钢花管，在直接打入土中后压灌水泥浆，形成土钉。打入注浆土钉具有直接打入土钉的优点且抗拔力较强，适用于成孔困难的淤泥、淤泥质土等软弱土层，各种填土及砂土，应用较为广泛；缺点是造价比钻孔注浆土钉略高，防腐性能较差，不适用于永久性工程。

四、土钉墙的特点

①土钉墙能够合理利用土体的自稳能力，将土体作为支护结构不可分割的

部分，结构合理。

②结构轻型，柔性大，有良好的抗震性。1989年美国加州7.1级地震中，震区内有8个土钉墙结构估计遭到约0.4g水平地震加速度作用，均未出现任何损害迹象，其中3个位于震中33 km范围内。根据调查，2008年5月12日，在四川汶川8.0级大地震中，路堑或路堤采用土钉或锚杆结构支护的道路尚保持通车能力，土钉或锚杆支护结构基本没有被破坏，其抗震性能远远高于其他支护结构。

③密封性好，完全将土坡表面覆盖，没有裸露土方，阻止或限制了地下水从边坡表面的渗出，防止了水土流失及雨水、地下水对边坡的冲刷侵蚀。

④土钉数量众多，具有群体作用，即便个别土钉有质量问题或失效，对整体影响也不会很大。有研究表明：当某条土钉失效时，上排及同排的土钉将分担较大的荷载。

⑤施工所需场地小，移动灵活，支护结构基本不单独占用空间，能贴近已有建筑物开挖，这是桩、墙等支护难以做到的，故在施工场地狭小、建筑距离近、大型护坡施工设备没有足够工作面等情况下，土钉墙具有独特的优越性。

⑥施工速度快。土钉墙随土方开挖施工，分层分段进行，与土方开挖基本能同步，不需要养护或单独占用施工工期，故在多数情况下施工速度较其他支护结构快。

⑦施工设备及工艺简单，不需要复杂的技术和大型机具，施工对周围环境干扰小。

⑧由于孔径小，与桩等施工方法相比，穿透卵石、漂石及填石层的能力更强一些；且施工方便灵活，在开挖面形状不规则、坡面倾斜等情况下施工不受影响。

⑨边开挖边支护，便于信息化施工，能够根据现场监测数据及开挖暴露的地质条件及时调整土钉参数，一旦发现异常或实际地质条件与原勘察报告不符，能及时相应调整设计参数，避免出现大的事故，从而提高了工程的安全可

靠性。

⑩材料用量及工程量较少，工程造价较低。据国内外资料分析，土钉墙工程造价比其他类型支挡结构一般低 1/5～1/3。

五、土钉墙的适用范围

土钉墙适用于地下水位低于基坑开挖底面或经过降水措施使地下水位低于开挖面的情况。为保证土钉的施工，土层在分段开挖时应能自立稳定。为此，土钉适用于有一定黏性的杂填土、黏性土、粉性土、黄土类土及含有 30%以上黏土颗粒的砂土边坡。此外，当采用喷射混凝土面层或坡面浅层注浆等稳定坡面的措施能够保证每一切坡台阶的自主稳定时，也可采用土钉墙支护作为稳定砂土边坡的方法。

对于标贯击数低于 10 击或相对密实度低于 0.3 的砂土边坡，采用土钉法是不经济的。对于塑性指数 I_p 大于 20 的黏性土，必须仔细评价其徐变特性，之后方可将土钉墙用作永久性支挡结构。土钉墙不宜用于含水丰富的粉细砂层、砂卵石层，其主要原因是成孔困难，土钉施工难度大。土钉墙不适用于软土边坡，这是由于软土只能提供很低的界面摩擦阻力，假如采用土钉稳定软土边坡，其长度与设置密度均须提得很高，且成孔时保护孔壁的稳定也较困难，技术经济综合效益均不理想。

六、土钉墙施工技术

（一）施工降排水

①土钉支护基坑宜采用井点降水、明排水（坑内和地表）及面层排水相结

合的排水系统。

②对于开挖深度大于 3.0 m 的基坑,宜采用井点降水,降低坑内水位,以利于坑底稳定和施工,水位应降至开挖面以下 0.5~1.0 m。

③坑周地表应加以修整、封闭,防止地表水渗入地下或流入基坑内。

④为排除坑内积水,应设置排水沟、集水井,其深度为 1.0~1.5 m,其位置应在转角等危害较小处。

⑤当渗水量较大,影响面层施工时,可以埋入塑料导水管,待面层凝固后再将导水管封闭。

（二）开挖修坡

①土钉支护的土方应分层、分段开挖,每层开挖深度一般为 2 m,每段长度可取 18 m。待上层土钉注浆体及喷射混凝土面层达到设计强度的 80% 后方可开挖下层土方。

②当采用挖掘机进行土方作业时,用仪器控制,严禁边坡出现超挖,采用人工清坡,以保证边坡平整,坡度符合设计规定。

③在施工过程中应保证及时设置土钉或喷射细石混凝土。

④在开挖过程中,如遇到土质异常,与原设计文件不同,则应及时报告设计单位,由设计单位确认是否进行设计变更。

（三）支护内部排水系统施工

在支护面层背部一般应插入长度为 400~600 mm、直径不小于 40 mm 的水平排水管,其外端伸出支护面层,排水管间距为 1.5~2.0 m,以便将喷射混凝土面层后的积水排出。

（四）初喷混凝土

①在喷射混凝土前,应对机械设备进行全面检查及试运转,清理受喷面,

设好控制喷层厚度的标志。

②喷射的混凝土采用商品细石混凝土，控制好配合比，粗骨料最大粒径不大于 12 mm，水灰比在 0.50～0.55，强度大于 M15，存放时间不得超过 1.5 h，在掺速凝剂时，存放时间不得超过 20 min。

③喷混凝土应分段、分片依次进行，同一段内喷射顺序应自下而上，段片之间、层与层之间做成 45°角的斜面，以保证细石混凝土前后搭接牢固，并凝结成整体。

④在喷射混凝土时，喷头与受喷面保持垂直，并保持 0.6～1.0 m 的距离；还应控制好水灰比，保持喷射混凝土表面平整、湿润、有光泽，无干斑或滑移流淌现象。在钢筋部位，应先喷填钢筋后方，然后喷填钢筋前方，防止在钢筋背面出现空隙。

⑤在喷射混凝土终凝 2 h 后，应及时浇水养护，保持其表面湿润。

⑥第一层混凝土厚度一般为 60 mm。

（五）成孔

①在土钉成孔前，应按设计要求定出成孔位置并作出标记和编号。在成孔过程中，当遇到障碍物需要调整孔位时，应由设计单位出变更通知。

②土钉成孔采用锚杆工程钻机钻孔，在钻进过程中严禁使用水钻，以防周边土质松化，在开孔时对准孔位徐徐钻进，待达到一定深度且土层较稳定时，方可加速钻进，在钻进过程中应随时检查钻头的磨损情况，防止成孔直径达不到设计要求。

③在成孔过程中，应做好成孔记录，按土钉编号逐一记载取出的土体特征、成孔质量等，将取出的土体与初步设计时所认定的加以对比，若有偏差则及时反馈给设计单位，由设计单位修改土钉的设计参数，出设计变更通知。

④钻孔不得扰动周围地层。在钻孔后，采用高压风吹 2～3 min，把孔内渣土吹干净。对于孔中出现的局部渗水塌孔或掉落的松土，应立即处理。在成孔

后，应及时安设土钉钢筋并注浆。

⑤在土体含水量较大、杂填土较厚，以及松散砂层、软土层等易塌孔的土层，可采用钢管代替钢筋，钢管上每隔 300 mm 钻直径 8～10 mm 的出浆孔，孔在钢管长度方向上错开 120°，呈菱形布置，并在出浆孔边焊 $\phi16$ mm 短钢筋，防止打管时土粒堵塞出浆孔，利用空气压缩机带动冲击器将加工好的钢管分段焊接，按设计角度打入土层。

（六）安装土钉、注浆、安装连接件

1. 安装土钉

土钉钢筋采用螺纹钢，在置入孔中前，应先设置定位支架，保证钢筋处于钻孔的中心部位，支架沿钉长的间距为 2～3 m，支架的构造应不妨碍注浆时浆液的自由流动，支架材料为金属或塑料件。

2. 注浆

在土钉钢筋置入孔中后，可采用压力注浆。压力注浆采用二次注浆法：一次注浆导管应先插至距孔底 250～500 mm 处，并在孔口设置止浆塞和排气孔，以低压（0.4～0.6 MPa）注浆，同时将导管匀速缓慢撤出，导管的出浆口应始终处于孔中浆体的表面以下，保证孔中气体能全部冒出，在导管离孔口 0.5～1 m 时改为高压（1～2 MPa）注满，并保持高压 3～5 min；二次注浆管采用 $\phi20$ mm 钢管，应先固定在土钉钢筋上，与土钉钢筋同时置入孔中，待一次注浆完间歇 24 h 后进行二次注浆，压力控制在 0.5～2.0 MPa。

当采用钢管代替钢筋杆体时，应使用高压（1～2 MPa）注浆，从钢管端头开始压力注浆，注满后及时封堵，让压力缓慢扩散。

向孔内注入浆体的充盈系数必须大于 1。在每次向孔内注浆时，应预先计算所需的浆体体积，并根据注浆泵的冲程数计算应向孔内注入的浆体体积，以确保实际注浆量超过成孔的容积。

注浆材料选用水泥净浆的水灰比应按设计要求，当设计无要求时取 0.5，水泥净浆应拌和均匀，随拌随用，一次拌和的水泥净浆应在初凝前用完。

在注浆前，应将孔内残留或松动的杂土清除干净。当注浆开始或中途停止超过 30 min 时，应用水或稀水泥浆润滑注浆泵及输送管。

3.安装连接件

当土钉钢筋端部通过锁定筋与面层内的加强筋及钢筋网连接时，其相互之间应焊牢。当采用钢管杆体时，钢管通过锁定筋与加强筋焊接。

（七）编制钢筋网

①钢筋网应在喷射一层混凝土后铺设，钢筋保护层厚度不小于 20 mm，钢筋网应延伸至地表面，并伸出边坡线 0.5 m。

②钢筋网片由焊接或绑扎而成，网格允许偏差为±10 mm。在铺设钢筋网时，每边的搭接长度应不小于一个网格边长或 300 mm，如为单面搭接焊，则焊长不小于网筋直径的 10 倍。

（八）复喷混凝土面层

复喷混凝土面层应在经验收确认钢筋网敷设、连接均符合要求后进行，喷混凝土面层至设计厚度，其工艺要求与喷第一层混凝土时相同。

（九）地表排水、基坑排水系统施工

①基坑四周支护范围内的地表应加以修整，构筑排水沟和水泥砂浆或混凝土地面，防止地表降水向地下渗透。靠近基坑坡顶宽 2～4 m 的地面应适当垫高，并且里高外低，便于水流远离边坡。

②为了排除积聚在基坑内的渗水和雨水，应在基坑的四周设置排水沟及集水坑。排水沟及集水坑宜用砖砌并用砂浆抹面以防止渗漏，坑中积水应及时清理。

第二章　浅埋暗挖法施工

第一节　浅埋暗挖法概述

一、浅埋暗挖法的概念

浅埋暗挖法是以加固软弱地层为前提,采用足够刚性的复合式衬砌结构,选用合理的开挖方式,应用信息化量测反馈,以保证施工安全和控制地面沉降的一种施工方法。

地铁工程浅埋暗挖法是应用岩体力学原理,以维护和利用围岩的自稳能力为基点,将锚杆和喷射混凝土结合在一起作为主要支护手段,通过及时进行支护来控制围岩的变形与松弛,使围岩成为支护体系的组成部分,形成了集锚杆、喷射混凝土和围岩于一体的承载结构。针对城市地铁埋深浅的特点,还要经常借助于地层注浆、格栅、管棚等辅助加固措施,通过现场量测及时反馈"围岩-支护"复合体的受力与变形,为二次支护提供合理的施作时机。

围岩支护的受力情况与支护结构强度及支护时机的关系如下:当围岩开挖暴露以后,需要通过支护来限制其变形,以达到新的平衡状态;如果支护迅速,且支护结构刚度大,则所需提供的支护抗力大;如果允许围岩产生一定的变形,并使用柔性支护(锚喷衬砌即属于柔性支护),则所需施加的支护抗力随之减小;如果围岩变形超过允许值,导致围岩松弛,作用于支护结构上的围岩压力就会随围岩变形的发展而迅速增大。

二、浅埋暗挖法的基本原理

浅埋暗挖法沿用了新奥法的基本原理，创建了信息化量测反馈设计和施工的新理念。该法采用先柔后刚复合式衬砌和新型的支护结构体系，初期支护按承担全部基本荷载设计，二次衬砌作为安全储备，初期支护和二次衬砌共同承担特殊荷载。

在应用浅埋暗挖法设计和施工时，采用多种辅助工法，超前支护以改善加固围岩，调动部分围岩的自承能力；采用不同的开挖方法及时支护、封闭成环，使其与围岩共同作用形成联合支护体系。在施工过程中，应用监控量测、信息反馈和优化设计，实现不塌方、少沉降和安全施工。

浅埋暗挖技术多用于第四纪软弱地层，由于围岩自承能力比较差，为避免对地面建筑物和地下构筑物造成破坏，需要严格控制地面沉降量。因此，初期支护要刚度大，支护要及时。初期支护必须从上向下施工，二次衬砌必须通过变位量测，当结构基本稳定时才能施工，而且必须从下往上施工，绝不允许先拱后墙施工。

三、浅埋暗挖法的应用范围及特点

浅埋暗挖法又称矿山法，起源于 1986 年北京地铁复兴门折返线工程，是中国人自己创造的适合中国国情的一种地铁隧道修建方法。它适用于城市地区松散土介质围岩、隧道埋深小于或等于隧道直径，以及要求以很小的地表沉降修筑的隧道。它的突出优势在于不影响城市交通、无污染、无噪声，而且适用于各种尺寸与断面形式的隧道洞室。由于省去了爆破、拆迁、掘路等程序，浅埋暗挖法被普遍采用。浅埋暗挖法的施工要点为 18 字方针：管超前、严注浆、短开挖、强支护、快封闭、勤量测。其主要的技术特点为：动态设计、动态施工的信息化；建立了一整套变位、应力监测系统；强调小导管超前支护在稳定工作面中的作用；发展了复合式衬砌技术，并开创性地设计和应用了钢筋网构拱架支护。该施工方法在北京、广州、深圳、南京等地的地铁区间隧道修建中得到了广泛应用。此外，该方法也广泛应用于地下构筑物、过街人行道和软弱围岩浅埋山岭隧道洞口段等工程的修筑中。

浅埋暗挖法主要适用于不宜明挖施工的土质或软弱无胶结的砂、卵石等第四纪土层，修建覆跨比（覆土层厚与跨度之比）大于 0.2 的浅埋地下洞室。对于高水位的类似地层，采取堵水或降水、排水等措施后也可适用，尤其对于结构埋置浅、地面建筑物密集、交通运输繁忙、地下管线密布以及对地面沉降要求严格的都市地区，在修建地下铁道、地下停车场、热力与电力管线时更为适用。开挖面土体稳定是利用浅埋暗挖法的基本条件。

浅埋暗挖法与其他方法相比具有显著优点。以城市地铁工程为例，浅埋暗挖法较明挖（盖挖）法简单易行，无需多种专业设备，灵活方便，适用于多种地层、不同跨度、多种断面，尤其对于地铁区间隧道，浅埋暗挖法施工完全能满足工期要求。当然，浅埋暗挖法也存在缺点，如施工慢，喷射混凝土时粉尘多，劳动强度大，机械化程度不高，以及高水位地层结构防水比较困难等。

四、浅埋暗挖法的施工程序

浅埋暗挖法的施工程序主要有开挖作业、初期支护、二次衬砌等，如图 2-1 所示。

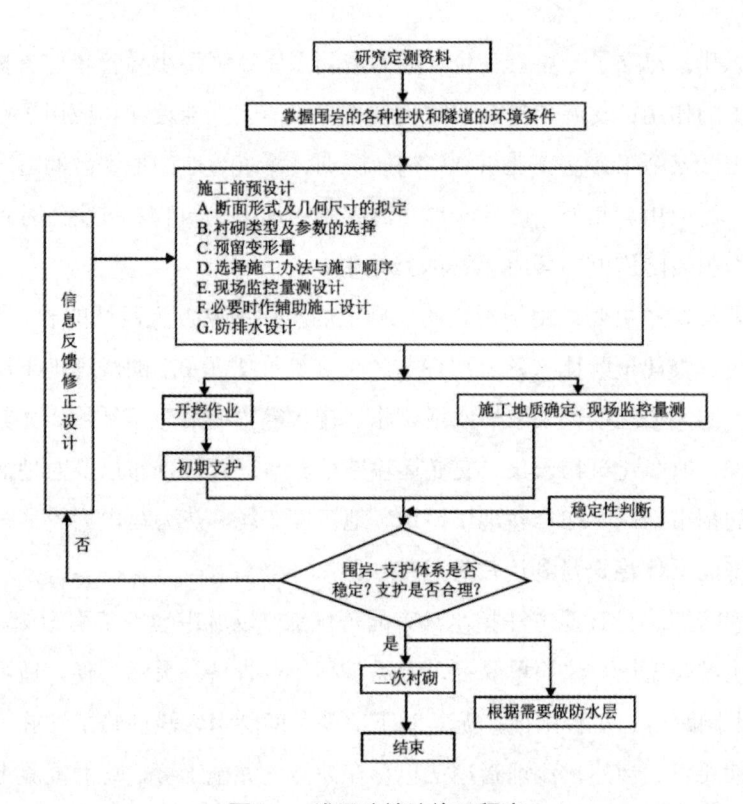

图 2-1　浅埋暗挖法施工程序

开挖作业，对完全是土质的隧道采用机械或人工挖掘，对石质隧道多采用光面爆破和预裂爆破，并尽量采用大断面或较大断面开挖，以减少对围岩的扰动，尽量使隧道断面周边轮廓圆顺，避免棱角突变处应力集中。初期支护是根据预设计采用不同的支护类型和参数，及时喷射混凝土和实施锚杆的初期支护，以控制围岩的变形和松弛。在浅埋软弱围岩地段，应使断面尽早闭合，以有效地发挥支护体系的作用，保证隧道稳定。二次衬砌是在围岩与初期支护变形基本稳定后修筑的，使围岩与支护结构形成一个整体，因而提高了支护体系的安全度。

这里特别强调衬砌的防水问题，铁路和公路隧道向来采用疏导方式，没有考虑水压力。但在城市地铁施工中，考虑到排水可能引起的长期地表沉降以及地下水流失等环境问题,在采用浅埋暗挖法修建隧道时必须一律采用"全包"的防水措施,不留排水孔,同时须考虑地下水位相应的水压力。

第二节　浅埋暗挖法分类

按照开挖方法划分,可将浅埋暗挖法分为全断面法、台阶法、分部开挖法。

一、全断面法

全断面法是指按设计使开挖面一次开挖成形。

全断面开挖有较大的工作空间,适用于大型配套机械化施工,施工速度较快,因单工作面作业,便于施工组织管理,在一般情况下应尽量采用全断面法。但全断面法开挖面大,围岩相对稳定性降低,且每个循环工作量相对较大,因此要求具有较强的开挖、出渣能力和相应的支护能力。

采用全断面开挖,有较大的断面进尺比(即开挖断面面积与掘进进尺之比),可获得较好的爆破效果,且爆破对围岩的震动次数较少,有利于围岩的稳定,但每次爆破震动强度较大,因此要求进行严格的控制爆破设计,尤其是对稳定性较差的围岩。

(一)施工顺序

①用钻孔台车钻眼,然后装药连线。
②退出钻孔台车,引爆炸药,开挖出整个隧道的断面轮廓。
③排除危石,安装拱部锚杆(必要时)和喷射第一层混凝土。

④用装渣机械将石渣装入出渣车运出洞外。

⑤安装边墙锚杆（必要时）和喷射第一层混凝土。

⑥必要时可在拱墙喷射第二层混凝土。

⑦按上述工序开始下一循环作业。

⑧在围岩和初期支护基本稳定后，或按施工组织要求的日期施作二次模筑混凝土衬砌及灌注隧道底部混凝土。

（二）适用条件

①Ⅰ～Ⅱ类整体性好的围岩；用于Ⅲ类围岩时，围岩应具备从全断面开挖到支护前这段时间内能保持其自身稳定的条件。

②有大型施工机械。

③隧道长度或施工区段长度不宜太短，根据经验一般不应小于 1 km。否则，采用大型机械施工经济性较差。

（三）机械设备

采用全断面一次开挖，必须注意机械设备的配套，以充分发挥机械设备的效率。隧道机械化施工时有三条主要作业线：开挖作业线、锚喷作业线和模筑混凝土作业线。所采用的大型机械设备主要有以下几种：

①开挖作业线的大型机械有钻孔台车、装药台车、装载机配合自卸汽车（无轨运输时）、装渣机配合矿车及电瓶车或内燃机车（有轨运输时）。

②锚喷作业线的大型机械有混凝土喷射机、混凝土喷射机械手、锚喷作业平台、进料运输设备及锚杆注浆设备。

③模筑混凝土作业线的大型机械有混凝土拌和工厂、混凝土输送车及输送泵、防水层作业平台、衬砌钢模台车。

在机械设备选型时，应遵循生产性、可靠性、经济性、维修性、环保性、耐用性、灵活性及配套性等原则。

（四）施工特点

①工序少，便于施工组织和施工管理。
②一次开挖成形，对围岩扰动小，有利于围岩的稳定性。
③开挖断面大，可采用深孔爆破以保证爆破效果，提高掘进速度。
④作业空间大，有利于采用大型施工机械设备，实现机械化综合施工，从而提高劳动生产率，降低施工人员的劳动强度，降低工程造价。

（五）注意事项

①摸清开挖面前方的地质情况，随时准备好应急措施（包括改变施工方法），以确保施工安全。尤其应注意地质条件突然发生恶化，如地下泥石流、涌水等。
②各工序使用的机械设备务求配套，以充分发挥机械设备的使用效率和确保各工序之间的协调，在保证隧道稳定安全的条件下，提高施工速度。
③在软弱破碎围岩中使用全断面法开挖时，应加强对辅助施工方法的设计和作业检查，以及对支护后围岩的动态量测与监控。

二、台阶法

台阶法一般是将设计断面分成上半断面和下半断面实施两次开挖成形，有时也采用台阶上部弧形导坑超前开挖。

台阶法可以有足够的工作空间和适宜的施工速度，但上下部作业之间会相互干扰。台阶开挖虽增加了对围岩的扰动次数，但台阶有利于开挖面的稳定。

台阶开挖时应注意以下事项：

①台阶长度要适当。按台阶长短可分为长台阶、短台阶和紧跟台阶3种。选用何种台阶，应根据两个条件来确定：其一是初期支护形成闭合断面的时间

要求，围岩稳定性愈差，闭合时间要求愈短；其二是上半断面施工时开挖、支护、出渣等机械设备所需的空间大小的要求。

②解决好上、下半断面作业的相互干扰问题。紧跟台阶基本上是合为一个工作面进行同步掘进；长台阶上下工作面的距离被拉开，工作面之间的干扰较小；而短台阶工作面之间的干扰就较大，要注意作业组织。对于长度较短的隧道，可将上半断面贯通后，再进行下半断面的施工。

③在下半断面开挖时，应注意上半断面的稳定。若围岩稳定性较好，则可以分段顺序开挖；若围岩稳定性较差，则应缩短下半断面掘进循环进尺；若围岩稳定性很差，则可以左右错开，或先挖中槽后挖边帮。

三、分部开挖法

分部开挖法是将隧道断面分部开挖逐步成形，且一般将某部分超前开挖，故也可称为导坑超前开挖法，常用的有上下导坑超前开挖法、上导坑超前开挖法和单（双）侧壁导坑超前开挖法等。分部开挖减少了每个坑道的跨度（宽度），能显著增强坑道围岩的相对稳定性，且易于进行局部支护，因此它主要适用于围岩软弱、破碎严重的隧道或设计断面较大的隧道。分部开挖由于作业面较多，各工序间的干扰较大，且增加了对围岩的扰动次数，若采用钻爆掘进，则更不利于围岩的稳定，施工组织和管理的难度亦较大。导坑超前开挖有利于提前探明地质情况并予以及时处理，但若采用的导坑断面过小，则施工速度会比较慢。

按开挖断面分割形式可将分部开挖法划分为：环形开挖法、中隔壁（CD）法、交叉中隔壁（CRD）法、单侧壁导坑法、双侧壁导坑法、中柱法、洞桩（PBA）法和中洞法等。

(一) 环形开挖法

该法也称留核心土法或环形开挖预留核心土法，就是在拟挖掘的断面范围内先挖掘周边土石，再挖掘核心部分的施工方法。该法适用于Ⅳ～Ⅵ级围岩的较大断面施工。

环形开挖法的技术要领是超前支护和初期支护的及时与有效，核心土足以临时稳定工作面，设置临时仰拱。基于地层的破裂角约 45°的认知，该法对超前支护有效节长和核心土的高、长尺寸均作出了相应的规定：超前支护的有效节长不低于上台阶高度，核心土断面不得小于上台阶面积的 50%，且严禁核心土呈现负坡，其长度应大于上台阶总高度。开挖循环长度应与钢架间距相匹配，一般为 0.5～1.0 m。设置锁脚锚杆（管）及扩大拱脚是应对沉降的有效措施；当设置锁脚锚杆（管）和扩大拱脚仍不足以抑制沉降和收敛时，须及时设置上台阶临时仰拱。实践证明，及时有效地设置临时仰拱是抑制沉降和收敛最明显、有效的措施。台阶长度控制同台阶法。在下台阶施工时，宜早施作仰拱，使初期支护尽快成环，以利于及时拆除可能存在的上台阶临时仰拱，其施工方法基本类同于台阶法。该法虽然工序较多、效率不高，但便于工法转换。

(二) 中隔壁（CD）法

该法是以中隔壁将洞室分为基本等面积、相对独立作业的左右两部分，先施工的一侧以短台阶或微台阶 2～3 部依次到底贯通，另一侧滞后一定的间距以与先开挖一侧相同的分步次数施工。该法源自台阶法，适合在浅埋、Ⅳ～Ⅴ级的土层和不稳定的破碎或软岩地层中施工。

每部的高度应照应钢架节点，一般为 2.5～3.5 m；各部均应及时施作初期支护、中隔壁等临时支护，结构仰拱应（单侧或整体）尽快封闭；各部周边轮廓应尽量圆顺，以减少应力集中；后开挖一侧作业时应突出全断面初期支护及时闭合；两侧纵向间距应按 15～30 m 控制；中隔壁宜设置为弧形或圆弧形，不宜呈立柱状。

该法施作现浇混凝土结构时，须逐段拆除支护以减少其所占的空间，不仅挖掘和支护时大型机械不便使用，而且在对应地段二次结构完成前，其后一个区段大型机械的使用会受到制约。当需要进行爆破作业时，对中隔壁和临时仰拱的保护较为烦琐、困难。

（三）交叉中隔壁（CRD）法

该法是以中隔壁将洞室分为基本等面积的左右两部分，两侧均以 2～3 部台阶依次到底贯通，两侧上部与下部交叉施作（而不是中隔壁墙先单侧到底），且每部均采用初期支护与临时支护闭合，因其上部交叉作业和中隔壁与临时仰拱形成交叉而得名。该法是在 CD 法的基础上强化临时支护演变而成的，能适应比 CD 法更差的地层、更大的断面。

CRD 法与 CD 法的不同之处有二：其一，各部设临时仰拱，步步成环；其二为策应上部断面应较早地以合理形状形成仰拱，充分发挥临时仰拱的作用，不是单侧顺次到底贯通，而是两侧洞上部挖掘支护交叉进行。该法的同高程各部的纵向间距按约 15 m 控制为宜。

CRD 法施工步骤如下：
① 开挖掌子面拱部左导坑，进行超前小导管作业并注浆加固地层。
② 环形开挖左洞室上台阶土方。
③ 左洞室上台阶架立格栅，设置锁脚锚杆，进行喷锚支护。
④ 开挖左洞室核心土及下台阶土方。
⑤ 左洞室下台阶架立格栅，进行喷锚支护。
⑥ 开挖掌子面拱部右导坑，进行超前小导管作业并注浆加固地层。
⑦ 环形开挖右洞室上台阶土方。
⑧ 右洞室上台阶架立格栅，设置锁脚锚杆，进行喷锚支护。
⑨ 开挖右洞室核心土及下台阶土方。
⑩ 在初期支护闭合成环后，施作仰拱并回填混凝土，架设临时支撑。

⑪拆去中隔壁及临时支撑，铺设防水层，做二次混凝土衬砌，封闭成环。

（四）单侧壁导坑法

该法是以隔壁将洞室分为不等面积、相对独立作业的左右两部分，先以全断面或台阶方式施作先行侧导坑，后以台阶方式施作滞后一定间距的另一侧。该法适用于在较差的Ⅳ～Ⅴ级地层中修建大跨、浅埋、地层沉降需控制的洞室的施工。

该法的断面设置工序类似于 CD 法。先行导坑的面积与剩余部分面积之比为 1∶（2～2.5），宽度不应大于总洞室跨度的 1/2，一般按 1/3 左右设置，先行侧导坑拱顶宜设于洞室起拱线偏上一些。

在该法施工中，作业分块相对较少，须拆除的临时支护工程量较少，有利于部分断面的快速施工。在初期支护闭合并稳定后，方可拆除隔壁墙，为后续施工使用大机械提供必要的空间。若地层差、开挖跨度大，可能产生较大的沉降，则应加强支护或晚拆除隔壁墙。

（五）双侧壁导坑法

该法是将洞室横向分为三块，两侧导坑以全断面或台阶方式错开或平行先行施工，其后再以台阶方式施工剩余的中间部分。该法是在单侧壁导坑法不能满足施工安全需要时采用的方法。地铁工程浅埋暗挖双侧壁导坑法施工是一项边开挖边浇筑的施工技术，其原理是：把整个隧道大断面分成左右上下多个小断面施工，每一小断面单独掘进，最后形成一个大的隧道，利用土层在开挖过程中短时间的自稳能力，采用网状支护形式，使围岩或土层表面形成密贴型薄壁支护结构，由中隔壁及中隔板承担部分荷载。

1. 施工特点

①很好地解决了大断面隧道开挖的安全性问题，且结构简单，安全可靠，拆装方便、灵活，经济效益显著。

②借鉴了新奥法的某些理论基础，与新奥法的不同之处是在城市地区松散土介质围岩条件下，隧道埋深小于或等于隧道直径，以很小的地表沉降修筑隧道。它的突出优势在于不影响城市交通，无污染、无噪声。

2.适用范围

①城市地区松散土介质围岩条件下的浅埋隧道。

②Ⅳ～Ⅴ级地层、沉降控制要求较高、更大更宽更扁平断面的洞室。

③浅埋地下车库、过街人行道和城市道路隧道等工程。

④大跨度地铁车站。

3.施工步骤

（1）两侧导坑上部开挖及支护

第一步：超前小导管作业。

超前小导管采用风钻直接顶入，压浆前用高压风清孔。超前小导管选用普通 $\phi 42$ mm 钢管加工而成，顶部切削成尖靴，尾部焊接垫圈，长度为 2.5 m 或 3.0 m。超前小导管按设计范围沿拱部周边轮廓线设置。超前小导管从钢架腹部空间穿过，外插角在 20°左右，尾部与钢架焊接成为一体。为保证注浆质量，注浆前孔口处喷 20 cm 混凝土封堵。采用高压注浆泵注水泥、水玻璃浆液，压力控制在 0.3～0.5 MPa，浆液配合比根据地质情况及现场试验确定。

第二步：开挖作业。

在超前小导管预注浆对地层进行加固后，采用人工直接开挖翻渣至下台阶，用翻斗车转运至提升架处，采用电动葫芦垂直起吊外运。每一开挖循环进尺为 0.5 m。由测量人员控制中线水平。在施工时保证不欠挖，严禁超挖。开挖轮廓线尽可能圆顺，以减小应力集中。

第三步：断面初期支护。

①初喷：砂层地段在开挖后立即进行初喷混凝土，以便尽早封闭拱顶暴露面，喷射混凝土的厚度为 4～5 cm。黏土层地段视开挖后围岩的稳定情况而定。

②格栅钢架：格栅钢架制作要符合设计规范和满足施工要求；在安设时清

除浮土，拱脚夯实或设置垫板，钢格栅纵向间距按设计要求每格 0.5 m，纵向设 ϕ22 mm 连接筋，其环向间距为 1 m，交错布置。

③挂网：单层铺设，采用 ϕ8 mm 钢筋，网格 15 cm×15 cm，做成 1.5 m×0.7 m 的网片，铺设在格栅钢架的背后位置，密贴围岩，并与格栅钢架连接牢固。

④喷射混凝土：采用 TK-961 型湿喷机喷护，砂层地段第一次喷射厚度为 3～5 cm，在架立好格栅钢架后，从钢架腹部打入下一循环的超前管棚，封好管口，复喷至设计厚度。

⑤锁脚锚管：在拱脚处打设两根 ϕ42 mm 锚管，其尾部与格栅钢架焊接牢固。在喷混凝土时注意保护好管口，在喷混凝土结束后及时压浆。

（2）两侧导坑下部开挖及支护

两侧下部开挖每循环进尺 1.0 m，下部落后上部 3.0 m。在反坡开挖时，在掌子面设集水坑，将集水坑内的水抽至竖井、集水井后排出洞外。永久与临时初期支护同时施作，并及时封闭成环状，其余与上部相同。两侧下部施工工艺流程如下：一侧洞下部开挖 5 m→两侧下部开挖（含两侧仰拱）→每循环进尺 1.0 m 后初喷混凝土 4～5 cm（包括隧底及中间土体侧面）→安钢架、挂钢筋网、焊连接筋（包括中间临时钢架等）→二次复喷混凝土达设计厚度→进入下一循环。

（3）中间导坑上部开挖及支护

待两侧洞初期支护完成一定时间后，开挖中间土体。开挖中间土体落后于两侧洞开挖初期支护 3～5 m。中间上部施工工艺流程如下：施作超前小导管预注浆加固地层→开挖土石方→初喷混凝土 4～5 cm→安设钢格栅，焊纵向连接筋→钢架之间安设钢筋网→复喷混凝土达设计厚度→进入下一循环。

（4）中间下部开挖及支护

检查中隔板和中隔壁支撑，分析各部开挖支护后的变形、收敛情况，待基本稳定后再开挖中间下部土体。下部开挖落后上部 30～50 m。施工工艺流程如下：中间下部土体开挖→中间底部钢格栅和钢筋网安装→喷混凝土封闭底部仰拱→进入下一循环。

采用双侧壁导坑法施工时要做到"短进尺、早支护、勤量测、速反馈"，保证结构安全。

两侧导坑宽度宜按洞室总宽的 1/4～1/3 设置，导坑断面设置应考虑采用设备的尺寸，其形状应圆顺，面积宜采用总面积的 1/4～1/3。导坑施工方法视断面大小、地层情况、设备配置在全断面法或台阶法之间选择。两侧导坑的纵向间距不低于 15 m，侧导坑与剩余断面开挖纵向间距不低于 30 m。剩余断面将根据其面积、地层情况、设备尺寸等因素，在满足拱部支护施作的前提下分步施工，不宜一次挖掘，一般分 2～3 部台阶为宜。导坑和剩余断面均要遵循快支护和早封闭的原则。

在初期支护闭合、仰拱及填充完成后，经量测、分析确定其稳定后即可拆除临时支撑，否则应随拆随施作现浇混凝土或钢筋混凝土结构。此法对后续较大型机械施工的限制少。

（六）中柱法

该法又称双侧壁及梁柱导洞法，它首先将全断面横向分为 5 块——2 个柱洞、1 个中洞和 2 个侧洞，先自上而下施作柱洞初期支护，再自下而上施作结构柱底和顶处相对应的结构，形成梁柱支撑体系；其次，施工中洞的上部初期支护及其相应部位的现浇混凝土结构，进行下部挖掘及其初期支护，进行中洞底对应部位的现浇混凝土结构施工，形成大中洞稳定体系；最后，对称自上而下施作两侧洞初期支护，直至横向闭合。该法适用于无水或降、疏水后的非石质地层中设柱的多跨曲侧墙洞室，如地铁车站及其进出站合建段、地下停车场、地下商场以及较短的公（铁）路隧道的多线共洞段等。

中柱法施工的总体原则是"小分块、短台阶、早成环"。柱洞断面尽量圆顺且要满足梁柱施工需求，宜在中洞顶部二次结构完成后再开挖下台阶和施作仰拱底部结构。此法存在两个争议点：其一，两柱洞应该纵向错开还是对称施作；其二，应先施作两侧洞还是中洞。其实各有其理，只要在梁柱体系形成后注重荷载对称，结构早闭合即可。初步的实践证明，两柱洞以对称施工为宜，先施作中洞比先施作侧洞有利，其理由如下：一是便于掌控荷载对称；二是便于早闭合，减跨作用明显；三是便于管理协调；四是便于初期支护钢架同步。

（七）洞桩（PBA）法

该法又称洞柱法，也称双侧边桩导洞法。该法是在地表不具备施工明挖桩围护基坑的条件下，将明挖桩围护框架结构的工法与暗挖法结合，在地下先行暗挖的导洞内施作围护边桩、桩顶纵梁，使围护边桩、桩顶纵梁、顶拱共同构成桩（pile）、梁（beam）、拱（arch）框架支撑体系，共同承受施工过程的外部荷载，然后在顶拱和边桩的保护下，逐层向下挖掘（在必要时设预加力横向支撑），进行内部结构施工，最终形成由外层边桩及拱顶初期支护和内层现浇混凝土或钢筋混凝土结构组合而成的永久承载体系。该法适用于无水或降、疏水后的非岩石地层、跨度不太大的矩形或近似矩形结构洞室施工。

1.施工特点

①在非强透水地层中，将有水地层的施工变为无水或少水施工，避免因长期大量降水引起的地表沉降和费用增加，有利于保护地下水资源和降低施工费用。

②以桩作支护有利于施工安全和控制地层沉降，避免中洞法、CD法、CRD法、双侧壁导坑法等多次开挖引起地面沉降量过大的缺陷，降低初期支护的刚度。

③与CRD法、双侧壁导坑法等相比，此法拆除临时工程量相对较少，结构受力条件较好，相对经济合理。

④对结构层数限制少，对保护暗挖结构附近的地下构筑物安全有利。

⑤在桩、梁、拱承载体系形成后，有较大的施工空间，便于机械化作业，从而加快施工进度。

⑥在地下水位线以上的导洞内施工孔桩，利用其"排桩效应"对两侧土体进行支挡，可减少由流沙、地下水带来的施工安全隐患。

 2.原则和步骤

施工总原则是少分块、快封闭，尽量减少荷载转换次数和地层被扰动的次数。导洞掘进和主拱施工遵循"管超前、严注浆、短开挖、强支护、快封闭、勤量测"及"先护后挖，及时支撑"的原则。

具体步骤如下：

第1步：超前注浆小导管加固地层，然后采用台阶法开挖桩顶导洞，格栅喷混凝土支护。

第2步：在导洞开挖支护完成后，用特制和改进的钻机由内向外跳孔施工钻孔灌注桩，采用导管法灌注水下混凝土，在凿除桩头后，施作桩顶纵梁。

第3步：在导洞内施作主拱格栅钢架拱脚（即拱边段），与导洞格栅钢架预留接头相连。

第4步：在浇筑拱边段混凝土后再进行背后回填。

第5步：超前注浆小导管加固地层后采用弧形导坑法开挖导洞间的拱部土体，施作初期支护，在必要时设置临时竖撑。

第6步：在拆除临时竖撑后向下开挖至中板下一定距离，拆除永久结构断面内导洞格栅钢架，拆除长度应根据监控量测严格控制。

第7步：依次施作拱墙部防水层、中板底模、中板浇筑、拱墙浇筑，预留边墙钢筋和防水层。

第8步：向下开挖至钢管撑标高下 0.5 m，桩间喷射 50 mm 厚 C20 混凝土找平，在必要时进行桩间注浆加固，架设腰梁及钢管撑。

第9步：继续下挖至基底标高，桩间喷混凝土，施作底板垫层。

第10步：铺设底板防水层及其保护层，浇筑底板及部分边墙混凝土，边墙水平施工缝应高出底板面 1.5 m 以上。

第11步：待底板达到设计强度的 70% 以上时，跳拆横撑及腰梁，铺侧墙防水层，浇筑侧墙混凝土并与上层边墙相接。

第 12 步：施作站台板等车站内部结构，完成车站土建施工全部内容。

3. 关键技术

（1）导洞开挖

①施工难点。控制开挖所引起的地面沉降，确保地下管线和周边环境安全稳定。

②主要对策。第一，确定合理的开挖顺序，先施作近桥桩侧导洞，超前另一侧导洞不小于 10 m。第二，坚持先护后挖的原则，分台阶开挖，加强初期支护，尽早封闭成环，控制导洞的沉降和变形。第三，根据监控量测反馈信息调整支护参数和施工方法，以此作为安全保证的主要手段。

（2）孔桩施工

①施工难点。导洞空间狭小，成孔困难。

②主要对策。第一，根据洞内作业空间和地质情况选用或改进钻机，提高成孔效率和质量。第二，确定合理的钻桩顺序，做好水下混凝土施工。为防止对邻近已成孔的扰动，采用由内向外的跳孔施工。钢筋笼分节吊装，现场连接。针对拆除钻杆与吊装钢筋笼的时间长，易造成坍孔、沉渣厚度控制难的问题，采用泵吸清孔和压举翻起沉渣的方式进行处理。加强对各操作环节的协调指挥，避免因混凝土泵送距离长而出现堵管的问题，规避各种可能的断桩风险。第三，导洞内场地狭窄，应分区域分段纵向布置钻机设备、泥浆箱、管路及道路，用砖墙把钻桩作业区和运输道路分开。在孔桩施工完后及时清除积水、浮浆和剩余混凝土，确保高效和文明施工。

（3）主拱施工

①施工难点。解决好主拱在初期支护与二次衬砌形成过程中的体系转换和平衡问题，防止结构变形、失稳和破坏，避免出现地面及拱部过量沉降和坍塌的情况。

②主要对策。第一，遵循"先护后挖，及时支撑"的原则，少分部开挖、

快封闭、早成环。第二，做好超前地质预报，探明前方的水文地质情况，若存在滞水，则通过探孔排出；在接近管线位置时，实施超前管线探测，采取小导管加密注浆、加密格栅钢架、设双层钢筋网、掌子面注浆等支护措施进行保护。第三，坚持信息化施工，根据信息反馈调整支护参数，如果变形量和变形速率超过管理值，则立即采取应急预案，包括加强超前支护、增设临时支撑、改变开挖步骤、修改施工方案等。第四，在拆除临时支撑时，对相应部位加强监控量测。

（4）交叉口施工

①施工难点。交叉口处荷载转换复杂，结构易失稳；开口跨度大，操作空间小，对车站整体的施工组织和工期影响大。

②主要对策。第一，交叉口采用组合拱梁结构，钢筋混凝土拱脚支撑在纵梁上，水平梁连接初期支护格栅并分担荷载；在主拱开挖时设置侧向开口加强环和临时竖撑，侧向开口加强环拱脚支撑在纵梁上。第二，侧向开口采用 6 m 管棚加固与注浆，在环向破除混凝土时设置开口加强环，在主拱开挖时设置两排临时竖撑，竖撑置于导洞壁上；在主拱施工时支护 10～20 m 交叉口组合拱梁；在圈梁站厅层成环后破除立体交叉拱梁侵入二衬断面部分，拆除临时竖撑，开挖核心土，施作通道二次衬砌。第三，及时开挖联络通道，在左右线间创造平行作业条件，以便加快施工进度。

（5）站台层结构防水和混凝土浇灌

①施工难点。在逆作施工缝处受空间限制，施工中防水板的预留和保护困难，施工缝处的防水质量不容易保证等。由于混凝土收缩的原因，在上、下部施工缝处混凝土很难浇灌密实，容易出现空隙，从而产生质量缺陷和安全隐患。

②主要对策。第一，施工缝设在受剪力较小且便于施工的部位，便于边墙混凝土的施工，逆作施工缝留成台阶形式或斜缝。第二，施工缝处采用双道遇水膨胀嵌缝胶止水条或预埋回填注浆管等防水措施。

（6）监控量测

在施工降水、导洞开挖、主体拱部开挖、拆除临时支撑、主拱施工各阶段，分别进行地表下沉、拱顶下沉、桥桩沉降、管线沉降、水平收敛等项目的监控量测。

（八）中洞法

该法又称中导洞法，也称中洞-台阶法，是先行开挖中导洞，在导洞内完成中隔墙或梁柱体系施作，以中隔墙或梁柱体系作为两侧洞的侧墙，再以台阶法施作两侧洞的支护。该法主要适用于Ⅲ~Ⅳ级地层中的连拱洞室，如地铁车站、地铁区间合建段、公（铁）路中较短的连拱隧道或洞口段大断面单洞变联拱段、地下停车（商）场等。

该法之所以适用于Ⅲ~Ⅳ级围岩，主要是因为：①在Ⅰ~Ⅱ级地层中可能设计一个大断面，可以采用侧洞法、单洞施作的台阶法或全断面法进行施工；②为便于中墙（或柱）混凝土施工，连接件预埋、安装及防水层铺设，一般应按形状较圆顺、高度大于中墙 1.0 m 以上、宽度不低于 5 m 等要求设置中洞断面；③中洞超前侧洞以 50~100 m 为宜，中短隧道可使中洞先行贯通，两侧洞开挖作业纵向间距不宜低于 15 m，以利于安全施工。

中隔墙或梁柱体系背后回填密实对施工和结构安全至关重要。

第三节　浅埋暗挖法的初期支护

浅埋暗挖法的初期支护是保证地铁隧道安全施工的关键工序，常用的方法有锚杆支护、喷射混凝土支护和钢拱架支护等。

一、锚杆支护

锚杆支护在技术、经济方面的优越性,使其在地铁工程领域得到了广泛应用和快速发展。锚杆按其与支护体锚固形式可分为如下几种:

(一)端头锚固式锚杆

端头锚固式锚杆利用内、外锚头的锚固来限制围岩变形松动。端头锚固式锚杆安装容易,工艺简单,在安装后即可起到支护作用,并能对围岩施加预应力,但杆体易腐蚀,锚头易松动,一般用于硬岩地下工程的临时加固。

(二)全长黏结式锚杆

全长黏结式锚杆采用水泥砂浆(或树脂)作为填充黏结料,不仅具有良好的抗剪、抗拉以及防腐蚀作用,而且具有较强的长期锚固能力,有利于约束围岩位移。全长黏结式锚杆安装简便,在无特殊要求的各类地下工程中,可大量用于初期支护和永久支护。

(三)摩擦式锚杆

摩擦式锚杆是用一种沿纵向开缝(或预变形)的钢管,装入比钢管外径小的钻孔内,对孔壁施加摩擦力,从而约束孔周岩体变形。摩擦式锚杆安装容易,在安装后立即起作用,能及时控制围岩变形,又能与孔周变形相协调。但其管壁易锈蚀,故一般不宜用作永久支护。

(四)混合式锚杆

混合式锚固是端头锚固方式与全黏结锚固方式的结合。混合式锚杆既可以施加预应力,又具有全长黏结式锚杆的优点,但安装施工较复杂,一般用于大体积、大范围工程结构的加固。

二、喷射混凝土支护

喷射混凝土是指使用混凝土喷射机,按一定的混合程序,将掺有速凝剂的细石混凝土喷射到岩壁表面上,并且迅速固结为一层支护结构,从而对围岩起到支护作用。

喷射混凝土可以作为隧道围岩中的临时支护和永久支护,也可以与各种形式的锚杆、钢拱架、钢筋网等构成复合式支护结构。它的灵活性很强,可以根据需要分次追加厚度。喷射工艺有干喷、潮喷、湿喷和混合喷射四种,主要区别是各工艺的投料程序不同,尤其是加水和速凝剂的时机不同。

钢纤维喷射混凝土是一种很适合用作隧道支护的材料,能有效地控制底层的变形。喷射钢纤维混凝土已在地铁施工中广泛应用。

(一)干喷

干喷是将骨料、水泥和速凝剂按一定比例在不加水的情况下搅拌均匀,然后装入喷射机,用压缩空气使干集料在软管内呈悬浮状态,并将其送到喷仓,再在喷嘴处使其与高压水混合,以较高速度喷射到岩面上。

干喷工艺的缺点是产生的粉尘量和回弹量大,加水是由喷嘴处的阀门控制的,水灰比的控制程度与喷射手操作的熟练程度有关。但干喷工艺使用的机械较简单,机械清洗和故障处理比较容易。

(二)潮喷

潮喷是将骨料预加少量水,使之呈潮湿状,再加水泥拌和,从而减少上料、拌和及喷射时的粉尘。但大量的水仍是在喷头处加入和喷出的,其喷射工艺流程和使用机械与干喷工艺相同。目前,施工现场使用较多的是潮喷工艺。

(三)湿喷

湿喷是将骨料、水泥和水按设计比例拌和均匀,用湿式喷射机压送到喷头处,再在喷头添加速凝剂后喷出。湿喷混凝土质量容易控制,在喷射过程中粉尘量和回弹量很少。但湿喷工艺对喷射机械要求较高,机械清洗和故障处理较麻烦。喷层较厚的软岩和渗水隧道不宜使用湿喷工艺。

(四)混合喷射

混合喷射又称水泥裹砂造壳喷射法。它是将一部分砂加第一次水拌湿,再投入全部水泥强制搅拌造壳;然后加第二次水与减水剂拌和成二次砂浆;将另一部分砂、石和速凝剂强制搅拌均匀,然后分别用砂浆泵和干式喷射机压送到混合管混合后喷出。混合喷射是分次投料搅拌工艺与喷射工艺的结合,其关键是水泥裹砂造壳技术。混合喷射工艺使用的主要机械设备与干喷工艺基本相同,但混凝土的质量比干喷混凝土质量要好,粉尘量和回弹量较少;缺点是使用机械数量较多,工艺较复杂,机械清洗和故障处理很麻烦。因此,混合喷射工艺一般只用于喷射混凝土量大和大断面隧道工程中。

三、钢拱架支护

钢拱架是对锚喷复合衬砌的再加强。钢拱架整体刚度大,能很好地与锚杆、钢筋网、喷射混凝土结合,形成可靠的初期复合衬砌。

钢拱架可以采用型钢、工字钢、钢管或钢筋制成。施工现场以钢筋制作的格栅钢架较多。

在采用浅埋暗挖法施工的地铁隧道中,目前最常用的初期支护形式是锚杆加喷射混凝土。对于自稳性较差的软弱围岩，可先在喷射混凝土中加入钢纤维或在锚杆端部挂设钢筋网，再喷射混凝土；对于自稳性很差的软弱围岩，在开挖前要采取辅助加固措施，在开挖后有时还要采取钢拱架加锚喷联合支护的措施。

四、注意事项

结合有关地铁隧道施工经验，应遵循"管超前、严注浆、短开挖、弱爆破、强支护、快封闭、勤测量、速反馈"的施工原则。针对工程地质条件复杂、地面建筑物密集的特点，在施工时应注意以下几点：

①根据地质条件变化情况、地层变位监测结果适时调整施工方法和支护参数，确保施工安全。

②在开挖上断面时，尽可能缩短台阶长度，及早形成封闭结构。

③大管棚选用锚索钻机钻孔，以确保管棚一次性贯穿隧道浅埋地段，减少循环。在注浆时严格控制注浆压力，既能固结破碎岩体，也可防止因注浆压力过大引起地表隆起而破坏房屋。

④在钻爆开挖时，严格按微振控爆施工，控制同段最大装药量，采用高精度非电毫秒编排起爆网络，消除爆破引起的共振现象。同时利用起爆延时人为造成振动波形成的倒相干扰，避免振速过大引起地面房屋开裂和压缩地层产生过大地面沉降。

⑤加强爆破振动对建筑物影响的监测及地面建筑物水平位移与沉降观测，及时反馈并指导施工。

第四节　浅埋暗挖的二次支护

按照浅埋暗挖法施工原理，作为复合受力的二次支护是在围岩或围岩加支护稳定后施作的，此时隧道已成形，因此二次支护多采用顺作法，即按由下到上、先墙后拱顺序连续灌注。在隧道纵向，则需要分段进行，分段长度一般为 9~12 m。二次支护多采用模筑混凝土作为内层衬砌。顺作法模筑混凝土二次支护，须配有足够的混凝土连续生产能力和相应的便于组装就位的模板。顺作法施工程序简单，衬砌整体性和受力条件较好。

一、施工机械

模筑混凝土衬砌施工常用的施工机械主要有：整体移动式模板台车、穿越式（分体移动）模板台车和拼装式拱架模板。

（一）整体移动式模板台车

整体移动式模板台车主要适用于全断面一次开挖成形或大断面开挖成形的隧道衬砌施工。它采用大块曲模板、机械或液压脱模、背附式振捣设备集装成整体，并在轨道上行走，有的还设有自行设备，可以缩短立模时间，提高衬砌施工速度。

模板台车的长度即一次模筑段长度，应根据施工进度要求、混凝土生产能力和灌注技术要求以及曲线隧道的半径等条件来确定。

（二）穿越式（分体移动）模板台车

穿越式（分体移动）模板台车的生产能力强，可配合混凝土输送泵联合作业，是较先进的模板设备。但其尺寸大小比较固定，可调范围较小，而且一次性设备投资较大。

（三）拼装式拱架模板

拼装式拱架模板设备简单，常由施工单位自制。拼装式拱架模板的拱架可采用型钢制作或现场用钢筋加工成桁架式拱架。为便于安装和运输，常将整个拱架分解为 2~4 节，进行现场组装。其组装连接形式有夹板连接和端板连接两种。为减少安装和拆卸工作量，可以制作简易移动式拱架，即将几个拱架连成整体，并安设简易滑移轨道。拼装式拱架模板多采用工厂制作的定型组合钢模板。

二、灌注衬砌混凝土

在灌注衬砌混凝土时，虽然要求将超挖部分回填，但由于操作方法的影响，其中有些部位并不可能回填得很密实，这种现象在拱顶背后一定范围内较为突出。因此，要求在衬砌混凝土达到设计强度后，对这些部位进行压浆处理，以使衬砌与围岩密贴（全面紧密接触），达到限制围岩后期变形、改善衬砌受力工作状态的目的。

仰拱位于隧道断面的拱底，在侧压和底压较大时，应及时修筑仰拱使衬砌环向封闭，避免边墙挤入造成开裂甚至失稳。但仰拱和底板施工占用洞内运输道路，会对前方开挖和衬砌作业的出渣、进料造成干扰。因此，应认真考虑仰拱和底板的施作时间、分块施工顺序和运输的干扰问题。

底板提供地下铁道的路基，仰拱和底板的灌注可以纵向分条、横向分段进行。纵向通常可分为左右两部分，交替进行；横向分段长度应根据边墙施工缝、伸缩缝、沉降缝及运输要求来确定。当侧压力较大时，底部开挖分段长度不能太长，以免墙脚挤入。为方便施工，仰拱和底板可以合并灌注，但应保证仰拱混凝土强度符合设计要求。

在灌注仰拱和底板时，必须把隧道底部的虚渣、杂物及淤泥清除干净，排除积水。超挖部分应用同级混凝土或片石混凝土灌注密实。

隧道衬砌混凝土的灌注应注意以下几点：

①保证捣固密实，使衬砌具有良好的抗渗防水性能，尤其应处理好施工缝。

②在整体模筑时，应注意对称灌注，两侧同时或交替进行，防止未凝固的混凝土对拱架模板产生偏压而使衬砌尺寸不符合要求。

③若因故不能连续灌注，则应按规定进行接茬处理。衬砌接茬应顺着半径方向。

④边墙基底以上1 m范围内的超挖，宜用同级混凝土同时灌注。其余部分的超、欠挖应按设计要求及有关规定处理。

⑤衬砌分段的施工缝应与设计沉降缝、伸缩缝及设备洞位置统一考虑，合理确定。

⑥在多数情况下，隧道施工过程中洞内的湿度能够满足混凝土的养护条件。但在干燥无水的条件下，则应注意进行洒水养护。采用普通硅酸盐水泥拌制的混凝土，其养护时间一般不少于7 d；掺有外加剂或有抗渗要求的混凝土，其养护时间一般不少于14 d。养护用水温度应与环境温度基本相同。

⑦二次支护的拆模时间应根据混凝土强度增长情况来确定。一般在混凝土强度达到2.5 MPa时方可拆模。当有承载要求时，应根据具体受力条件来确定二次支护的拆模时间。

第五节　隧道施工的超前支护

对地铁隧道工作面实施直接开挖,是以良好的地质条件为前提的,而且围岩的稳定性要好。当围岩软弱破碎时,即使采取短进尺开挖,开挖面也会向下坍塌,从而导致支护和开挖面前方的更大坍塌,甚至影响后方施作支护部分的稳定或波及地表沉陷。当地下水丰富时,这种情况更为严重。隧道工程事故主要来自这一阶段。

为此,应对软弱破碎围岩采取一些辅助稳定措施。例如:在开挖过程中留核心土稳定工作面,施作超前锚杆来锚固前方围岩,临时仰拱及时封闭,利用管棚超前支护前方围岩,注浆加固围岩和堵水等。以下对较常用的超前锚杆(或小钢管)、管棚、超前小导管注浆技术进行介绍。

一、超前锚杆(或小钢管)

超前锚杆(或小钢管)是沿开挖轮廓线,将锚杆(或小钢管)以一定的外插角斜向插入前方,即在开挖的轮廓外周形成对前方围岩的预锚固,使得开挖面的开挖作业在提前形成的围岩锚固圈保护下进行。

超前锚杆(或小钢管)预支护的柔性较大,整体刚度较小,锚杆可以与系统锚杆焊接以增强其整体性,但在围岩应力较大时,其后期支护刚度仍不够大。因此,这种超前支护主要适用于围岩应力较小、地下水较少、岩体软弱破碎和开挖工作面有可能坍滑的隧道施工,适合用中小型机械施工。

超前锚杆(或小钢管)的设计参数包括直径、超前量、环向间距、外插角等,应根据围岩类别、施工断面大小、开挖循环进尺、施工条件等,并参照经验资料进行选择。一般超前长度为循环进尺的 3～5 倍,搭接长度宜为超前长度的 40%～60%，即大致形成双层或双排锚杆。

超前锚杆（或小钢管）的设置应充分考虑岩体结构面特性，一般可以仅在拱部设置，必要时也可以在边墙局部设置。超前锚杆（或小钢管）纵向两排的水平投影，应有不小于 1.0 m 的搭接长度。

超前锚杆（或小钢管）支护宜和钢拱架支撑配合使用，并从钢拱架腹部穿过。超前锚杆宜采用早强砂浆锚杆，使其提早发挥超前支护的作用；超前小钢管应平直，尾部焊箍，顶部呈尖锥形状。在安设前应检查小钢管尺寸，小钢管顶入钻孔长度不应小于小钢管长度的 90%。

超前锚杆（或小钢管）尾端一般置于钢架腹部或焊接于系统锚杆尾部的环向钢筋上，以增强共同支护作用。可根据围岩的具体情况，采用双层或三层超前支护。

二、管棚

管棚是将钢管或钢插板作为纵向支撑、将钢拱架作为横向环形支撑的一种复合衬砌形式。管棚结构的纵、横向整体刚度较大，能阻止和限制围岩变形，并能提前承受早期围岩压力。管棚适用于特殊困难地段，如极破碎岩体、塌方体、岩锥地段、砂土质地层、强膨胀性地层、流变性地层、裂隙发育岩体、断层破碎带等。上述地段宜在管内辅以灌浆，效果将会更好。如遇流塑状岩体或岩溶严重流泥地段，则可以采用管棚与围岩预注浆相结合的措施。

此外，一般在无胶结的土质或砂质围岩中，可采用钢插板封闭；在地下水较多时，可采用钢管注浆堵水和加固围岩。短管棚一次超前量较少，与开挖作业交替进行，占用循环时间较多，而钻孔安装或顶入安装短管棚则比较容易。长管棚一次超前量比较大，可减少安装钢管次数，并减少与开挖作业之间的干扰，适用于大中型机械进行大断面开挖的隧道施工。

管棚支护结构一般按松弛荷载理论进行设计。根据围岩地质施工条件及力学计算，如有需要可在钢管内灌注水泥砂浆或混凝土，也可放置钢筋笼并灌注水泥砂浆，这样可增加钢管刚度，钢管直径宜选用 80～180 mm，钢管中心距离为 30～50 cm，钢管长度一般为 10～45 m。当采用分段连接时，可采用长 4～6 m 的钢管，并用丝扣连接，丝扣长度不小于 15 cm；纵向两组管棚间应有不小于 1.5 m 的水平搭接长度。钢管宜沿隧道开挖轮廓纵向接近水平方向设置，外插角为 1°～2°；钻孔孔径比钢管直径大 2～3 cm，环向间距为 20～80 cm，钢拱架常采用工字钢拱架或钢筋格栅。

三、超前小导管注浆

超前小导管注浆施工是在工作面开挖前，先对工作面及一定长度（通常为 5 m）范围内的坑道喷射厚为 5～10 cm 的混凝土，或采用模筑混凝土封闭，然后沿开挖外轮廓线（即坑道周边）向前以一定角度打入管壁带小孔的小导管，并以一定压力（注浆压力为 0.5～1.0 MPa）向管内压注起胶结作用的浆液，待浆液硬化后，坑道周围岩体便形成了具有一定厚度的加固圈。此加固圈能起超前预支护作用，在其保护下即可安全地进行开挖作业。

超前小导管周壁预注浆加固的机理为：浆液被超前压注到岩体裂隙中并硬化后，将破碎岩块或颗粒胶结成整体，同时注浆填充了裂隙，阻隔了地下水向坑道渗流的通道，起到了堵水、防水的作用。超前小导管周壁注浆适用于自稳时间很短的砂层、砂卵（砾）石层、断层破碎带、软弱围岩浅埋地段或处理塌方地段、地下水较多的软弱破碎围岩等地段。

第六节　监控量测

应用监控量测信息指导设计与施工是浅埋暗挖法施工的重要组成部分。应根据监控量测的各种变量，如位移、应力、应变等，及时绘出动态曲线：位移-时间曲线、应力-时间曲线、应变-时间曲线。其中，以横坐标为时间，纵坐标为各类变量（位移、应力、应变）。这些曲线可能形成极不规则的散点连线，如果将工序标在水平坐标上，就可以看出各工序对隧道变形的影响。这个散点图作为分析的第一手资料，是判断地层是否稳定的重要依据。

一、监控量测的作用

监控量测在施工中的作用主要有以下几点：

（一）保证施工安全

浅埋暗挖法施工的地铁区间隧道对周边环境会产生不同程度的影响，因此通过及时、准确的现场监测结果判定地铁隧道结构及周边环境的安全，并及时反馈指导施工，调整设计和施工参数是非常重要的，可以减小对周边环境变形的影响，保证施工安全。

（二）量测施工引起的地表变形

根据地表变形的发展趋势确定是否采取保护措施，同时为确定经济合理的保护措施提供理论依据。

(三)控制各项监测指标

根据已有经验及规范要求,检查施工中各项环境控制指标是否超过规定范围,并在发生环境事故时提供有效的仲裁依据。

(四)验证和修正支护结构设计方案

地下结构施工设计中采用的设计原理与现场实测的结构受力、变形情况往往有一定差异,因此及时反馈施工中的监测信息,对设计方案的完善和修正有很大帮助。

(五)工程总结

地下工程施工中结构及周边环境的受力和变形资料对设计、施工及总结经验有很大的帮助。

二、监控量测的分类和主要范围

监控量测可分为必测项目和选测项目两类。监控量测的主要范围是:地下结构物纵向中心线两侧 30 m 范围内的地下、地面建(构)筑物管线、地面及道路。各项观测数据相互验证,确保监测结果的可靠性,为合理确定各项施工参数提供依据,达到反馈指导施工的目的,真正做到信息化施工。

三、监控量测项目

隧道断面上监控量测的测点布置可参照图 2-2。监控量测项目的具体安排见表 2-1。在地铁隧道施工前应根据埋深、地质、地面环境、开挖断面和施工

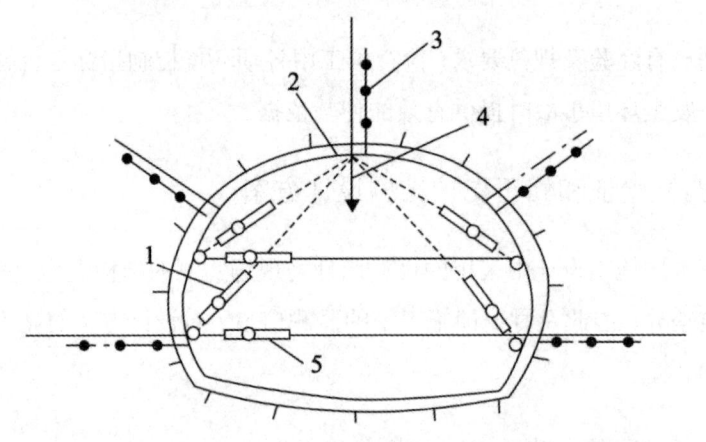

方法，参考表 2-1 的测量项目，拟定监控量测方案。

1—隧道周边位移量测；2—衬砌内应力量测；3—锚杆轴力量测；
4—拱顶下沉量测；5—围岩内位移量测

图 2-2 测点布置示意图

表 2-1 监控量测项目的具体安排

类别	量测项目	量测仪器和工具	测点布置	量测频率
必测项目	围岩及支护状态	地质描述及拱架支护状态观察	每一开挖环	开挖后立即进行
	地表、地面建筑、地下管线及构筑物变化	水准仪和水平仪	每 10~50 m 一个断面，每断面 7~11 个测点	开挖面距量测断面前后<2B 时 1~2 次/d 开挖面距量测断面前后<5B 时 1 次/2d 开挖面距量测断面前后>5B 时 1 次/周
	拱顶下沉	水准仪、钢尺等	每 5~30 m 一个断面，每断面 1~3 个测点	开挖面距量测断面前后<2B 时 1~2 次/d 开挖面距量测断面前后<5B 时 1 次/2d 开挖面距量测断面前后>5B 时 1 次/周

续表

类别	量测项目	量测仪器和工具	测点布置	量测频率
必测项目	周边净空收敛位移	收敛计	每5～100 m一个断面，每断面2～3个测点	开挖面距量测断面前后<2B时1～2次/d 开挖面距量测断面前后<5B时1次/2d 开挖面距量测断面前后>5B时1次/周
	岩体爆破地面质点振动速度和噪声	声波仪及测斜仪等	质点振速根据结构要求设点，噪声根据规定的测距设点	随隧道爆破即时进行
选测项目	围岩内部位移	地面钻孔安放位移计、测斜仪等	取代表性地段设一断面，每断面2～3孔	开挖面距量测断面前后<2B时1～2次/d 开挖面距量测断面前后<5B时1次/2d 开挖面距量测断面前后>5B时1次/周
	围岩压力及支护间应力	压力传感器	每代表性地段设一断面，每断面15～20个测点	开挖面距量测断面前后<2B时1～2次/d 开挖面距量测断面前后<5B时1次/2d 开挖面距量测断面前后>5B时1次/周
	钢筋格栅拱架内力及外力	支柱压力计或其他测力计	每10～30榀钢拱架设一对测力计	开挖面距量测断面前后<2B时1～2次/d 开挖面距量测断面前后<5B时1次/2d 开挖面距量测断面前后>5B时1次/周

续表

类别	量测项目	量测仪器和工具	测点布置	量测频率
选测项目	初期支护、二次衬砌内应力及表面应力	混凝土内的应变计及应力计	每代表性地段设一断面，每断面11个测点	开挖面距量测断面前后<2B 时 1~2 次/d 开挖面距量测断面前后<5B 时 1 次/2d 开挖面距量测断面前后>5B 时 1 次/周
	锚杆内力、抗拔力及表面应力	锚杆测力计及拉拔器	必要时进行	开挖面距量测断面前后<2B 时 1~2 次/d 开挖面距量测断面前后<5B 时 1 次/2d 开挖面距量测断面前后>5B 时 1 次/周

注：1. B 为隧道开挖跨度；

2. 地质描述包括工程地质和水文地质。

四、监控量测方法

在浅埋暗挖法施工隧道开挖后，地层中的应力扰动区延伸至地表，地表沉降可以反映隧道开挖过程中围岩变形的全过程。尤其是对于城市地下工程，若在其四周地表有建筑物，就必须对地表沉降情况进行严格的监测和控制，以保证施工安全。

（一）基点埋设

第一，基点应埋设在沉降影响范围以外的稳定区域内。

第二，应埋设至少2个基点，以便基点互相校核。

第三，基点的埋设要牢固可靠，在坚硬道面上埋设地表桩时，应凿开道面和路基,将地表桩埋入原状土,或钻孔打入 1 m 以上的螺纹钢筋做地表观测桩,并同时打入保护钢管套。

第四,基点应和四周水准点联测取得原始高程。

第五,基点应埋设在视野开阔的地方,以利于观测。

(二)测点布置与埋设

区间地面及道路沉降测点分别布置在地铁隧道中线上,测点间距 10 m,并每相隔 100 m 左右设一个主观测断面。沉降测点埋设时先用冲击钻在地表钻孔,然后放入沉降测点,测点采用直径 20~30 mm、长 200~300 mm 的半圆头钢筋制成。测点四面用水泥砂浆填实,并在地表做保护井。

(三)沉降值计算

地表监测基点为标准水准点(高程已知),监测时通过测得各测点与地表监测基点的高程差 ΔH,可得到各监测点标准高程 H_i,然后与上次测得的高程进行比较,差值 Δh 即为该测点的沉降值。

在施工过程中,通过对四周建筑物的变形监测,随时了解施工对四周建筑物的影响程度及影响范围,便于及早发现问题、解决问题,将变形控制在建筑物安全警戒值内,保证四周建筑物的安全。

因为建筑物的开裂、沉降和倾斜必然导致结构构件的应力调整而产生裂缝,所以裂缝开展状况的监测通常是评价开挖影响程度的重要依据之一。可采用直接观测的方法,将裂缝进行编号并划出测读位置,通过裂缝观测仪进行裂缝宽度测读。由于裂缝数量和位置无法估计,监测数量和位置也无法确定,所以应根据施工及监测情况确定测点位置。在建筑物出现较大变形的同时密切关注是否有裂缝产生,并跟踪观测。

隧道拱顶变形的监测,应根据暗挖施工时隧道初期支护结构拱顶的变形情况,通过数据分析来总结规律,以便顺利和安全施工。可沿区间隧道纵向间距每 10 m 埋设一个拱顶沉降测点，材料选用 $\phi 22$ mm 螺纹钢，埋设或焊接在拱顶，外露长度 5 cm，外露部分应打磨光滑，以减少与尺面接触时产生的不均匀误差，用红油漆标记并统一编号。

五、监测数据的应用

（一）最大允许位移值的控制

最大允许位移值与地质条件、埋深、断面大小、开挖方法、支护类型和参数有关，在规定最大允许位移值时，必须考虑这些因素的影响。经验证明：拱顶下沉是控制稳定较直观和可靠的判断依据；水平收敛和地表下沉有时也是重要的判断依据。对于地下铁道来讲，地表下沉测量显得尤为重要。

（二）净空预留量的确定

根据位移随时间变化测试的资料进行回归分析，推算最终位移值，以此作为净空预留量。

（三）二次衬砌施工时间的控制

按规定，二次衬砌是在初次支护变形基本稳定后施作的。基本稳定的标志是外荷载基本不再增加，位移不再变化，因此可用周边位移率和接触应力这两项指标控制。当隧道断面小于 10 m^2 时，周边位移率 v_1 应小于 0.1 mm/d；当隧道断面大于 10 m^2 时，v_1 应小于 0.2 mm/d，周边接触应力 v_2 应小于 5.0 kPa/d。目前，为方便现场掌握，以机械量测仪器测试位移为主。当达不到基本稳定指标时，应进行补救，其措施为对初期支护进行加强，并立即进行二次衬砌施工。

（四）测试数据对设计的反馈

地质条件的复杂性使地下工程设计不得不采用信息化的设计方法，即通过施工中监测到的围岩动态信息（主要是指位移信息），采用反分析技术，推求围岩的结构模型和力学参数，如弹性模量、内摩擦角、黏聚力、黏性系数等；再采用正分析技术，求出围岩和支护结构中新的应力场和位移场，验算和核实预设计的可靠性，并对其进行修改。

监控量测测点的初始读数，应在开挖循环节施工后 24 h 内、下一循环节施工前取得，其测点距开挖工作面不得大于 2 m。

第三章　新奥法施工

第一节　新奥法概述

一、新奥法的概念

所谓新奥法，即新奥地利隧道修建方法的简称。此种方法是由奥地利的学者腊布希维兹（W. B. Rabeciwice）在喷锚支护的基础上提出来的，并于1954～1955年首次应用于奥地利的普鲁茨-伊姆斯特电站的压力输水隧道工程中，后经其他国家隧道工作者的理论研究和工程实践，于1963年在奥地利召开的第八次国际土力学会议上被正式命名为新奥法。

新奥法与传统方法相比最根本的区别在于，传统方法把围岩看作荷载的来源，其围岩压力全部由支护结构承担，围岩被视为松散结构，无自承能力，而新奥法恰恰相反，它把支护结构和围岩本身看作一个整体，二者共同作用达到稳定洞室的目的，而且大部分围岩压力是由围岩体本身承担的，支护结构只承担了少部分的围岩压力。新奥法的提出，使隧道设计理论和施工工艺发生了根本性的变革，之后新奥法迅速被许多国家的隧道工作者所接受，并应用于各种各样的隧道工程中。

我国在20世纪60年代引进新奥法，到20世纪80年代才将其大量应用于工程实践中。近几年新线建设中的大量隧道都运用了新奥法，因而我国的隧道工作者积累了许多在各种条件下用新奥法修建隧道的成功经验。例如，埋深仅为跨度一半的南岭隧道、大秦线上的军都山隧道、衡广复线上的大瑶山隧道等工程都成功采用了新奥法。

事实证明，在隧道的设计和施工中采用新奥法，可以节省大量木材，改善施工条件，降低工程造价，同时也为大型机械化施工提供了条件。若采用严格有效的施工监测和管理措施，则可使支护系统既经济合理，又安全可靠。

二、新奥法的基本原理

由于在隧道工程中的成功应用，新奥法当前已被国内外作为隧道结构设计和施工的重要方法。新奥法的理论基础是最大限度地发挥围岩的自承作用。以喷射混凝土、锚杆加固和量测技术为三大支柱的新奥法，有一套尽可能保护隧道围岩原有强度、容许围岩变形，但又不致出现强烈松弛破坏，及时掌握围岩和支护变形动态的隧道开挖与支护原则，使隧道围岩变形与限制变形的结构支护抗力保持动态平衡，使施工方法具有很好的适用性和经济性。新奥法的基本原理如下：

①围岩是隧道结构的主要承载部分。

②在开挖后，需要对围岩进行加固，以使围岩在开挖卸载后不失去原有的强度。

③在隧道围岩支护过程中，应尽量减少围岩卸载位移的程度。

④在隧道围岩支护过程中，一方面允许围岩有一定的位移，从而产生受力环区；另一方面，又必须限制围岩位移的程度以避免因围岩变形过大而产生严重的松弛和卸载。

⑤初次支护的主要作用不是承担隧道围岩所失去的承载力，而是保持围岩的自承状态，防止产生严重的松弛和卸载。

⑥初次支护的建造应是适时的，延迟一定时间可以使围岩在开挖后来得及变形并形成承力保护区，以达到较好的支撑效果。

⑦围岩自稳时间既可通过对围岩地质条件的初步调查来评定,又可通过在建造过程中量测隧道洞周的位移来评定。

⑧喷射混凝土由于具有可填平凸凹面、与围岩密贴等特点,使围岩不发生严重的应力重分布,因此常被用来作为初次支护,必要时还使用锚杆、钢筋网和钢拱架。

⑨喷射混凝土本身具有强度高和可变形的特点,其整体的结构效应通常可视为薄壳。

⑩在隧道开挖后需要及时建造仰拱,以形成封闭结构。

⑪初次支护只要没有被腐蚀破坏,即可视为整体承重结构的一部分。

⑫孔洞从开挖到封闭所需的时间主要取决于施工方法,围岩的变化很难定量解释,可利用施工前的地质调查资料进行估计,在施工过程中需要通过测量来控制和修改。

⑬从静力学角度来看,当隧道横截面为圆形时受力条件最为有利。因此,设计的横截面应尽可能接近圆形或椭圆形,严格限制超挖和欠挖。

⑭应特别注意施工过程中工程荷载对隧道受力的影响。为了尽量限制开挖后隧道围岩二次应力重分布程度和松动圈形成的范围,应尽可能减少开挖次数,或至少拱部采用一次开挖方案。

⑮为了提高隧道结构的安全度及达到密封的效果,可建造薄层内衬砌,使结构内不产生过大的弯曲应力,内层与外层之间只传递压力。

⑯为了增加衬砌的强度,一般不增加其厚度而增加钢筋含量(钢拱)。增加整个结构的刚度可通过增加锚杆的个数或增加锚杆的长度以形成围岩受力环来实现。

⑰对整体结构系统的稳定性和安全度评价及设计结构需要加强的必要性以及设计结构刚度的减小,均可根据建造过程中的应力及变形状态的测量结果来确定。

⑱控制外源水压和静水压力的手段是,在外壳(必要时也在内壳)上设置

软管及足够的密封排水装置。

三、新奥法的施工原则

（一）少扰动

在进行隧道开挖时，应尽量减少对围岩的扰动次数、扰动强度、扰动范围和扰动持续时间，因此要求：能用机械开挖的就不用钻爆法开挖；当采用钻爆法开挖时，严格控制爆破；尽量采用大断面开挖；根据围岩级别、开挖方法、支护条件选择合理的循环掘进进尺；自稳性差的围岩，循环掘进进尺应短一些，支护尽量紧跟开挖面，缩短围岩应力松弛时间。

（二）早支护

开挖后应及时施作初期喷锚支护，使围岩的变形进入受控状态。这样做一方面是为了使围岩不致因变形过度而产生坍塌失稳；另一方面是使围岩变形适度发展，以充分发挥围岩的自承能力。必要时可采取超前预支护措施。

（三）勤量测

用直观、可靠的量测方法和量测数据，准确评价围岩（或围岩加支护）的稳定状态，判断其动态发展趋势，以便及时调整支护形式、开挖方法，确保施工安全和顺利进行。量测是现代隧道及地下工程理论的重要标志之一，也是掌握围岩动态变化过程的手段和进行工程设计、施工的依据。

（四）紧封闭

采用喷射混凝土等防护措施，对围岩施工做封闭式支护，及时阻止围岩变形，避免围岩因长时间裸露而发生强度和稳定性衰减，使支护和围岩能进入良好的共同工作状态。

第二节　超前支护

一、大管棚施工

（一）施工准备

根据用于管棚施工的机械设备情况，在开挖至管棚施工段时，预留下台阶不开挖，并将其作为管棚施工操作平台。

（二）套拱施工

采用 C25 混凝土套拱作为管棚的导向拱。套拱在隧道衬砌的外轮廓线以外。护拱内设 2～3 榀用 I20a 工字钢制作的钢拱架，作为环向支撑。将管棚的导向管焊接固定在钢拱架上。

（三）管棚制作

管棚采用 ϕ108 mm 和 ϕ60 mm 钢管制作，壁厚 6 mm，管壁打孔，布孔采用梅花形，孔径为 10～16 mm，孔间距为 15 cm，钢管尾留 2～3 m 不钻孔作为止浆段。

（四）钻孔

采用管棚钻机钻孔。为减少因钻具移位引起的钻孔偏差，在钻进过程中应经常采用测斜仪量测钻杆钻进的偏斜度。当发现偏斜超过设计要求时，应及时纠正。直径为 108 mm 的管棚采用直径为 127 mm 的钻孔。钻孔平面误差为：径向不大于 20 cm。

（五）清孔、顶管、放钢筋笼

用高压风或清水清孔。在钻孔检测合格后，将钢管连续接长（钢管搭接方式采用螺纹连接），用钻机旋转顶进，将其装入孔内。在钢管中增设钢筋笼，以增强钢管的抗弯能力。钢筋笼由 4 根 22 mm 主筋和固定环组成。

（六）注浆

注浆浆液采用 42.5 级普通硅酸盐水泥，水泥浆水灰比为（0.5~1）∶1。当地下水发育时，注浆浆液改为水泥-水玻璃，水玻璃浓度为 35~40 °Bé。在施工中应根据实际情况调整注浆压力。

在注浆实施过程中，应采用全孔压入方式向大管棚内压注水泥浆，选用大功率注浆泵注浆。在注浆前先进行现场注浆试验，确定注浆参数及外加剂掺入量。注浆按先下后上、先稀后浓的原则进行。注浆量由压力控制，在达到标准后关闭止浆阀，停止注浆。

（七）施工有关注意事项

①孔口位于开挖轮廓外边缘，外插角为 1°~1.5°，钻孔最大下沉量控制在 20~30 cm。

②管棚钢管不得侵入隧道开挖线内，相邻的钢管不得相撞，也不得相交。

③在钻孔过程中，在开孔后 2 m 处、孔深 1/2 处、终孔处进行斜度量测。如误差超限，则应及时改进钻孔工艺，进行纠偏。至终孔仍超限时，则须封孔重钻。

④钢管与管箍丝扣必须上满，使各管节连成一体，在受力后保证不脱开。

⑤注浆压力一般为 0.5～1.0 MPa，并稳定 15 min。若注浆量超限，未达规定压力，则须继续注浆，并调整浆液，直至符合注浆质量标准方可终止注浆，确保管棚与围岩固结紧密，增强其整体性。

二、小导管施工

在隧道工作面开挖前，沿隧道拱部开挖轮廓线外打入带孔小导管，并通过小导管向围岩压注起胶结作用的浆液，在隧道轮廓线外形成一个 0.6～1.2 m 厚的弧形加固圈。在此加固圈的保护下即可安全地进行开挖作业。

（一）小导管结构

小导管前端加工成锥形，以便插打，并防止浆液前冲。小导管中间部位钻直径为 10 mm 的注浆孔。注浆孔呈梅花形布置（防止注浆出现死角），间距为 15 cm，尾部 1 m 范围内不钻孔以防漏浆，末端焊直径为 6 mm 的环形箍筋，以防打设小导管时端部开裂，影响注浆管连接。

（二）注浆材料

双液浆：又称 CS 浆。
水灰比：（0.8～1.5）∶1。
水玻璃浓度：35～40°Bé。

（三）注浆工艺

（1）小导管安设
①用 YT-28 风钻或用重锤将小导管送入孔中，然后检查导管内有无充填物。如有充填物，则用吹管吹出或掏钩钩出。

②用塑胶泥（40 °Bé 水玻璃拌和 52.5 级水泥即可）封堵导管周围及孔口。

③严格按设计要求打入导管，管端外露 20 cm，以安装注浆管路。

（2）注浆浆液配制及搅拌

①水泥浆搅拌在拌和机内进行。根据拌和机容量大小，严格按要求投料。水泥浆浓度根据地层情况和凝胶时间要求而定，一般应控制在（1.5～1）∶1。

②搅拌水泥浆的投料顺序为：在加水的同时将缓凝剂一并加入并搅拌，待水量加够后继续搅拌 1 min，最后投入水泥并搅拌 3 min。

③缓凝剂掺入量根据所需凝胶时间而定，一般控制在水泥用量的 2%～3%。

④注浆用水玻璃的浓度一般为 35 °Bé，浓水玻璃液的稀释采用边加水边搅拌边用波美计测量的方法进行。

⑤在制备水泥浆或稀释水玻璃时，严防水泥包装纸及其他杂物混入。在注浆时设置滤网过滤浆液，未经滤网过滤的浆液不得进入泵内。

（3）注浆施工

小导管注浆采用双液注浆法，使用双浆泵将浆液输入孔口混合器，经分浆器流入导管进入地层。在注浆施工时应注意以下几点：

①注浆口最高压力须严格控制在 0.5 MPa 以内，以防压裂工作面。

②进浆速度不宜过快，一般控制每根导管双液浆进浆量在 30 L/min 以内。

③导管注浆采用定量注浆方式，即每根导管内注入 400 L 浆液后即结束注浆。如压力逐渐上升，流量逐渐减少，虽然未注入 400 L 浆液，但孔口压力已达到 0.5 MPa，也应结束注浆。

④水泥浆与水玻璃浆的体积比应按所需凝结时间选定，一般应控制在 1∶（0.6～1）。

在注浆结束后应及时清洗泵、阀门和管路，保证机具完好，管路畅通。

为了获得良好的固结效果，必须注入足够的浆液量，确保有效扩散范围。注浆范围为开挖轮廓线外 0.3～0.5 m，并使浆液在地层中均匀扩散。浆液单孔注入量 Q 和围岩的孔隙率有关，根据扩散半径及岩层的裂隙进行估算，其值为：

$$Q=\pi R^2 L\eta$$

式中，R 为浆液扩散半径，m，取相邻孔距的一半加 0.1 m；L 为压浆段长度，m；η 为扩散系数，根据地质勘探报告选用。

第三节　初期支护

新奥法区间隧道初期支护有锚杆、钢架、钢筋网和喷射混凝土等。应根据隧道断面和围岩级别选择不同的支护组合。

一、锚杆施工

隧道使用的锚杆有中空注浆锚杆、砂浆锚杆、药卷锚杆和自进式对拉锚杆等类型。

（一）中空注浆锚杆

中空注浆锚杆是一种可测长排气的锚杆，由锚头与锚杆体连接。

锚杆体上设有止浆塞、垫板以及紧固螺母，具有沿锚杆体轴向设置、位于锚杆体外侧并与锚杆体连接的测长排气管。测长排气管前端封头与锚头平齐，后端开口并伸出锚杆体，管壁上遍布可阻止水泥砂浆进入的气孔，结构简单，使用方便。

工程中常采用带排气装置的 ϕ25 mm 中空注浆锚杆。锚杆设置钢垫板，垫板尺寸为 150 mm×150 mm×6 mm。

中空注浆锚杆钻孔采用手风钻或凿岩台车进行。在钻孔前，根据设计要求定出孔位，钻孔保持直线并与所在部位岩层结构面尽量垂直，钻孔直径为42 mm，钻孔深度大于锚杆设计长度10 cm。

中空注浆锚杆施工程序如下：在钻孔完成后，用高压风吹净孔内岩屑；将锚头与锚杆端头组合后送入孔内，直达孔底；固定好排气管，将止浆塞穿入锚杆末端与孔口齐平，并与杆体固紧；锚杆末端设置垫板，然后拧紧螺母；采用锚杆专用注浆泵向锚杆内压注水泥浆，水泥浆的配合比为1：（0.3～0.4），注浆压力为1.2 MPa，水泥浆随拌随用。

（二）砂浆锚杆

系统锚杆和临时支护常采用22 mm、25 mm两种直径的砂浆锚杆。

1. 准备工作

检查锚杆类型、规格、质量及其性能是否与设计相符。根据锚杆类型、规格及围岩情况准备钻孔机具。

2. 钻孔

砂浆锚杆钻孔采用手风钻或凿岩台车进行，孔眼间距、深度和布置应符合设计参数的要求，其方向垂直于岩层层面。

3. 锚杆安装及注浆

砂浆锚杆由人工配合机械安装，采用砂浆锚杆专用注浆泵往孔内压注早强水泥浆。砂浆配合比（质量比）如下：砂灰比宜为1：（1～2），水灰比宜为0.38～0.45。当注浆开始或中途停顿超过30 min时，应用水润滑注浆管路。注浆孔口压力不得大于0.4 MPa。

在注浆时，注浆管要插至距孔底5～10 cm处，随水泥浆的注入缓缓匀速拔出，随即迅速将杆体插入，锚杆杆体插入孔内的长度不得短于设计长度的95%。若孔口无砂浆溢出，则将杆体拔出后重新注浆。

（三）药卷锚杆

系统锚杆和临时支护有时采用 25 mm 直径的药卷锚杆。

1.准备工作

检查锚杆类型、规格、质量及其性能是否与设计相符。根据锚杆类型、规格及围岩情况准备钻孔机具。

2.钻孔

药卷锚杆钻孔采用手风钻或凿岩台车进行，孔眼间距、深度和布置应符合设计参数的要求，其方向垂直于岩层层面。在钻孔完成后，用高压风水洗孔。

3.锚杆安装

在安装前，先将"药卷"在水中浸泡，浸泡时间按说明书确定，不能浸泡过久，保证在初凝前使用完毕。在安装时，用锚杆的杆体将"药卷"匀速地顶入锚杆安装孔，边顶边转动杆体，使"药卷"在杆体周围均布密实，但不可过度搅拌。在安装好后，用楔块将锚杆固定好。

（四）自进式对拉锚杆

为增强岩体的稳定性，在两条隧道间距较小的部位常设置若干根自进式对拉锚杆。

自进式对拉锚杆采用气腿钻或潜孔钻机钻进。在安装自进式对拉锚杆前，先检查锚杆体和钻头的水孔是否畅通。若有异物堵塞，则须及时清理干净。

在锚杆体钻进至设计深度后，先用水和空气洗孔，再将钻机和连接套卸下，并及时在锚杆两端安装垫板及螺母，临时固定杆体。

锚杆灌浆料宜采用纯水泥浆或 1∶1 水泥砂浆，水灰比宜为 0.4～0.5。在采用水泥砂浆时，砂子粒径应不大于 1.0 mm。

自进式对拉锚杆在确认达到施工图纸或监理人指示的钻孔要求后，及时进行注浆锚固。在注浆后，砂浆凝固前，不得敲击、碰撞和拉拔锚杆。当浆体强度达到设计要求后,可上紧螺母,并按设计要求用扭力扳手张拉。

二、钢架施工

新奥法隧道工程施工所用钢架可采用型钢、工字钢、钢管或钢筋制成。现场通常采用工字钢和 $\phi25$ mm 钢筋制作。

钢架按设计要求预先在洞外钢构件场地加工成型,在洞内用螺栓连接成整体。钢架加工焊接不得有假焊,焊缝表面不得有裂纹、焊瘤等缺陷。在每榀钢架加工完成后,放在水泥地面上试拼,周边拼装允许误差为±3 cm,平面翘曲小于 2 cm,当施工图纸有要求时,按图纸要求执行。钢架在初喷混凝土后应及时架设。在安装钢架前,清除基底虚渣及杂物。钢架安装允许偏差如下:钢架间距、横向位置和高程与设计位置的偏差不超过±5 cm,垂直度允许误差为±2°。当施工图纸有要求时,按图纸要求执行。钢架拼装可在开挖面以外进行,各节钢架间以螺栓连接,连接板密贴。沿钢架外缘每隔 2 m 用混凝土预制块楔紧。钢架底脚置于牢固的基础上。钢架尽量密贴围岩并与锚杆焊接牢固,钢架之间按设计要求设置纵向连接筋连接。

当采用分部开挖法施工时,钢架拱脚打设锁脚锚杆或锁脚锚管。下半部开挖后,钢架及时落底接长,封闭成环。

除应控制好安装误差,保证节点连接平顺并打好锁脚锚杆外,还应注意以下几点:

①钢架的安设应在开挖后的 2 h 内完成。

②钢架应尽可能多地与锚杆露头及钢筋网焊接,以增强其联合支护效应。

③可缩性钢架的可缩性节点不宜过早喷射混凝土,待其收缩合拢后,再补喷射混凝土。

三、钢筋网施工

挂网使用的钢筋须经试验检测合格，使用前除锈，在洞外钢筋加工场区制作成钢筋网片，用起重机经施工竖井吊入，然后用汽车运输到工作面，采用机械配合人工安装，安装时搭接长度为1~2个网格。钢筋网应贴近岩面铺设，并与锚杆和钢架焊接牢固。按照设计图纸要求，钢筋网应焊接在钢架靠近岩面一侧或内外双层布置，以确保整体结构受力合理。喷射混凝土时，应减小喷头至受喷面的距离并控制风压，以减少钢筋网振动，减少回弹。钢筋网喷射混凝土的内外保护层厚度须符合设计要求。

四、喷射混凝土施工

喷射混凝土料采用商品混凝土，通过混凝土搅拌运输车直接向洞内送料，或用混凝土搅拌运输车运输到洞口后，用起重机械经施工竖井吊入，转由小型汽车运输至洞内。喷射混凝土量较少时，在业主授意下，也可在工点生产区适当位置设混凝土搅拌机，现场拌制喷射混凝土料。喷射混凝土采用湿喷工艺。

①原材料要求。砂应为颗粒坚硬、干净的中、粗砂，符合国家二级筛分标准，细度模数应大于2.5，含水率控制在5%~7%，含泥量不大于3%。碎石应为坚硬耐久、最大粒径不大于15 mm的碎石，含泥量不大于1%。水泥应为42.5R普通硅酸盐水泥。使用的外加剂根据设计要求确定。对于速凝剂等外加剂，应选择质量优良、性能稳定的产品。在使用速凝剂前，要做其与水泥的相容性试验及水泥净浆凝结效果试验，将喷射混凝土凝结时间控制在规范要求范围内。

②湿喷混凝土施工方法。在混凝土喷射机安装调试好后，在料斗上安装振动筛，以避免超粒径骨料进入喷射机；在喷射前首先清除基面松动岩块，对个别欠挖部分进行凿除，对个别超挖部分喷射混凝土补平；用高压水冲洗基面，

对遇水易潮解的岩层，则用高压风清扫岩面；检查喷射机工作是否正常；要进行喷射试验，在一切正常后可进行混凝土喷射工作。在混凝土喷射送风之前先打开计量泵（此时喷嘴朝下，以免速凝剂流入输送管内），以免高压混凝土拌和物堵塞速凝剂环喷射孔；在送风后调整风压，将风压控制在 0.45~0.7 MPa，若风压过小，粗骨料则会因冲不进砂浆层而脱落，风压过大将导致回弹量增大。根据喷射仪表反馈的信息及时调整风压和计量泵，控制好速凝剂掺入量。

为保证喷射混凝土的厚度和质量，喷射混凝土分两次完成，即初喷和复喷。初喷在刷帮、找顶后进行，喷射混凝土厚度 4~5 cm，及早快速封闭围岩，在开挖后由人工在渣堆上喷护。复喷在初喷混凝土层加固后的围岩保护下，完成立拱架、挂网等作业后进行。

喷射混凝土分段、分片、分层进行，由下向上，从无水、少水地段向有水、多水地段集中。在有水或多水地段，采用干喷止水或用小导管引流后再喷混凝土。在施喷时，喷头与受喷面基本垂直，距离保持在 1.5~2.0 m，并根据喷射效果适时调整。

钢架与岩面之间的间隙应用喷射混凝土充填密实，喷射顺序为先下后上，对称进行，先喷钢架与围岩之间的空隙，后喷钢架之间的部分，钢架应被喷射混凝土覆盖，保护层厚度不得小于 4 cm。在喷前先找平受喷面的凹处，再将喷头呈螺旋形缓慢均匀移动，每圈压前面半圈，绕圈直径约 30 cm，力求喷出的混凝土层面平顺光滑。一次喷射厚度控制在 5 cm 以下，每段长度不超过 6 m，喷射回弹物不得重新用作喷射混凝土材料。新喷射的混凝土按规定洒水养生。回弹量取决于混凝土的稠度、喷射技术、骨料级配等多种因素。要将边墙部分回弹率控制在 15%以内，拱部回弹率控制在 20%以下。在施工前应制定作业指导书，并在施工中根据实际情况不断完善。

在实际工作中，应尽快掌握工作风压、喷射距离、送料速度的最佳参数值，使喷射的混凝土密实、稳定、回弹率最小。必要时，应在混凝土中掺加硅粉或粉煤灰，以增强混凝土的和易性，减少回弹。

第四节　全断面注浆加固

当隧道穿越富水地段时，为确保施工安全，应采用全断面注浆加固或半断面注浆加固。

一、全断面注浆加固方案

全断面注浆纵向长度一般为 12 m，径向加固范围为隧道开挖工作面及开挖轮廓线以外 4 m。为减少注浆盲区，在前 8 m 注浆盲区内增设补浆孔。

二、注浆材料

注浆材料以普通水泥-水玻璃双液浆为主，以普通水泥、超细水泥单液浆为辅。普通水泥为 42.5R 硅酸盐水泥，水玻璃浓度为 35 °Bé，模数为 2.4～2.8。

三、注浆参数

选择双液注浆。水泥浆水灰比为 1∶1，即 15 袋水泥搅拌 1 m³ 浆液，消耗 750 L 水。水玻璃浆浓度为 30～35 °Bé，在实际注浆过程中，根据浆液变化及压力变化情况，可适当调浓或调稀一级，以确保施工质量。在施工过程中要做好施工记录。注浆压力设计值根据断面、地面隆起情况取 3～5 MPa。在注浆时要严格控制压力，防止因地面隆起而破坏地面结构。根据现场监测情况，可适当调整注浆压力。

四、注浆有限扩散半径

注浆有限扩散半径 $R=1.5$ m。

五、注浆结束标准

按设计要求达到注浆压力,并持续 30 min,且进浆量明显减少。

六、封闭死角注浆

当检查孔不出水后,在断面底部按断面 45°方向进行死角注浆封闭。

七、注浆作业

注浆采取从下向上、间隔跳孔、先外圈后内圈的顺序进行。

八、注浆工艺流程

(一)施工准备

根据现场情况,焊接搭设钻机平台。平台结构为双层工字钢结构,每层高度为 3.2 m,其他尺寸根据现场和钻机布置需要而定。要保证平台强度,以便架立钻机打孔,确保安全。

（二）测量放线及标定孔位

在施工前，测量组根据设计图纸放出断面中心点，按设计要求在掌子面上标出开孔位置，采用罗盘仪确定注浆外插角，调整钻机至满足设计钻孔方向要求。

（三）开孔

钻机采用低压力、满转速、直径为 130 mm 的钻头开孔，钻深 2 m，退出钻杆，安装孔口管。

（四）安装孔口管及高压闸阀

当开孔完成后，在孔口上安装孔口管及高压闸阀。孔口管及高压闸阀必须事先加工好。

（五）注浆

当钻孔至设计位置后，按照注浆方式和注浆工艺流程进行注浆作业。

（六）注浆效果检查

当注浆结束后，在注浆薄弱区域钻设检查孔。检查孔要求不涌泥、不涌砂，出水量小于 0.2 L/（min·m），否则应补孔注浆。

（七）浆液充填率反算

通过统计总注浆量，反算浆液充填率。浆液充填率要达到 70%以上。

（八）质量保证措施

①在钻孔过程中如发生涌水、涌砂，则应及时退钻，并安装好注浆压盖，

强力注浆。

②当采用后退式分段注浆时，待钻至设计深度后，应及时安设止浆塞及法兰盘，将止浆塞放入孔口管内，并用法兰盘固定牢固。钻杆要保持匀速转动，并按设计分段的长度和注浆量进行退钻。

③配制浆液要严格按照制浆要求顺序投料，不得随意增减数量。为避免杂物堵管，应设置滤网过滤。在浆液搅拌好后将其放在储浆桶中，在吸浆过程中不停搅拌，以防止沉淀，影响注浆效果。

④在注浆过程中遇突然停电，要立即拆下注浆管，用高压水清洗管内浆液。若在注浆过程中发现注浆量很大，但注浆压力长时间不上升，可通过调整浆液配合比、缩短凝结时间来达到控制注浆范围的目的。

⑤在注浆过程中，若压力突然上升，则应立即停止注浆，打开泄浆阀泄压，在查明原因并处理问题后继续注浆。

⑥在注浆过程中如发生与其他孔串浆的现象，则可关闭该串浆孔继续注浆。若此现象频繁发生，则应加大注浆孔间距或钻一孔注一孔，减少串浆现象。

⑦严格按照设计定长进行分段注浆，不得任意延长分段长度，必要时可以进行重复注浆，以确保注浆质量。

⑧在注浆时，应根据地质情况调整注浆参数和工艺，严格控制结束标准，保证注浆质量和效果。

（九）安全保证措施

①在施工时应做好排水准备工作及抢险准备工作，防止大量涌水、涌砂。
②钻孔、灌浆人员应熟练掌握有关作业规程，并戴好防护用具。
③在扫孔时，人员应撤离至安全地带，防止由孔口吹出的土石块伤人。
④在每次注浆完成后，先泄压，再拆管，防止注浆管内高压伤人。
⑤加强地表巡视，发现冒浆及时通知注浆人员。
⑥加强地表监测，尤其是对周边建筑物、管线的监测。如发现指标超限，

则应及时报警，并采取相应措施。

第五节　防水层施工

一、总体布设

新奥法区间隧道防水应遵循"以防为主、刚柔结合、多道设防、因地制宜、综合治理"的原则。

区间结构采用全包防水夹层防水。二次衬砌采用 P8 或 P12 防水钢筋混凝土，并掺入外加剂，以减少混凝土微裂缝。在二衬内每纵向 2 m 设置 2～3 根预埋注浆管（注浆管不得穿透防水层），便于后续注浆堵漏处理，注浆材料为 1∶（0.4～0.5）普通水泥砂浆；注浆压力宜根据实际情况确定，一般控制在 0.2～0.5 MPa。

二、防水层施作

在防水层与初期支护之间设置一层砂浆找平层。

砂浆找平层施工的主要工作是凿除初期支护喷射混凝土表面的葡萄状结块，用电焊或氧焊将初期支护外露的锚杆头和钢筋头等铁件齐根切除，在割除部位用细石混凝土抹平覆盖，以防刺破防水板。应凿除凸出部位，并用 1∶1 的水泥砂浆找平；凹坑部位应采用 1∶1 水泥砂浆填平，使基面洁净、平整、圆顺、坚实，不得有疏松、起砂、起皮等现象。

区间隧道防水层采用无纺布＋PVC防水板，并采用无钉铺设工艺。
防水层施作要领如下：

（一）施工准备

测量隧道断面，利用作业台车对断面进行修整。基层平整度采用 1 m 的靠尺进行检测。当靠尺至弧形中部的距离小于图纸及规范要求或圆弧的最小半径大于图纸及规范要求时，即满足要求。在砂浆找平层面上标出拱顶中线和垂直于隧道轴线的断面线。

检查防水板的质量，看是否有变色、老化、波纹、刀痕、撕裂、孔洞等缺陷；在防水板边缘画出焊接线和拱顶中线；防水板按实际轮廓线长度截取，对称卷起备用。

（二）无纺布铺设

首先在隧道拱顶标出隧道纵向中线，将无纺布用射钉、塑料垫片固定在找平层基面上，并使无纺布的中心线与隧道中心线重合，其搭接宽度不小于 15 cm。侧墙无纺布的铺设位置在施工缝以下 250 mm，以便搭接。塑料垫片在拱部的间距为 0.5～0.7 m，在边墙的间距为 1.0～1.2 m，呈梅花形布设。对于变化断面和转角部位，钉距应适当减小。

（三）防水板铺设

防水板铺设长度与无纺布相同。先在隧道拱顶部的无纺布缓冲层上正确标出隧道纵向中心线，再使防水板的中心线与隧道中心线重合；在铺设时，与无纺布一样，从拱顶开始向两侧下垂铺设，边铺边用圆垫片热熔焊接；在附属洞室铺设防水板时，按照附属洞室的大小和形状加工防水板，将其焊在洞室内壁的喷锚支护上，并与边墙防水板焊接成一个整体。

防水板的铺设要松紧适度，既能使之紧贴在喷射混凝土表面上，又不致因过紧而被撕裂。如果过松，则会使无纺布防水板褶皱堆积，形成人为蓄水点。

为防止电热加焊器将防水板烧穿，可在其上衬上隔热纸。防水板一次铺设长度应根据混凝土循环灌注长度确定，一般应领先于衬砌施工 2～3 个循环。

在仰拱防水层铺设完毕后，应立即浇筑 50 mm 厚的 C20 细石混凝土保护层。侧墙防水层须采取临时保护措施，避免防水层受到破坏。

（四）防水板接缝焊接

防水板接缝采用爬行热焊机双缝焊接。将两幅防水板的边缘搭接，通过热熔加压而有效黏结。防水板搭接宽度不小于 15 cm，单条焊缝的有效焊接宽度不小于 1.5 cm。在热合器预热后，将其放在两幅防水板之间，边移动融化防水板边顶托加压，直至接缝黏结牢固。

当竖向焊缝与横向焊缝成十字相交（十字形焊缝）时，在焊接第二条焊缝前，先将第一条焊缝外的多余边削去，将台阶修理成斜面并熔平，修整长度应大于 12 mm，以确保焊接质量和焊机顺利通过。

焊缝质量与焊接温度、电压、速度有密切关系。在施焊前，必须先试焊以确定焊接工艺参数。在焊接时，不可高温快焊或低压慢焊，以免造成假焊或烧焦、烧穿防水板。在加压时应均匀，不可忽轻忽重，以免轻压处产生假焊现象。若焊缝出现假焊、漏焊、烧焦、烧穿现象，则应进行补焊。必须用小块防水板焊接覆盖防水板被损坏处。

（五）防水板质量检查

1.外观检查

防水板应均匀连续铺设，焊缝应平顺、无褶皱、均匀连续，无假焊、漏焊、过焊、焊穿或夹层等现象。

2.焊缝质量检查

防水板搭接部位焊缝为双焊缝，中间应留出空隙以便充气检查。在检查时，应先堵住空气道的一端，然后用空气检测器从另一端打气加压。用 5 号注射针头与打气筒相连，并在针头处设压力表。当打气筒充气压力达到 0.25 MPa 时，停止充气，稳压 15 min。压力下降幅度在 10%以内为合格焊缝，否则说明有未焊好之处。应将肥皂水涂在焊接缝上进行检查，对产生气泡的地方重新焊接，直到不漏气为止。采取随机抽样的方法检查，每 10 条焊缝抽试 1 条。

三、施工缝及变形缝防水

（一）施工缝防水处理

①环向施工缝设置间距一般取 9～12 m，纵向施工缝可根据实际情况考虑。

②施工缝防水材料采用反应性止水带或缓膨性止水胶，要求防水可靠，耐久，施工方便，有弹性，与混凝土黏结牢固，不得产生缝隙。止水带安装在钢筋混凝土结构厚度的二分之一处，应严密连接，不得断开。

③施工缝防水设置预注浆系统，与反应性止水带和缓膨性止水胶形成完整的防水结构。在后浇混凝土衬砌块内预埋注浆管，当后浇衬砌完成后，向施工缝内注浆。

④在施工缝外设置防水卷材加强层，宽度为 500 mm，材质与外包防水卷材相同。

（二）变形缝防水处理

区间隧道与车站的结合部位和区间隧道与风道、横通道及联络通道相交处应设置变形缝。变形缝宽度为 30 mm。变形缝设钢边（不锈钢）橡胶止水带。变形缝防水处理施工程序和技术要求如下：

①安设钢边橡胶止水带，安设位置要准确，其中间空心圆环与变形缝中心线重合，并安设到防水钢筋混凝土衬砌厚度的二分之一处，做到平、直、顺。

止水带之间连接橡胶采用黏结法，钢板采用焊接，要求连接缝严密、牢固，钢边橡胶止水带两侧钢板应设置预留孔。预留孔间距为 250 mm，两侧错开布置，以便用铁丝穿孔和钢筋固定牢靠。

②当一侧混凝土达到一定强度后拆模。在拆模时要避免破坏橡胶止水带，在变形缝的缝间设置聚苯板，要求填缝紧密、平直，与设计缝宽相同。止水带部位的混凝土必须振捣充分，保证止水带与混凝土咬合密实。在振捣时严禁振捣棒触及止水带。

③在拆模后，将槽体（深 30 mm）内和封口处的预埋泡沫板清除干净，混凝土面平顺、干净、干燥，两侧钢筋不允许侵入槽体内。

④采用胶枪（专用工具）将单组分聚氨酯密封胶填充在槽体内，先打底胶后填密封胶，并用隔离层将密封胶与槽内上下嵌缝材料隔开。

⑤在底板变形缝槽口内填充聚合物防水砂浆。

⑥在顶、侧墙变形缝槽口设不锈钢接水槽，并用 M8 不锈钢膨胀螺栓钉固定在结构上，侧墙用单组分聚氨酯密封胶封堵钢板与混凝土间缝隙，防止槽体内的水流出。

⑦在变形缝外设柔性防水加强层，宽度为 600 mm，材质与外包防水层相同。

（三）穿墙管件防水措施

穿墙管件穿过防水层的部位应采用止水法兰和双面胶粘带以及金属箍进行防水密封处理。先将止水法兰焊接在穿墙管件上，然后浇筑在模筑混凝土中，必要时在止水法兰根部粘贴遇水膨胀腻子条；先将双面胶粘带粘贴在管件的四周，再将塑料防水板粘贴在双面胶粘带表面，将防水板的搭接边用手工焊接密实，最后用双道金属箍件箍紧。

第六节　衬砌施工

新奥法区间隧道二次衬砌分为仰拱衬砌和边墙拱部衬砌，分块浇筑长度一般为 9~12 m。仰拱衬砌采用定型组合钢模，用钢管脚手架支撑。边墙拱部衬砌分为两种方式：变截面段边墙拱部衬砌采用简易钢平台＋定型钢拱架支撑体系＋定型组合钢模（变断面双线隧道采用小钢模）的模板体系；标准断面边墙拱部衬砌采用钢模液压台车。混凝土采用泵送入模。边墙拱部衬砌滞后仰拱衬砌 2~3 个循环段。

一、仰拱及仰拱回填

在二衬施工时，仰拱、仰拱回填须超前施工。单线隧道待隧道贯通后施工仰拱及仰拱回填；双线隧道及大断面隧道待初期支护全断面施作完成后及时施工仰拱及仰拱回填。仰拱衬砌采用上挂式移动衬砌模板。双线隧道由于出渣运输与仰拱施工存在干扰，无法正常作业。为此，应将简易栈桥或自行式仰拱栈桥作为临时通道，以保证掌子面正常施工。自行式仰拱栈桥走行轮可以 90°旋转，这样栈桥既可纵向走行，也可横向走行，利于半幅清理仰拱，全幅一次浇筑。

仰拱部位端头采用钢制大模板，混凝土由中心向两侧对称浇筑，仰拱与边墙衔接处应捣固密实。仰拱一次施工长度应与二次衬砌确定的长度相匹配。在仰拱施工完毕后，进行仰拱回填混凝土施工。应采用混凝土泵将混凝土泵送入仓，并用插入式振捣器将混凝土捣固。

二、二次衬砌施工

二次衬砌的施作时间应安排在围岩和初期支护变形基本稳定、量测监控数据表明位移率明显减缓时，但是对于破碎围岩或浅埋段等情况，应尽早施作二次衬砌。在衬砌施工中应注意及时埋设回填注浆的预埋注浆管及其他附属设施的预埋件。新奥法区间二次衬砌主要使用钢模台车施工，根据单洞单线、单洞双线隧道的断面形式配置相应尺寸的钢模台车。如部分新奥法区间隧道断面尺寸变化频繁、隧道岔口多、断面不规则，则不适合使用钢模台车浇筑，可使用脚手架、组合钢模板或定型钢模板等浇筑。

（一）衬砌台车

隧道二次衬砌采用整体式液压衬砌台车施工，台车长度一般为9~12 m，挡头模板采用木模。衬砌台车配置数量应满足工期要求。区间长度较短且工期相对较长的地段，可考虑与其他工作面共用台车。

（二）脚手架支撑

不适用钢模台车浇筑的洞段，分段搭设钢管脚手架支撑，在支撑端头设置可调节丝杠，以便调节模板位置。脚手架搭设严格按照相关规范进行。在搭设完成并经检查验收后，再根据隧道断面形式安装定型钢模板或组合钢模板。

（三）钢筋制作及安装

①钢筋在洞外下料加工，弯制成型，在洞内绑扎。
②钢筋焊接。洞内主筋、箍筋采用电弧焊。
③钢筋冷拉调直。采用钢筋调直机在洞外进行钢筋的冷拉和调直。
④钢筋下料。根据设计图纸的规格尺寸，在下料平台上放出大样，然后进

行钢筋的下料施工。

⑤钢筋成型。在钢筋加工平台上根据钢筋制作形状焊接一些辅助设施，钢筋弯曲加工成型。

⑥钢筋骨架绑扎。严格按照图纸尺寸进行绑扎。

（四）混凝土拌制及运输

隧道衬砌均采用商品混凝土，用混凝土搅拌运输车运输。在运输过程中，要避免出现离析、漏浆等现象，并要求浇筑时有良好的和易性，将坍落度损失减至最小或者使损失不至于影响混凝土的浇筑与捣实，确保入模混凝土的质量。

（五）混凝土浇筑

混凝土的入模采用输送泵。在浇筑混凝土之前，在模板外表面涂抹脱模剂。在浇筑混凝土时，先从台车模板最下排工作窗口左右两侧对称浇筑，当混凝土快要与工作窗口平齐时，关闭这一排工作窗口，然后从第二排工作窗口浇筑混凝土，以此类推，最后于拱顶输料管处关闭阀门封顶。脚手架支撑模板段混凝土浇筑顺序与钢模台车浇筑段相同。

采用插入式振捣棒振捣，按"快插慢拔"原则操作。在分层浇筑混凝土时，层厚不超过振动棒长的 1.25 倍，并插入下层不小于 5 cm，振捣时间为 10～30 s。振捣棒应等距离地插入，均匀地捣实全部混凝土，插入点间距应小于振捣半径的 1.5 倍。前后两次振捣棒的作用范围应相互重叠，避免漏捣和过捣。在振捣时严禁触及钢筋和模板。

（六）衬砌质量控制

合格的原材料、优质的混凝土拌和料以及严格的施工控制，对确保混凝土质量来说缺一不可。主要施工环节工艺质量控制措施如下：

1.混凝土拌和料的监督管理

通过市场调查、比选，选择信誉良好、产品质量稳定可靠的供货厂商。供货厂商必须具备相应的资质、能力，确保能满足工程混凝土使用数量、高峰强度及质量要求，必须提供产品质量合格证明材料等。

在浇筑混凝土前，根据施工图纸和相关规范的要求，将混凝土计划浇筑时间、地点、数量、用料强度、级配、强度等级、防水等级、出机口温度及坍落度等相关参数递交给混凝土供货厂商，供货厂商据此进行配合比设计和试验，提供符合要求的混凝土拌和料。委托具有相应资质的试验检测中心按规范要求对混凝土拌和料进行抽样检测，不合格的混凝土拌和料禁止用于工程施工。

2.运输和泵送

在运送混凝土的途中，运输车应保持 2～4 r/min 的慢速转动。为减少混凝土坍落度损失，保持混凝土必要的工作性能，应尽量缩短混凝土运输延续时间。对运到浇筑地点的混凝土应进行坍落度检查，并不得有明显偏差。泵送混凝土操作应符合泵送混凝土的相关规定，先用同水灰比砂浆润滑管道，避免人为因素造成堵管。

3.浇筑

隧道衬砌施工多在起拱线以下的边墙上出现麻面、水泡和气泡等表面缺陷，严重影响混凝土外观质量及防水性能。缺陷的产生与浇筑和振捣环节的控制有关，应采取综合措施加以改进。为防止混凝土表面缺陷的出现，在浇筑环节可采取以下措施：

①分层、分窗浇筑，泵送混凝土入仓应自下而上，从已浇筑段接头处向未浇筑方向分层对称浇筑，防止偏压使模板变形。

②在浇筑下层混凝土时，应开启台车中层窗口，以利排气；同理，在浇筑中层混凝土时，应开启台车顶层窗口。在浇筑混凝土时，应在泵管前端加长若干米的软管，在进入窗口时应伸入窗内并使管口尽量垂直向下，以避免混凝土直接泵向支护面，造成墙角和边墙出现蜂窝麻面。

③混凝土浇筑时的自由倾落高度不宜超过 2 m。当超过 2 m 时，应采用滑槽、串筒等器具或通过模板上预留的孔口浇筑，杜绝超高度浇筑。

④严禁在泵送处加水。水灰比是混凝土强度的第一保证要素，加水会严重影响混凝土的技术指标。在混凝土封顶时应严格操作，尽量从内向端模方向灌注，以排除空气，保证拱顶浇筑饱满和密实。

⑤加强施工组织管理，保证混凝土连续浇筑，避免间歇时间过长。若间歇时间超过 2 h，则必须按浇筑中断进行工作缝处理。

4.振捣

插入式振捣器的移动间距不宜大于其作用半径的 1.5 倍，且插入下层混凝土中的深度宜为 5～10 cm。每个振点的振捣持续时间，以混凝土不再显著沉落、出现气泡、表面没有明显浮浆为度。在振捣过程中要使振捣棒避开钢筋，但要保证钢筋周围的混凝土均匀受振。附着式振捣器开动时间为混凝土浇满附着式振捣器振捣范围时，每次振动时间为 1～2 min，谨防空振和过振。操作人员还要注意加强观察，防止漏振。

5.拆模及养护

选择合理的拆模时间，利用全液压衬砌台车液压系统进行脱模。混凝土达到拆模控制强度所需时间应通过试验确定。在脱模后要防止衬砌表面受到碰撞。混凝土洒水养护时间不得少于 14 d。

6.拱顶填充密实

在模板台车上预留观察（注浆）孔，间距为 3～5 m，观察孔用直径 50 mm 锥形螺栓紧密堵塞，在混凝土初凝后拧开螺栓，探测拱顶是否回填密实。如果有空洞，则在混凝土具备一定强度后、模板拆除前压浆回填。

如果在混凝土灌注过程中拱顶回填不满，则采取二次浇筑的方法，首先在挡头板位置预留排气孔，然后由内向挡头板方向压灌混凝土。

在挡头板处、拱顶下 1/4 处预埋注浆管，间距为 3 m。如果发现有空洞，则在混凝土具备一定强度后、模板拆除前压浆回填。

7.施工注意事项

①在衬砌施作前先检查断面尺寸,并报请监理工程师检查。在衬砌台车就位后,调试、配套有关设备。

②首先测量定位。测量工程师和隧道工程师共同进行水平、高程测量放样。通过轨道将台车移至衬砌部位,调好高程,按隧道衬砌内轮廓线尺寸调整好模板支撑杆臂。将基础内杂物和积水清除干净,斜坡基底要修凿成水平或台阶状,确保边墙混凝土基础稳固。

③根据技术交底的中线和高程铺设衬砌台车轨道,要求使用标准枕木和接头夹板,轨距与台车轮距一致,左右轨面高差小于 10 mm,启动电动机使衬砌台车就位,涂刷脱模剂。

④启动衬砌台车液压系统,根据测量资料使钢模定位,保证钢模衬砌台车中线与隧道中线一致,在拱墙模板成型后固定,测量复核无误。

⑤清理基底杂物、积水和浮渣,装设挡头模板,按设计要求装设橡胶止水带,并自检防水系统设置情况。在自检合格后,报请监理工程师做隐蔽工程检查,经监理工程师同意后浇筑混凝土。

⑥当衬砌段地下水较多时,要加强对地下水的检测,采取注浆封闭,在做好防水处理后再进行衬砌。

⑦施工缝端头必须进行凿毛处理,用高压水冲洗干净。

⑧按设计要求预留沟、槽、管、线及预埋件,并同时施作附属洞室混凝土衬砌。

⑨在混凝土衬砌浇筑过程中,要杜绝破坏防水层现象的发生。要严防施工缝接头处漏浆,确保接缝质量。

三、回填注浆

在二衬施工完成后,为防止二衬与防水层之间形成空洞,应及时进行二衬后的注浆，其纵向注浆管设于拱顶模筑衬砌外缘、防水板内侧，纵向注浆管孔径为 20 mm，采用聚乙烯管。在防水板敷设完成后，将注浆管胶粘于防水板内侧，结合 9～12 m 的衬砌段施工缝布置，注浆管按设计要求布置，两端分别与预设的 ϕ20 mm 镀锌钢管注浆口连接。镀锌钢管凸出衬砌内缘 3～5 cm，以便连接注浆管。环向间距为 2～3 m，纵向间距为 2.5 m。回填注浆材料采用 1∶1 水泥浆液。水泥浆采用浆液搅拌机拌和，单液注浆泵注浆。注浆采用隔孔注浆方式，当发生各孔串浆现象时，采用群孔注浆方式。注浆压力为 0.2～0.3 MPa，注浆严格按设计和施工规范进行。根据注浆试验结果及现场情况对注浆材料、注浆方式及注浆压力等进行调整。在注浆作业中认真填写注浆记录，随时分析和改进作业。

第七节　附属结构施工

一、竖井施工

竖井是为增加新奥法施工的工作面而设置的，属临时结构。施工注意事项如下：

①做好场地的平整及总体规划，如井架布设、拌和站位置的摆布、材料堆放、钢筋焊接及排水等，均应统筹规划好。

②严格控制锁口梁的施工质量，这是施工过程中进出洞的第一道卡。

③搞好维护结构施工或井壁支护施工。

④如采用格栅钢架加固井壁，则一定要按设计要求使格栅钢架闭合成环，且与锚杆、连接钢筋成一整体。

⑤混凝土喷射一定要保证喷射厚度及喷射质量。

⑥搞好洞口排水及井内施工中的排水。如发现漏水，则一定要先堵漏再往下施工。

⑦严格控制竖井与横通道接口处（即马口）的施工质量，切忌将竖井一次性施工到底再回过头来施工横通道，要根据横通道开口部分的施工进度，逐渐将竖井施工到设计高程。

⑧做好附属设施位置的预留，包括下井楼梯和正洞施工时的风、水、电等管线的安装路径规划。

⑨搞好监控量测，随时观察竖井工作时的变形及位移情况。

⑩井架设计合理。起吊能力、斗容量应根据承担的工程内容、工作量大小、工期要求，通过计算确定。

二、工作风井施工

当区间长度超过 600 m 时，须在区间适当部位设立工作风井。工作风井是永久结构，其寿命按 100 年考虑。

此基坑分两级，一级大基坑采用锚杆土钉加固，二级深坑采用桩基围护结构。和区间相连的通道，一般采用新奥法施工。

三、联络通道施工

当地铁区间较长时，常设一处或多处联络通道。

联络通道一般采用新奥法施工。在某些情况下，也采用冷冻法施工。以下重点讲述位于盾构区间内的联络通道施工。在盾构区间管片拼装完一个月左右，即可按设计部位进行联络通道的施工。

（一）地层加固

1. 旋喷桩地基加固

根据工程地质条件及其他施工条件，采用"旋喷桩临时加固土体，新奥法暗挖构筑"的施工方案，必须在盾构机到达前进行加固。加固范围为隧道左线中心至右线中心，旁通道上下各 3 m，沿隧道轴线方向 9 m。旋喷桩桩径为 800 mm，间距为 600 mm，采用梅花形布置。旋喷桩要求水泥浆液压力不小于 20 MPa，并可根据需要加入适量的外加剂及掺和料，用量应通过试验确定，水泥浆液的水灰比为 1.0～1.5。加固后的土体应有很好的均质性、自立性，其无侧限抗压强度不小于 0.8 MPa，渗透系数小于 10 cm/s。

2. 型钢支架安装

在开挖施工之前，须在通道开口处隧道中设置简易预应力隧道支架，以减少联络通道开挖对隧道产生的不利影响。简易预应力隧道支架为圆形支架，每榀钢支架间距为 2.5 m，在联络通道两侧沿隧道方向对称布置，两榀支架间用 67 mm×67 mm 等边角钢搭焊组合。

在架设时要有专人负责指挥，在拼装时螺栓必须拧紧，每榀支架有 8 个支点，由 6 个 50 t 螺旋式千斤顶提供预应力，在施加预应力时每个千斤顶要同时慢慢平稳加压，且以压实支撑点为宜。高处千斤顶应固定在支架上，防止脱落。要定期检查千斤顶的压力状况，发现特殊情况要及时处理。

（二）开挖与结构施工方案

联络通道开挖构筑施工占用一侧隧道，在联络通道开口处搭设工作平台，利用隧道作为排渣及材料运输通道。经探孔试挖确认可以进行正式开挖后，先切开特殊环管片，然后根据新奥法的基本原理进行暗挖法施工。联络通道采用矿山全断面法施工，二次衬砌（现浇混凝土）在初期支护完成后施作。

1. 开管片

管片表面用切割机切割分块，然后用风镐破除。

在开管片时，准备 2 台 32 t 千斤顶，5 t、10 t 和 2 t 手拉葫芦各一个。2 台千斤顶架在被开管片两侧，中间用一根横梁直接相连。在管片破除过程中要注意观察管片外移情况，并随时注意调整 2 t 手拉葫芦的拉紧程度和方向。

2. 开挖顺序

根据工程结构特点，联络通道开挖掘进采取分区分层方式进行。

开挖掘进采用短段掘进技术，开挖步距控制在 0.5 m 左右。由于旋喷桩加固强度高，普通手镐无法施工，须采用风镐进行挖掘。为了提高挖掘效率，加快施工进度，缩短土体暴露时间，风镐尖须做特殊处理，并要求每个掘进班配备 5~6 把风镐，以免影响施工进度。在掘进施工中，根据外露土体的加固效果以及监控监测信息，及时调整开挖步距和支护强度，确保安全施工。

3. 支护方式

采用二次支护方式。首先采用小导管超前注浆，第一次支护（临时支护）采用型钢支架加砂浆锚杆，挂网喷射混凝土，第二次支护（永久支护）采用现浇钢筋混凝土。

4. 结构施工

应按防水施工→钢筋捆扎→模板定位→混凝土灌注的顺序组织施工。

5. 应注意的问题

①在隧道的一条线路中搭设管片割除及联络通道施工的平台，尽量不影响正常区间施工时的交通。

②在管片切割处的上下两侧应进行管片加固，加固长度为两侧各 6~7 环。采用型钢框架结构加固最好。

③在正式开口切除管片前，一定要确认土体加固、注浆堵漏等措施可靠，做到施工时不坍塌、不漏水。

④严把锁口处的施工质量关，做好超前支护及锁口梁的施工。

⑤加强监控量测。

第八节 地质预报

根据各新奥法施工区间的地质条件，采用红外探测、地质雷达预报、超前钻孔探测及地质素描等综合地质预报技术手段，将长距离预报与短距离预报相结合，预测开挖工作面前方一定范围内的工程地质。在施工中将超前地质预报工作纳入施工步骤管理，由专人负责。

超前地质预报的重点内容是预测开挖面前方的地质情况，如围岩整体性，断层破碎带、软弱围岩、涌水、突泥等不良地质在前方的位置和对施工的影响，以及地下水活动情况等。

一、地质预报计划

在将超前地质预报纳入施工步骤管理时，要做到先探测后施工，不探测不施工。

实施计划总的思路是将地质预报与设计勘查地质资料相结合，一般地段采用地质素描、超前钻孔探测等技术手段，在设计勘查基础上对前方地质情况进行进一步的细化、补充和验证，地质复杂、周围环境敏感地段采用地质雷达预报、红外探测以及钻孔射频透视等技术手段，对前方复杂地质进行综合分析研究，拟定相应对策以指导施工。要多管齐下，力争把发生地质灾害的概率降至最低。

超前地质预报计划见表 3-1。

表 3-1　超前地质预报计划表

预报技术手段	仪器	预报内容	预报频率及计划
地质素描	罗盘仪、地质锤、放大镜、皮尺、数码相机等简单工具	对开挖面围岩级别、岩性、围岩风化变质情况、节理裂隙、产状、破碎带分布和形态、地下水等情况进行观察和测定后，绘制地质素描图，通过对洞内围岩地质特征变化的分析，推测开挖前方地质情况	地质素描在每次开挖后进行
地质雷达预报	SIR-3000 型地质雷达	重点进行隧道周边的地质体探测，查找地质破碎带及其他不良地质体，防止在开挖通过后，隧道顶板、底板及侧壁出现灾害性的涌水、突泥	每隔 30～40 m
红外探测	红外探测仪	根据构造探测结果，当趋近不良地质体和地质异常体时，利用便携式红外探测仪进行含水构造探测。当洞内个别区段渗水量较大时，亦用红外探测仪探测预报，探明隧道周边隐伏的含水体	每隔 20～30 m 对掌子面进行一次含水构造探测
钻孔射频透视	KSY-1 型钻孔窥视仪	利用钻孔射频透视法探测掌子面前方隧道开挖断面内的水型导水通道，查明其空间分布，以便制定相应措施，在施工时预防和整治	依据红外探测和高密度电法探测结果确定进一步探测的距离和频率
超前钻孔探测	钻机选型用 GLP150 型全液压钻机	将超前钻孔探测作为主要的探测手段，用以探明前面围岩地段的涌水压力及其含量。按隧道全长进行探测	每次钻孔深度 30 m，必要时进行取芯分析

二、地质预报技术手段

（一）地质素描

地质素描是根据岩体节理产状确定不稳定块体出露位置。地质素描预测法分为岩层岩性及层位预测法、条带状不良地质体影响隧道长度预测法以及不规则地质体影响隧道长度预测法 3 种。应对掌子面已揭露出的岩层进行地质素描（观察岩石的矿物成分及其含量，结构构造特征和特殊标志），给予准确定名，测量岩层产状和厚度。测量该岩层距离已揭露的标志性岩层或界面的距离，并计算其垂直层面的厚度。

将该岩层与地表实测地层剖面图和地层柱状图相比较，确定其在地表地层（岩层）层序中的位置和层位。依据实测地层剖面图和地层柱状图的岩层层序，结合 TSP 探测成果，反复比较分析，最终推断出掌子面前方一定范围内即将出现的不良地质在隧道中的位置和规模。在施工过程中，每次爆破后由地质工程师进行地质素描，内容包括掌子面正面及侧面稳定状态，岩层产状、岩性风化程度、节理裂隙发育程度（产状、间距、长度、充填物、数量）、喷射混凝土开裂及掉块现象、涌水情况、水质情况、水的影响、不良气体浓度等，同时定期对地表水文环境进行观测和监测记录，及时了解隧道施工对地表水的影响，确定施工控制措施，最终绘制出掌子面地质素描图和洞身地质展示图。

及时对洞内涌水进行水质分析和试验，提交分析和试验结果，对影响隧道衬砌结构的水质提出处理意见，并上报技术部门，以便采取有效的防护措施。

（二）地质雷达预报

地质雷达或 ZGS 型智能工程探测仪是通过发射天线 T 将高频电磁波以脉冲形式发射至地层中，再由天线 R 接收反射回的信息，最后通过分析，达到对短距离进行超前预报的目的。地质雷达或 ZGS 型智能工程探测仪探测范围为前方 30 m 内，可作为补充设计地质勘察的辅助手段。

地质雷达数据处理的目的是排除随机和规则的干扰，以最大可能的分辨率在图像剖面上显示反射波，提取反射波的各种参数（包括振幅、波形、频率等）帮助判释。

地质雷达反映的是地下介质的电性分布，当将其转化为地质体分布时必须把地质、钻探、地质雷达记录三方面的资料有机结合，以获得检测对象的整体状况。

（三）红外探测

1.探测内容

地下岩体、水体由于分子振动和转动，每时每刻都在向外界发射红外波段的电磁波，从而形成红外辐射场。物理场具有密度、能量、方向等信息特征，所以地质体不同，红外辐射场也不同。红外探测仪通过探测隧道前方地段红外辐射场强的变化来确定地质异常体的存在。红外探测仪可以测出沿隧道轴线一定范围内的围岩场强值，根据这些场强值可绘出一系列的曲线。当隧道掌子面前方围岩的介质相对正常时，所获得的红外探测曲线近似为直线，离散度较小，该红外辐射场就为正常场，这意味着被探隧道掌子面前方 20～30 m 范围内不存在含水构造的地质异常体。当掌子面前方或隧道外围存在含水构造时，曲线上的数据产生突变，含水构造产生的红外辐射场叠加到围岩的正常辐射场上，使探测曲线发生弯曲，形成异常场。但红外探测仪也存在局限性，它只能探测含水断层、含水破碎带、含水溶洞、含水陷落柱、地下暗河等，难以得到更多定量的信息。

2.现场探测

进入探测地段，沿隧道边墙以 5 m 点距用粉笔或油漆标好探测顺序号，直至掘进工作面。在掘进工作面，先对前方进行探测。在返回的路径上，每遇到一个顺序号，就在隧道中央分别用仪器的激光器打出光斑，使光斑落在左侧边墙中心位置、拱部中线位置、右侧边墙中心位置、隧底中线位置，并扣动报机分别读取探测值，做好记录，然后转入下一序号点，直至全部探完。也可以在掘进断面上自上而下测 5 排数据，每排 5 个点，做好记录，进行对比。

3.资料处理

将探测数据输入计算机，由专用软件绘成顶板探测曲线、底板探测曲线和两边墙探测曲线，断面上测的四排探测数据也分别绘制成曲线。通过分析，对隧道前方的地质情况做出预报。

红外探测曲线以直角坐标系表示，其中纵轴表示红外辐射场场强值，横轴表示以某点为起点的隧道距离（断面曲线图横轴则表示隧道断面上的 5 个测点及间距）。探测曲线大致平行于横坐标表示正常，反之则表示异常。

（四）超前钻孔探测

超前钻孔探测是隧道施工期超前地质预报最直接、最有效的方法，也是对其他探测手段成果的验证和补充。通过钻孔钻进速度测试和对钻孔岩芯的观察及相关试验可获取隧道掌子面前方岩石的强度指标、可钻性指标、地层岩性资料、岩体完整程度及地下水等诸方面的资料。与地质雷达预报相比，超前钻孔探测具有更直观、更准确的特点。超前钻孔探测主要用于探测煤层、瓦斯、断层、溶腔、突水、涌泥等不良地质，探测的距离长，探明的不良地质距工作面较远，便于提前调整施工方案和技术措施。

为防止遇高压水时突水失控，开孔采用 $\phi 120$ mm 钻头，孔内放入 3.0 m 长的 $\phi 108$ mm 钢管作为孔口管，孔口管伸出掌子面 50 cm，孔壁间用环氧树脂加水泥浆锚固，孔口管伸出部分安装封闭装置，并与注浆泵连接，以便遇高压水时及时封堵并注浆。

在钻孔时，作业平台要平稳、牢固，在钻机施工时不晃动。

在施钻过程中，由地质工程师详细记录钻速、水质、水量变化情况，并对岩芯进行统一编录、收集，综合判断预报前方水文、地质情况。

三、地质预报效果检查

当开挖到预报位置时，对实际地质进行素描，和预报地质资料进行对比，以此来评价预报的准确性，积累经验，为以后的预报提供参考，并及时将预测数据、结果反馈至设计单位，作为调整设计、改变施工方案的依据。

第四章 盾构法施工

第一节 盾构机

一、盾构机及其工作原理

盾构机是一种用于隧道暗挖施工,具有金属外壳,壳内装有整机及辅助设备,在其外壳掩护下进行土体开挖、土渣排运、整机推进和管片安装等作业,而使隧道一次成型的机械。

盾构机是一种隧道掘进的专用工程机械,现代盾构机集机、电、液、传感、信息技术于一体,具有开挖切削土体、输送土渣、拼装隧道衬砌、测量导向纠偏等功能。盾构机已广泛用于地铁、铁路、公路、市政、水电等工程。

盾构机的工作原理就是一个钢结构组件沿隧道轴线边向前推进边对土壤进行掘进。这个钢结构组件的壳体称"盾壳"。盾壳对挖掘出的还未衬砌的隧道段起着临时支护的作用,承受周围土层的土压、地下水的水压,将地下水挡在盾壳外面。掘进、排土、衬砌等作业在盾壳的掩护下进行。"盾"——"保护",指盾壳;"构"——"构筑",指管片拼装。

开挖面的稳定方法是盾构机工作原理的主要方面,也是盾构机区别于岩石掘进机的主要方面。岩石掘进机在国内一般称为 TBM,英文全称是 tunnel boring machine。TBM 通常是指全断面岩石隧道掘进机,它以岩石地层为掘进对象。岩石掘进机与盾构机的主要区别就是不具备承受泥水压、土压等维护掌子面稳定的功能,而盾构施工主要由稳定开挖面、掘进及排土、管片衬砌及壁后注浆三大部分组成。

二、盾构机的构造

盾构机的种类繁多，根据盾构机在盾构施工中的功能，其基本构造主要分为盾构壳体、推进系统、拼装系统三大部分。

（一）盾构壳体

盾构壳体可分为切口环、支承环和盾尾三部分。

1.切口环

切口环部分是开挖和挡土部分，它位于盾构机的最前端，在施工时先切入地层并掩护开挖作业，部分盾构切口环前端设有刃口，以减少切入掘进时对地层的扰动。切口环保持着工作面的稳定，并作为将开挖下来的土砂向后方运输的通道。因此，采用机械化开挖、土压式盾构、泥水加压式盾构时，应根据开挖下来的土砂的状态，确定切口环的形状和尺寸。

切口环的长度主要取决于盾构正面支撑、开挖的方式。就手掘式盾构而言，考虑到正面施工人员挖土机具工作要有回旋的余地等，大部分手掘式盾构切口环的顶部比底部长，犹如帽檐，有的还设有千斤顶控制的活动前沿，以增加掩护长度。对于机械化盾构，切口环内按不同的需要安装各种不同的机械设备，这些设备用于正面土体的支护及开挖。

2.支承环

支承环是盾构机的主要结构，是承受作用于盾构机上全部载荷的骨架。它紧接于切口环，位于盾构机中部，通常是一个刚性很好的圆形结构。地层压力、所有千斤顶的反作用力，以及切开入土正面阻力、衬砌拼装时的施工载荷均由支承环承受。

在支承环外沿布置了千斤顶,中间则布置了拼装机及部分液压设备、动力设备、操纵控制台。当切口环压力高于常压时,在支承环内要布置人行加、减压舱。

支承环的长度应不小于固定盾构千斤顶所需的长度,对于有刀盘的盾构机,还要考虑安装切削刀盘的轴承装置、驱动装置和排土装置的空间。

3.盾尾

盾尾一般由盾构外壳钢板延伸构成,主要用于掩护隧道管片衬砌的安装工作。盾尾设有密封装置,以防止水、土及压注材料从盾尾与衬砌之间进入盾构机内。当盾尾密封装置损坏、失效时,在施工中途必须进行修理更换,因而盾尾长度要满足上述各项工作的条件。

从整体结构上考虑,盾尾厚度应尽量小,这样可以缩小地层与衬砌间形成的建筑间隙,从而减少压浆工作量、缩小对地层的扰动范围,有利于施工。但盾尾也需要承担土压力,在遇到纠偏及隧道曲线施工时,还有一些难以估计的荷载出现。因此,盾尾是一个受力复杂的圆筒形薄壳体,其厚度应综合上述因素来确定。

盾尾密封装置要能适应盾尾与衬砌间的空隙,由于在施工中纠偏的频率很高,因此要求密封材料富有弹性、耐磨、防撕裂、能够止水。止水的形式有很多,目前较为理想且常用的是多道、可更换的盾尾密封装置,盾尾的道数根据隧道埋深、水位高低来定,一般取2~3道。

盾尾的长度必须根据管片宽度和形状及盾尾的道数来确定,对于机械化开挖式、土压式、泥水加压式盾构,还要根据盾尾密封的结构来确定,最少应保证衬砌组装工作的进行,同时必须考虑在衬砌组装后因管片破损而需要更换管片,以及修理盾构千斤顶和在曲线段进行施工等因素,故必须给予一些余裕量。

(二) 推进系统

推进系统主要由盾构千斤顶和液压设备组成。盾构千斤顶沿支承环周围均匀分布。要根据盾构机外径、总推力大小、衬砌构造、隧道断面形状等条件来确定千斤顶的台数和每个千斤顶的推力。

盾构千斤顶支座一般用铰接形式与千斤顶端部连接,以使千斤顶推力能均匀分布在衬砌端面上,尤其在曲线段施工时,铰接支座更有必要。

推进系统的液压设备主要由液压泵、驱动电机、操作控制装置、油冷却装置和输油管路组成。除操作控制装置安装在支承环工作平台上外,其余大多数装置都安装在盾构机后面的液压动力台车上。

(三) 拼装系统

拼装系统即衬砌拼装器,其主要设备为举重臂,以液压为动力。一般举重臂安装在支承环后部。有的中小型盾构机因受空间限制,而将举重臂安装在后面的台车上。举重臂做旋转、径向运动,还能沿隧道中线做往复运动,完成这些运动的精度应能保证待装配的衬砌管片的螺栓孔与已拼装好的管片螺栓孔对好,以便插入螺栓固定。

常用的衬砌拼装器有环形式、中空轴式、齿轮齿条式3种,其中以环形拼装器(见图4-1)最多见。

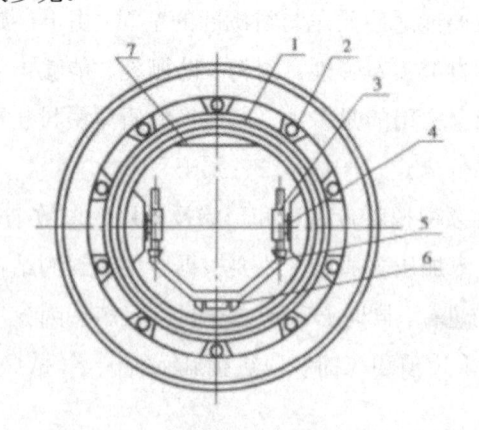

1—转盘;2—支承滚轮;3—径向伸缩臂;
4—纵向伸缩臂;5—举重臂;6—爪钩;7—平衡重

图4-1 环形拼装器

目前,欧洲国家在制作盾构机时,常采用真空吸盘装置,该装置具有管片夹持简便、拼装平稳及碎裂现象少等优点。在超大型盾构机制作中,较多应用此类装置。

三、盾构机的分类

(一)按断面形状分类

盾构机根据断面形状可分为单圆盾构机、复圆盾构机(多圆盾构机)、非圆盾构机。其中,复圆盾构机可分为双圆盾构机和三圆盾构机;非圆盾构机可分为椭圆形盾构机、矩形盾构机、类矩形盾构机、马蹄形盾构机、半圆形盾构机。复圆盾构机和非圆盾构机统称为"异形盾构机"。

(二)按直径大小分类

盾构机根据直径大小可分为以下几类:盾构直径为 0.2~2 m,称为微型盾构机;盾构直径为 2~4.2 m,称为小型盾构机;盾构直径为 4.2~7 m,称为中型盾构机;盾构直径为 7~12 m,称为大型盾构机;盾构直径为 12 m 以上,称为超大型盾构机。

(三)按支护地层的形式分类

盾构机按支护地层的形式分类,主要分为自然支护式、机械支护式、压缩空气支护式、泥浆支护式、土压平衡支护式 5 种类型。

(四)按开挖面与作业室之间隔板的构造分类

盾构机按开挖面与作业室之间隔板构造的不同,可分为敞开式和闭胸式两种。其中,敞开式又可分为全敞开式(包括手掘式盾构机、半机械式盾构机、机械式盾构机）、部分敞开式（挤压式盾构机），闭胸式又可分为压气式（压缩空气盾构机）、泥水式（泥水加压平衡盾构机）、土压式（包括土压平衡盾构机、加泥式土压平衡盾构机）。

第二节 盾构始发、试掘进与到达

一、盾构始发

盾构始发是指利用反力架及临时拼装起来的管片承受盾构机前进的推力，盾构机在始发基座上向前推进，由始发洞门贯入地层，开始沿所定线路掘进所做的一系列工作。盾构始发是盾构施工过程中开挖面稳定控制最难、工序最多、比较容易产生危险事故的环节，因此进行始发施工各个环节的准备工作至关重要。其主要内容包括盾构机反力架及始发基座安装、盾构机组装就位空载调试、洞口密封系统安装、负环管片拼装、盾体前移、盾构机贯入地层等。

（一）盾构机反力架安装

在盾构机始发时，巨大的推力通过反力架传递给车站结构。为确保盾构机顺利始发及车站结构的安全，需要在车站结构内预埋构件，并吊装反力架。反力架采用 H 型钢和钢管制作。反力架在地面制作完成后分体吊运下井，根据盾构机及基座的实测位置，调整好反力架的安装位置和纵、横向垂直度。

（二）洞口密封系统安装

始发井处洞口内径与盾构外径之间存在环形空隙，为防止盾构机始发掘进时土体或地下水从空隙处流失,在盾构机始发前应在洞口处安装橡胶帘布密封装置。

(三) 负环管片拼装

管片经检验合格后,使用龙门吊行车,平稳地吊往井下,每次只能吊运两片。地面指挥人员在确认井下无人站立和行走后,方可指挥司机进行操作。

负环管片支撑系统采用钢反力架、基座。负环管片拼装为直线拼装,在拼装时遵循管片与反力架垂直的原则。根据到达环里程可定出反力架位置。支撑系统必须具有足够的强度和刚度。在安装反力架时,必须严格按里程控制。反力架两立柱的支座,采用预埋钢板螺栓连接的方式,控制其表面高程,并且在支座上弹出反力架里程控制线。两立柱用经纬仪双向校正垂直度。采用加设垫片的方法调整反力环,使它形成的平面与负环管片的平面严格吻合。在盾构机始发时,需要在反力架与洞口之间拼装负环。负环的中心线坡度应与到达段设计坡度一致。根据经验,采用7环负环。拼装步骤如下:

①根据管片的安装顺序,将需要安装管片位置的千斤顶缩回到位,空出管片拼装位置。

②在盾壳底部位置放置薄木板,并保证千斤顶后推负环时负环管片不会从薄木板上滑落。

③用遥控器操作管片安装,调整好安装头与管片的相对位置,然后吊起管片。

④将管片旋转至最终的正确位置上,并在盾壳内对管片采取临时固定措施。

⑤穿上并拧紧螺栓(只拧环向螺栓),依次拼装剩余管片,并及时在盾壳内采取临时固定措施,防止管片下垂。

⑥待负7环拼装完成后,用千斤顶将此环整体后推,千斤顶伸长速度不宜太快。

⑦送进器继续输送负6环管片至安装位置并重复以上步骤,拼装成整环并

用纵向螺栓与负6环连为一体。

⑧当负7环脱离盾壳时,在始发托架导轨与负环外径之间的空隙中打入木楔子以支撑负环。

⑨将负7环与反力架上的钢墩用纵向螺栓连为一体。当负5环拼装完毕后,盾构机刀盘切入土体,之后的负环拼装类似于初始掘进段管片拼装。

⑩涂刷盾尾密封油脂。在盾构推进前,为减少推进阻力,在盾构基座轨道上涂抹黄油,在推进时避免刀盘上的刀口损坏洞口止水密封装置。

二、盾构试掘进

(一)盾构试掘进准备

1.技术准备与安全措施

须检查核实各电缆、电线及管路的连接是否留有足够的供盾构机前进的电量,人员组织及机具设备配备是否到位等,检查基座、反力架、洞口密封是否满足设计要求。

在盾构推进前,为了减小盾构机的推进阻力,可在盾构基座轨道上涂抹黄油;为避免刀盘上刀具在进洞门时损坏洞门密封装置,可在刀盘和刀具上涂抹黄油。

防止盾构机旋转的措施如下:在盾构机的两侧焊两对防转块(焊点距铰接密封距离不小于500 mm),防转块应能承受盾构机的扭矩并能将扭矩传递给盾构基座;当盾构机推进至防转块距洞门密封 500 mm 左右时,必须割除防转块,并将割除面打磨光滑;减少刀盘的设定扭矩,使其值不超过最大扭矩的40%。

2.盾构姿态测量

在负环管片拼装好并定位后,必须精确量测盾构及拼好的负环管片的各项位置参数，并将其输入自动导向测量系统及监测系统，之后方可开始推进。

（二）盾构试掘进要点

盾构机在空载向前推进时，应主要控制盾构推进油缸行程和限制盾构每一环的推进量。

在盾构向前推进的同时，应检查盾构是否与始发台、始发洞发生干扰或是否有其他异常情况或事故发生，确保盾构安全地向前推进。

在盾构始发施工前，须对盾构机的各项参数进行设定，在施工中再根据各种参数的使用效果及地质条件变化在适当的范围内进行调整。需要设定的参数主要有土压力、推力、刀盘扭矩、推进速度、刀盘转速、出土量、同步注浆压力、添加剂使用量等。轴线控制是整个盾构施工过程的一个关键环节，盾构机在大多数情况下不是沿着设计轴线掘进的，而是在设计轴线的上、下、左、右方向摆动，偏离设计轴线的差值必须满足相关规范的要求，因此要采取一定的措施来控制隧道轴线的偏离。

（三）盾构试掘进过程中常见问题的预防和处理

1.端头土体加固效果不好

端头土体加固效果不好是经常遇到的问题。对于端头土体，必须根据土体情况选择合理的加固方法，而且要加强过程控制，特别是要严格控制一些基本参数。对于加固区与始发井间形成的间隙，则应采取其他方式处理。

2.开洞门时失稳

开洞门时失稳主要表现为土体坍塌和水土流失。可采用边破除洞门混凝土边喷素混凝土的方法对土体临空面进行封闭。如果土体坍塌失稳情况严重，则只能封闭洞门重新加固。

3.盾构机"叩头"

当盾构机抵达掌子面及脱离加固区时容易出现盾构机"叩头"的现象，有时可能出现超限的情况。采用抬高盾构机的始发姿态、合理安装始发导轨以及快速通过的方法，通常可避免出现"叩头"现象或减少"叩头"现象。

4.洞门密封效果不好

洞门密封的主要目的是减少土体流失。当洞门加固达到预期效果时，对洞门环的强度要求相对较低。若洞门密封效果不好，可及时调整壁后注浆的配合比，也可采用在洞门密封外侧向洞门密封内部注快凝双液浆的办法。

5.盾尾失圆

在正常情况下，在盾构机组装阶段，由于盾尾内部没有支撑，盾尾因自重可能会出现失圆现象。在盾尾焊接前，应对盾尾圆度进行测量和调整，在调整完成后才能进行焊接。在焊接时，应使用两把焊枪分别在同一侧焊缝的内外两侧同时进行，并采用分段焊接的方式先进行位置固定，以减少焊接时盾尾产生的变形。

一般盾尾竖直方向和水平方向的直径偏差不宜超过 20 mm。如发现严重偏差，则只能再对盾尾进行割除，在调整圆度后再重新进行焊接。

6.支撑系统失稳

支撑系统在某些情况下可能由于盾构机推进中的瞬时推力或较大扭矩而产生失稳。为防止支撑系统失稳，只能先做好预防工作，加强对支撑系统的人工观测。如发现异常，则应立即通知操作手停止掘进，在对支撑系统进行加固处理后，再进行掘进。

7.地面沉降较大

为解决地面沉降值均较大的问题，应尽早构建盾构机的合适工况，并严密注意出土量及土压情况，同时提高监测频率，控制地面沉降值。此外，还应确保盾构连续正常地从非土压平衡工况过渡到土压平衡工况，以达到控制地面沉降、保证工程质量等目的。

三、盾构到达

（一）盾构到达施工流程

盾构到达施工流程如下：到达端头加固→盾构机定位及洞口位置复测→到达段掘进→贯通后渣土清理→洞门临时密封装置安装→接收基座安装→盾构机推上接收基座→盾构洞门圈封堵。

（二）盾构到达施工技术

1.盾构到达段掘进

在盾构到达前，应做好地层加固等到达准备工作。在进入加固体掘进后，要加强洞口段的观察与沉降监测，及时与盾构操作主司机沟通，以便控制掘进。

根据进洞段的地质情况确定合理的掘进参数并做出书面交底，总的要求是低速度、小推力、合理的土压力和及时饱满的回填注浆。在最后 10 环管片拼装过程中，要及时用槽钢将管片沿隧道纵向拉紧，以免在推力很小或者没有推力时管片松动。在盾构抵拢围护结构后，停止掘进，对盾尾后 4~6 环管片背部进行二次补充注浆。

2.渣土清理及洞门临时密封装置安装

在盾构掘进贯通后，及时使用小型机具清理贯通时产生的渣土，然后安装洞门临时密封装置。到达端洞门临时密封装置与始发时类似，须在翻板外焊接固定螺栓圆孔，通过拉紧穿在螺栓孔内的钢丝绳将洞门临时密封装置与管片外弧面密贴。

3.接收基座安装及将盾构机推上接收基座

接收基座的构造与始发基座相同。在准确测量定位后安装接收基座。接收基座的中心轴线应与盾构机进接收井的轴线一致，同时还要兼顾隧道设计轴线。接收基座的轨面高程应适应盾构机姿态，为保证盾构刀盘贯通后拼装管片有足够的反力，可考虑将接收基座的轨面坡度适当加大。在接收基座定位放置后，采用 25 号工字钢对接收基座前方和两侧进行加固，防止在将盾构机推上接收基座的过程中接收基座移位，导致盾构机接收失败。

在接收基座安装固定后，可将盾构机慢速推上接收基座。在推进通过洞门临时密封装置时，为防止盾构机刀盘和刀具损坏帘布橡胶板，可在刀盘外圈和刀具上涂抹黄油。盾构机在接收基座上推进时，每向前推进 2 环拉紧 1 次洞门临时密封装置，通过同步注浆系统注入速凝浆液，填充管片外环形间隙，保证管片姿态正确。

4.洞门圈封堵

在最后一环管片拼装完成后，拉紧洞门临时密封装置，使帘布橡胶板与管片外弧面密贴，通过管片注浆孔对洞门圈进行注浆填充。在注浆过程中要密切关注洞门情况，发现有漏浆现象时应立即停止注浆并进行封堵处理，确保洞口注浆密实，洞门圈封堵严密。

四、盾构始发与到达施工节点验收

①工作井已按设计要求完成并通过验收，其高程、轴线、结构强度等各项技术参数符合设计和规范要求并能满足盾构施工各阶段受力要求，端头井结构尺寸和洞门中心已复核且符合设计要求。

②盾构推进、始发与到达方案已完成编制审批，监理细则已完成编制审批。

③测量、监测方案已完成编制审批，监测控制点已按监测方案布置好，且已测取初始值。

④井下控制点已布设且固定，并进行了测量复核。

⑤要求的各项端头加固已经完成，各项指标已经达到设计要求并有检测报告。

⑥洞门探孔已打，未发现异常情况并满足始发与到达要求。

⑦始发与到达接收架已经施作，结构强度满足要求。
⑧施工现场技术和安全交底已按要求完成。
⑨人员、机械、材料按要求到位，起吊设备已通过政府监督部门验收。
⑩对本工程潜在的风险进行了详细辨识和分析，编制了有针对性、可操作性的应急预案，并落实了抢险设备、材料、人员、方案等。

五、盾构始发、到达安全风险、质量问题及相应措施

（一）盾构始发、到达安全风险及规避措施

盾构始发、到达安全风险主要表现在：端头加固工法的选择不合理；端头加固范围不够；端头加固质量未能达到设计要求；洞门密封系统选择不当和密封失效；加固体本身强度不够，难以满足抗滑移或剪切的要求；加固体不连续，局部出现渗漏；加固节点处理不好，特别是围护桩与加固体之间的间隙处理、不同工法之间的界面处理。

为了防止在盾构始发、到达掘进时泥土、地下水从盾壳和洞门的间隙处流失，以及盾尾通过洞门后背衬注浆浆液的流失，在盾构始发时应安装洞门临时密封装置。临时密封装置由帘布橡胶、压板、垫片和螺栓等组成。底部压板损坏，是密封效果差的重要原因。盾尾和中盾的连接不严密，可能造成泄漏。扇形压板不及时封闭，可能造成泄漏。

规避盾构始发、到达安全风险的措施如下：
①优选端头加固方案。端头加固方案根据加固方法不同而异，但一般应提前至少3个月进行（考虑1个月的工期、1个月的龄期、检测后的补充加固等因素）。如果是连续墙或挖孔桩、钻孔灌注桩作业，最好和围护结构施工同时进行。应针对地层特点选择可靠的机械设备和合理的施工参数，并采取抽芯方法对加固效果进行检查。加固范围主要根据加固方法和地层情况、始发或到达

端头决定。加固长度对软土地层（特别是砂层和采用泥水平衡盾构时）特别重要。在采用一般搅拌桩等加固方法的情况下，始发加固长度一般不小于 6 m，到达加固长度一般不小于 3 m。在特殊地层始发时，考虑到抗渗等因素，加固宽度须增加，如在粉细砂层中始发加固宽度须增加为 10 m，到达加固宽度须增加为 9 m。加固深度对下部有承压水的地层至关重要，如果洞门下部为承压水层，洞门破除和盾构机顶进掌子面的过程均容易发生管涌现象；加固深度还要考虑上部大件吊装作业时地基承载力能否满足要求。加固深度一般是洞门上部 3 m 和下部 2 m，砂层中底部深度还应增加，防止出现管涌。

②合理选择洞门密封形式。在安装密封装置前应对帘布橡胶的整体性、硬度、老化程度，圆环板的成圆螺栓孔位等进行检查，并提前把帘布橡胶的螺栓孔加工好。在盾构机进入预留洞门前应在外围刀盘和帘布橡胶板外侧涂润滑油，以免盾构机刀盘挂破帘布橡胶板，影响密封效果，还须采取折形压板的防逆转措施。

③底部环板和螺栓设计均应改进。

（二）盾构始发、到达质量问题及处理措施

盾构始发、到达质量问题主要表现在始发姿态控制不当导致的轴线偏移，始发措施不当导致栽头，盾构机滚动，自动测量系统误差，始发托架或反力架变形，管片拼装错台、开裂或渗漏，始发刀具损坏，负环管片变形等。解决盾构始发、到达质量问题的措施如下：

①在曲线始发时，要提前设计好盾构始发方向。

②可以按盾构始发姿态调高 2～3 cm，在始发托架与加固体之间设置连接导轨，防止在进入加固体前栽头。

③为防止盾构滚动，除了在始发托架上焊接防滚动装置，在掘进过程中要严格控制始发扭矩，并特别注意不能在千斤顶推力很小的情况下转动刀盘。在确认洞门连续墙的钢筋已经割除完毕以后，可以进行盾构机的试运转。在

试运转时应当使刀盘慢速旋转,且要正、反向旋转,防止滚动,使盾构姿态正确。

④通过频率较高的人工复测来对自动测量系统的精确度进行复核,以及时发现测量系统存在的偏差并进行纠正。

⑤对始发架和反力架进行认真设计,特别注意在各组千斤顶推力不均的情况下反力架的受力工况。在掘进过程中,除了要控制总推力,还要严格控制推进千斤顶各编组的推力。

⑥管片选型应从负环管片拼装时即开始控制,加贴软木衬垫或石棉垫,利用反力钢环或管片调整好管片与盾尾壳夹角,使管片环面与盾构机掘进方向法线基本垂直。

⑦为减少刀具损伤,始发掘进阶段的刀盘转速和掘进速度不宜过快,尤其是当刀盘刚刚接触掌子面时,应采用低推力、低转速、低速度掘进。

⑧为减小负环管片变形,在每一环负环拼装完成并脱出盾尾后,除了采取通常的加固措施,还应当配置整圆器,以确保负环管片圆度,降低管片拼装难度。

第三节　管片预制技术

一、管片概述

盾构隧道一般采用衬砌的管片作为永久支护结构。管片的制造、安装技术是隧道建设的关键技术之一。管片基本上分为钢管片、铸铁管片、复合管片、钢筋混凝土预制管片等。管片的连接主要有螺栓连接、销接等方式。管片是在盾壳保护下，在其空间内拼装成环的。

（一）管片的结构类型

管片结构主要有平板形和箱形两种。平板形管片是指因螺栓手孔较小或无手孔而呈曲板形结构的管片，对盾构千斤顶推力具有较大的抵抗力。钢筋混凝土管片多采用平板形结构。箱形管片因手孔较大而呈肋板形结构，便于运输和拼装，易开裂。金属管片多采用箱形结构，用于大断面盾构隧道中。我国地铁盾构隧道衬砌结构多采用钢筋混凝土平板形管片。

（二）管片的拼装方式

管片的拼装方式有通缝和错缝两种。封顶块的拼装方式有径向楔入和纵向插入两种。

通缝拼装就是各环管片纵缝对齐的拼装。通缝拼装容易定位，纵向穿螺栓容易，拼装施工应力小，但容易环面不平，并有较大累计误差，导致环向螺栓难穿、环缝压密量不够。

错缝拼装就是前后环管片的纵缝错开拼装，一般错开 1/3～1/2 块管片弧长。错缝拼装隧道整体性较好，拼装施工应力大，纵向穿螺栓困难，纵缝压密差，但环面较平正，环向螺栓比较容易穿。

（三）盾构隧道单层、双层衬砌的选择

我国盾构隧道很少采用双层衬砌。根据国内设计、施工经验和运营情况，单层柔性衬砌结构的受力性能和耐久性等均可控制在预期的要求内，能够满足隧道的运营要求。单层衬砌的施工工艺简单，工程实施周期短，投资不大，防水效果从施工情况看优于矿山法区间隧道，因此占据主导地位。但是由于国内盾构区间隧道的运营时间不长，单层衬砌结构的抗震性、防水性以及耐久性还有待时间来检验。欧美国家的盾构隧道以单层衬砌为主，而日本的盾构隧道以双层衬砌为主。

（四）管片分块、厚度及幅宽

通常我国地铁盾构隧道每环管片被划分为 6 块，由 3 块标准块、2 块邻接块和 1 块封顶块组合而成。我国地铁盾构隧道管片有两种主要形式：一种内径为 5.4 m，厚度为 30 cm；另一种内径为 5.5 m，厚度为 35 cm。

管片的厚度一般为管片外径的 5%～6%。上海地铁、南京地铁 1 号线的管片厚度为 350 mm，广州地铁 1 号线、2 号线及北京地铁 5 号线试验段的管片厚度皆为 300 mm。按照国内的设计经验，一般在富水的软流塑地层中管片采用 350 mm 的厚度，在地基承载力较高的地层中采用 300 mm 的厚度。

我国地铁管片的幅宽一般为 1.0～1.2 m，但是为了减少纵向连接缝数量，在管片拼装机等起重能力提高的情况下多采用幅宽 1.5 m 的管片。

（五）管片连接方式

衬砌环内管片间以及各衬砌环间的连接方式，可分为柔性连接和刚性连接两种。实践证明，刚性连接不仅拼装麻烦、造价高，而且会在衬砌环中产生较大的次应力，带来不良后果。因此，目前较为通用的是柔性连接。常用柔性连接有以下几种形式：

①单排螺栓连接，按螺栓形状又可分为弯螺栓连接、直螺栓连接和斜螺栓连接 3 种。

②销钉连接，可用于纵向接缝，亦可用于横向接缝。

③无连接件连接。在稳定的不透水地层中，圆形衬砌的径向接缝也可不用任何连接件连接。

在欧洲，管片接缝不考虑螺栓的作用，而是按弹性铰接接头进行整个结构的受力分析。在国内，管片接头基本按与结构等强进行考虑，按均质圆环进行分析，因此接头设计相对较强。增加管片接头的连接刚度有利于增强结构的整体性和控制结构的变形,但盾构隧道施工和运营期间的一些问题与接头设计有一定的关系,比如曲线施工中管片开裂和结构后期变形造成结构附加应力等。

（六）管片的组合形式

盾构隧道的线路拟合是通过不同的管片衬砌环组合来实现的,通常有 3 种组合形式。

1.标准衬砌环、左转弯衬砌环和右转弯衬砌环组合

直线段（除施工纠偏外）由标准衬砌环拟合,曲线段由左转弯衬砌环和右转弯衬砌环拟合。这种组合施工方便,操作简单。

2.左转弯衬砌环和右转弯衬砌环组合

直线段由左转弯衬砌环和右转弯衬砌环相互交替使用来拟合。由于每环均为楔形,在拼装时施工操作相对麻烦一些。欧洲地区常用该种管片组合形式,国内地铁区间基本未采用。

3.万能管片组合

其能够拟合所有线形,通过一种楔形环管片模拟直线、曲线及施工纠偏。在管片拼装时,衬砌环需要扭转多种角度,封顶块有时位于隧道下半部,工艺相对复杂。

二、管片预制

我国地铁盾构管片设计宽 1.5 m,直线段管环外径为 6.0 m,内径为 5.4 m,厚 300 mm;每环由 6 片管片组成,左右节标准环交替;混凝土强度等级为 C50,抗渗等级为 S10,钢筋为Ⅰ、Ⅱ级,主筋混凝土保护层厚度为 50 mm,内侧为 40 mm;混凝土用量为 8.06 m^3。

（一）模具加工精度

管片成品检测标准要求高，因而管片模具内弧长度、厚度、螺栓孔尺寸和位置精度要求控制在±1 mm以内，宽度精度控制在±0.5 mm以内。

（二）模具清理及组模

在组模前先清洗钢模，混凝土残渣必须全部铲除，内表面使用胶片配合清理，并用高压水冲洗干净。然后使用雾状喷雾器喷涂，用抹布抹均匀，使模具内表面均布薄层脱模油。如出现脱模油流淌的情况，则用棉纱清理干净。喷涂脱模油后按要求组装模具，并由专职质检员用内径千分尺在模具指定位置进行宽度、内弧面检测。

（三）钢筋笼制作与入模

钢筋笼在靠模上制作完毕，用龙门吊配合专用吊具按各种规格将钢筋笼吊入模具内，钢筋笼型号与模具型号要匹配，保护垫块位置要准确。

（四）混凝土浇筑

混凝土必须进行试配并符合全部设计要求；采用龙门吊浇筑混凝土，将强度等级为C50、抗渗等级为S10、坍落度控制在（70±10）mm的防水混凝土，用料斗吊至模具上方，按先模具两端后中间的顺序进行放料；采用附着式风动振动器振捣，并辅助插入式振动棒振捣密实；在全部振捣成型后，视气温及混凝土凝结情况，在约10 min后拆除压板，进行光面。

光面处理有如下3个工序：使用铝合金压尺，刮平去掉多余混凝土，并进行粗磨；待混凝土收水后用灰匙进行光面，使管片平整、光滑；使用长匙精工抹平，力求表面光亮、无灰匙印。管片外弧面平整度误差不大于±5 mm。

（五）蒸汽养护

在混凝土振动成型并做光面处理 2 h 后，混凝土表面用手压有轻微的压痕时，在管片外弧面上盖上湿润的养护布。再将用于蒸汽养护的帆布套在模具上，下部同地面接触的地方用方木压实，在帆布套上预留的小孔中插入温度计，检查无误后通入蒸汽。布置于模具底部的蒸汽管布满小孔，在蒸汽养护时蒸汽从每个小孔中均匀喷出，使整个模具均匀升温。升温速度控制在 15～20 ℃/h，防止升温太快导致管片出现收缩裂纹，最终养护温度为 50～60 ℃，恒温 3～4 h。降温速度控制在 15～20 ℃/h，并保证蒸汽养护后的管片温度与外界温度差不大于 20 ℃。每 0.5 h 查看一次温度计上的读数，用调整蒸汽通入量的方法来调节温度。

（六）管片拆模

在管片通过蒸汽养护足够时间后测试混凝土试块强度，当强度达到 15 MPa 以上时，可以进行拆模操作。拆模顺序如下：叠齐养护布；拆卸手杆螺栓，清除混凝土残积物；拆卸旁模与底模固定螺栓；拆卸侧模与端模连接螺栓；在拆开侧模和端模后，使用专用水平起吊吊具，用龙门吊将管片吊出到管片翻身机上。在拆模中严禁锤打、敲击模具等操作。在起吊管片时，地面操作要由多人配合进行，确保管片垂直出模，以免损坏管片。

（七）管片水池养护及堆放

在管片拆模后将其吊入水池内进行养护，确保管片完全浸泡在水中。当管片入池时，管片温度与池中水温差不得大于 20 ℃，养护周期为 7 d。然后进行淋水养护，保持管片外面湿润，喷淋养护达到 28 d 龄期，最后每 3 块重叠堆放在管片厂内。

（八）三环试拼装试验

在管片正式生产前和每生产 100 环管片后，由于管片模具的尺寸精度可能达不到要求或在生产过程中管片模具可能产生振动变形，因此需要进行三环试拼装试验，以检查管片几何尺寸和模具是否符合要求。

制作钢筋混凝土平台，确保平台水平，误差控制在 2 mm 以内；制作 12 个拼装支架，支架能够在高度上进行微调，以便矫正管片拼装后的水平度；在平台上画直径为管片内径和外径的 2 个圆，作为拼装时的参考线；先放置标准块，再放置邻接块，最后放入封顶块；在 1 环拼装完后，错缝拼装另外 2 环。

管片拼装完后，利用不同型号的插片对管片之间的纵缝、环缝进行测量，以检测各管片之间的缝隙是否符合要求；再用水准仪分别测量各接缝的几个点，然后计算这几个点是否在同一面上。

（九）管片防水施作

在管片运输到现场之前应做好管片防水施作，包括在表面涂防水材料，在纵缝和环缝处贴止水条。

第四节　盾构隧道掘进

一、盾构掘进施工组织

（一）盾构施工场地与交通疏解

一台盾构机的始发场地面积需要 3 000 m²，两台盾构机的始发场地面积需要 5 000 m²，而接收场地只要 1 000 m² 左右。看似合理的施工组织方案，有时也可能因没有合适的施工场地而改变。盾构井一般是沿线路中线设置的。在城市中心区，交通疏解要求往往会导致场地较小。过小的场地会影响施工现场的合理布置（如弃土场、注浆材料储存、管片堆场、施工人员的生产生活安排等），降低劳动生产率。

当盾构井因交通疏解、管线等条件限制而被设置在线路中线一侧时，盾构机始发周期延长，弃土、管片等洞内运输作业效率将明显下降。当场地不满足正常始发要求时，可以采用分体始发等方式解决。

通常设两个渣坑于始发井顶板上，每个渣坑长 15.0 m、宽 6.0 m、深 4.0 m，最多可存渣土 720 m³。渣土坑底板及侧墙采用 C20 混凝土浇筑，厚 30 cm。每个渣土场四周设置挡渣板，防止过稀渣土溢出。40 t 龙门吊采用挂钩侧翻卸渣的方式，渣土外运采用挖掘机装车、汽车运输的方式。临时管片堆放场占地面积为 120 m²，管片存放能力为 60 块（10 环）。正式管片堆放场占地面积为 594 m²，管片存放能力为 210 块（30 环），满足 3 d 的平均使用量。

在施工场地出渣位置设洗车槽，出渣车辆必须在清洗后方可驶出施工场地。洗车槽采用下沉式，宽 4 000 mm、长 8 000 mm、深 400 mm。在洗车槽旁设置沉淀池，洗车所排水经沉淀池三级沉淀后排入市政污水管线。

（二）盾构掘进速度与长度

盾构掘进速度与工程地质条件、盾构机选型、掘进管理水平、地面建（构）筑物保护要求等因素密切相关。地铁区间隧道多采用（加泥）土压平衡盾构，在目前的施工技术水平条件下，正常的平均掘进速度已达到每天 10 m，月进尺达到 300 m。综合考虑始发和到达掘进、通过建筑物保护段的沉降控制、地层性质与均质性、弃土与材料运输时间限制等因素的影响，掘进指标一般按照月进尺 180 m 考虑。当地层适于盾构施工且均质性好、环境限制条件少、一次掘进距离长时，掘进指标可按月进尺 240 m 考虑。

当盾构穿越江河段、硬岩段，连续穿过建（构）筑物保护区段、长距离小半径曲线段、多个短区间、长距离砂层段，超前钻探或超前注浆和盾构井不在线路正上方等时，采用偏低的掘进指标。

盾构隧道土建费用主要由盾构机费用、掘进费用、衬砌费用三部分组成。有效降低造价的手段之一是在满足工期的条件下尽量增加盾构机的掘进长度，降低盾构机摊销费用。考虑到土建工期的限制，盾构施工经济长度一般控制在 6～8 km。

（三）盾构掘进与车站施工相互影响

盾构机制造时间约 6 个月，下井安装调试时间约 1 个月。盾构隧道一般会先行招标以方便设备采购，与始发井的施工时间是匹配的，必要时要求始发井提前开工。

盾构井一般设置于线路正上方，不仅影响交通疏解，还与车站施工场地存在干扰。盾构机采用起吊方案会影响车站封顶时间，而当采用过站方案时正值车站施工期，站台须过站后施工。不论是采用过站方案还是起吊方案，管片、材料和弃土运输均与车站施工存在干扰，特别是盾构后配套须在车站站台层折返作业时。因此，应对盾构掘进与车站施工的相互影响进行分析并采取相应措施。

（四）管片生产组织

盾构隧道施工组织应综合考虑管片厂的位置和沿线交通运输条件。若全线盾构机同时开始掘进，管片供应将过于集中。当盾构机数量增加、掘进长度减少时，需要增加模板套数或扩大管片堆场面积。直接或间接增加盾构隧道工程造价，会引起年度工程投资的不均衡。当盾构施工长度增加、盾构机台数减少时，模板套数会减少，但工期会相应延长。

应根据施工组织确定的盾构机数量及其先后始发，得出合理的管片模板套数，确保管片生产的均衡性，从而在不影响工期的前提下，降低盾构隧道的总体造价。

二、盾构掘进

（一）盾构操作

在推进前，工程技术人员根据盾构机目前的掘进姿态、地质变化、隧道埋深、地面荷载、地表沉降、刀盘扭矩、千斤顶推力等各种勘探、测量数据信息，正确下达每班掘进指令，并及时跟踪调整。

盾构机操作人员执行指令，根据土压平衡的原理，确认土压的设定值，并将其输入土压平衡自动控制系统。

平衡压力的设定是土压平衡式盾构施工的关键，维持和调整设定的压力值又是盾构推进操作中的重要环节，这里包含着推力、推进速度和出土量三者之间的关系，对盾构施工轴线和地层变形量的控制起主导作用，所以在盾构施工中应根据不同土质和覆土厚度、地面建筑物，配合地面监测信息的分析，及时调整平衡压力值，同时精确控制盾构机的掘进姿态，控制每次的纠偏量，减少对土体的扰动，并为管片拼装创造良好的条件。根据推进速度、出土量和地层变形的监测数据，及时调整注浆量，从而将轴线和地层变形控制在允许范围内。

盾构机司机根据掘进指令和前一环衬砌的姿态、间隙状况，及时、有效地调整各项掘进参数，如推进速度、千斤顶分区域油压等，并对初始出现的小偏差及时纠正，尽量避免盾构机走蛇形路线。盾构机一次纠偏量不能过大，应采用"少量多次"的纠偏原则，以减少对地层的扰动。

盾构掘进应由富有经验的盾构机操作手或者参加过培训并且合格的人员操作。间隔半年以上未操作过盾构机的操作手，应再次接受培训，在取得合格认可后，才能上机操作。

（二）盾构机掘进姿态精确控制

1.盾构机掘进姿态偏差

盾构机在掘进过程中，由于地层土质变化、千斤顶推力不均、回填注浆不均、盾尾间隙不均以及已拼管片轴线不准等因素影响，不可能完全按设计方向推进，走行轨迹可能犹如蛇行，进而产生掘进姿态偏差。掘进姿态偏差可分为滚动偏差和方向偏差。

（1）滚动偏差

在盾构掘进时，刀盘切削土体的扭矩主要是靠盾构壳体与洞壁之间形成的摩擦力矩来平衡。当盾构壳体与洞壁之间产生的摩擦力不能平衡刀盘切削土体产生的扭矩时，将出现盾构机的滚动。过大的滚动会引起隧道轴线的偏斜，也会影响管片的拼装。

（2）方向偏差

盾构机在掘进过程中，由于各种因素的影响，会产生竖直方向和水平方向的偏差。

①盾构机所受外力不均衡产生的方向偏差。盾构机在地层中受多个外力作

用，这些外力随地层的土质情况、覆土厚度的变化而变化，若不及时调整掘进参数或参数设置不合理，就会产生轴线偏差。

②成环管片轴线对盾构轴线的影响。盾构推进反力支点设在成环管片上，当成环管片轴线控制不理想时，就会对盾构轴线产生影响，产生方向偏差。

③盾尾间隙的影响。尚未脱离盾尾的管片外弧面与盾壳内弧面的间隙，称为盾尾间隙。当一侧盾尾间隙为零，盾构机须向另一侧纠偏时，就会在该侧盾尾和管片外弧面间产生摩擦阻力，同时因无盾尾间隙纠偏困难，而对盾构轴线的控制产生影响。

④同步注浆产生的反力对盾构轴线的影响。在注浆时，由于各种原因而不能保证对称作业，或浆液注入量、注入速度控制不得当，注浆产生的反力将使盾构轴线产生偏差。

⑤盾构机本身结构的影响。由于盾构机各部位结构的影响，其重心位置趋前，扎头现象普遍存在，在松软地层中尤为显著。

2. 盾构机掘进姿态监测

通过人工监测和自动监测两种监测方法可对盾构机掘进姿态进行监测。在盾构掘进时，自动监测与人工监测同时使用可提高盾构机掘进姿态监测的精度。

（1）自动监测

采用 VMT 软件导向系统对盾构机的位置和情况进行连续测量。该系统是在一固定基准点发出激光束的基础上，根据盾构机所处位置进行计算，并将信息反映在大型显示器上。监测装置安设在主控室内，操作人员通过控制系统进行调整。

用目标装置（激光靶板）和倾角罗盘仪测量盾构机的位置。用激光靶板测量激光束的入射点位置和入射角大小，用倾角罗盘仪测量盾构机在两个方向上的转角。

（2）人工监测

采用通用的光学测量仪器（如全站仪、电子水准仪等），对盾构机的掘进姿态进行监测。

①滚动角的监测。用电子水准仪测量高程差，计算出滚动圆心角。

②竖直方向角的监测。采用全站仪直接测量盾构机的俯仰角变化，在上仰或下俯时其角度增量的变化方向相反。

③水平方向角的监测。采用全站仪直接测量盾构机的左右摆动，在左摆或右摆时其水平方向角的变化方向相反。

3.盾构机掘进姿态调整

盾构机掘进姿态的调整包括纠偏和曲线段施工两种情况。其中，纠偏包括滚动纠偏、竖直方向纠偏、水平方向纠偏和特殊地层下的掘进姿态控制。

（1）纠偏

①滚动纠偏。采用使盾构刀盘反转的方法来纠正滚动偏差，允许滚动偏差小于等于 1.5°。当超过 1.5° 时，盾构机报警，盾构机司机通过切换刀盘旋转方向进行反转纠偏。

②竖直方向纠偏。控制盾构机方向的主要因素是千斤顶的单侧推力，它与盾构机掘进姿态变化量间的关系比较离散，靠操作人员的经验来控制。当盾构机出现下俯时，加大下端千斤顶的推力进行纠偏；当盾构机出现上仰时，加大上端千斤顶的推力进行纠偏。

③水平方向纠偏。水平方向纠偏的原理与竖直方向纠偏的原理一样：当左偏时，加大左侧千斤顶的推力纠偏；当右偏时，加大右侧千斤顶的推力纠偏。

④特殊地层下的掘进姿态控制。在盾构机通过复合地层（即作业面土体的抗压强度等力学性能指标存在很大差异的地层）时，根据掌子面的地质情况，对液压推进油缸进行分区操作。液压推进油缸的分区，采用如下方案：采用一台电液比例调速泵，向所有的推进油缸供油。将全部推进油缸分为 A、B、C、D 四个区域，每个区域的油缸编为一组，每组油缸设有一个电磁比例减压阀，用来调节该组推进油缸的工作压力，借此控制或纠正盾构机的前进方向。在每组推进油缸中，有一个油缸装有位移传感器，用于标示该区域的行程，从而显

示整个盾构机的推进状态。

（2）曲线段施工

在曲线地段（包括平面曲线和竖向曲线）施工时，对推进油缸实行分区操作，使盾构机按预期的方向进行调向运动。

4.纠偏注意事项

①在切换刀盘转动方向时，保留适当时间间隔，切换速度不宜过快。

②在出现偏差后及时根据掌子面地层情况调整掘进参数和掘进方向，避免引起更大的偏差。

③蛇行的修正以长距离缓慢修正为原则，如修正过急，则蛇行反而会更加严重。在直线推进的情况下，选取盾构机当时所在位置点与设计线上远方的一点作一直线，然后以这条线为新的基准进行线形管理。在曲线推进的情况下，使盾构机当时所在位置点与远方点的连线同设计曲线相切。

④在盾构机掘进纠偏时，平面调差折角应小于 0.4%，高程调差应小于等于 20 mm，以防止纠偏过激。

三、管片拼装

管片拼装按照设计图纸要求进行。一般隧道衬砌由 6 块预制钢筋混凝土管片拼装而成，封顶块和邻接块搭接 1/3。在安装封顶块时，需要保证两块邻接块间有足够的插入空间。

管片采用错缝拼装，工艺特点为"先下后上、先纵后环、左右交叉、纵向插入、封顶成环"。其步骤如下：

①管片选型以满足隧道线形为前提，重点考虑管片安装后盾尾间隙满足下一掘进循环限值，确保有足够的盾尾间隙，以防盾尾直接接触管片。在一般情况下，管片选型与安装位置是由推进指令先行决定的，目的是使推进油缸行程差较小。

②每环掘进的后期，清除前一环环面和盾尾的杂物；在一环掘进结束后，将操作盘上的掘进模式转换为管片安装模式；在盾构推进后，现状姿态符合拼装要求。

③管片安装必须从隧道底部开始，然后依次安装相邻块，最后安装封顶块。

④在安装封顶块前，应对止水条进行润滑处理；在安装时，先径向插入，在调整位置后缓慢纵向顶推。

⑤当管片块安装到位后，应及时伸出相应位置的推进油缸顶紧管片，其顶推力应大于稳定管片所需力，然后方可移开管片安装机。

⑥在管片环脱离盾尾后，要对管片连接螺栓进行二次紧固。

⑦在安装管片时，非管片安装人员不得进入管片安装区。

⑧在切换刀盘转动方向时，保留适当的时间间隔，对切换速度进行控制，切换速度过快可能造成管片受力状态突变，导致管片损坏。

四、管片背后注浆

盾构机的刀盘开挖直径为 6 280 mm，管片外径为 6 000 mm。当管片在盾尾处安装完成后，盾构机向前推进，管片与土层之间形成 14 cm 的建筑间隙，应及时采用浆液材料填充此环形间隙，这有利于防止和减少地层变形，提高结构的稳定性。

（一）同步注浆材料及配合比

一般采用水泥砂浆（可硬性浆液）作为同步注浆材料，其具有凝结时间较短、强度高、耐久性好和抗腐蚀性好等特点。

在对浆液配合比进行不同的试调配及性能测定比较后，优化出满足不同条件下使用要求的配方，在书面报监理工程师审定后正式投入使用。同时，应在试掘进施工过程中对浆液配合比进行相应的优化。

具有良好配合比的注浆材料，其物理力学指标如下：

胶凝时间：一般为 3~10 h。根据地层条件和掘进速度，通过加入速凝剂及变更配合比来调整胶凝时间。对于强透水地层和过建筑物、小曲线等地段，可通过现场试验进一步调整配合比和加入早强剂或减水剂，缩短胶凝时间，获得早期强度，保证良好的注浆效果。

固结体强度：1 d 强度不小于 0.2 MPa，28 d 强度不小于 2.5 MPa。

固结收缩率：<5%。

浆液稠度：9~13 cm。

浆液稳定性：离析率<5%。

（二）同步注浆设备

在盾构机推进时，通过安装在盾尾内的内置式注浆管向管片与地层间的环形建筑空间注入足量的填充浆液。每根管上有高压压力表和阀门，该管通过软管与盾构机 1 号拖车上配置的注浆泵相连。注浆泵可手动控制，也可自动控制。

应配备液压注浆泵 2 台，8 个盾尾注入管口（其中 4 个备用）及其配套管路。

（三）同步注浆施工工艺

同步注浆通过同步注浆系统及盾尾内置的 4 根注浆管，在盾构向前推进、盾尾空隙形成的同时进行。浆液在盾尾空隙形成的瞬间及时起到充填作用，从而使周围土体获得及时的支撑，可有效地防止土体坍陷，控制地表沉降。

同步注浆材料大多为水泥砂浆，由水泥、砂、粉煤灰、膨润土、水和外加剂等组成。注浆可根据需要采用自动控制或手动控制方式。自动控制方式即预先设定注浆压力，由控制程序自动调整注浆速度，当注浆压力达到设定值时，自行停止注浆。手动控制方式则由人工根据掘进情况随时调整注浆流量,以防注浆速度过快,影响注浆效果。一般不从预留注浆孔注浆,以降低管片渗漏水的可能。

1.注浆量确定

注浆量是以盾尾建筑空隙量为基础并结合地层、线路及掘进方式等确定的,应考虑适当的饱满系数,以保证达到充填密实的目的。根据施工实际,这里的饱满系数包括由注浆压力产生的压密系数、取决于地质情况的土质系数、施工消耗系数和由掘进方式产生的超挖系数等,一般主要考虑压密系数和超挖系数。以上饱满系数在考虑时须累计。

注浆量经验计算公式为

$$Q=q\lambda$$
$$q=\pi(b^2-d^2)L/4 \quad (4-1)$$
$$\lambda=a_1+a_2+a_3+a_4+1$$

式中,q 为充填体积,m^3;b 为盾构切削外径,m;d 为预制管片外径,m;L 为回填注浆段长,即预制管片每环长度,m;λ 为注浆率,一般为 130%~180%;a_1 为压密系数,取值范围为 0.3~0.5;a_2 为土质系数,取值范围为 0.05~0.15;a_3 为施工消耗系数,取值范围为 0.1~0.2;a_4 为超挖系数,取值范围为 0.1~0.2;Q 为盾构施工引起管片背面的空隙,m^3。

在全风化带、残积土中,注浆率取 120%~150%;在强风化带、中风化带、微风化带中,注浆率取 180%~215%。

2.注浆压力确定

注浆压力主要取决于地层阻力,但与浆液特性、土仓压力、设备性能、管片强度也有关系。

注浆压力通常为 0.1~0.3 MPa,一般理论计算与实际情况是有出入的,必须结合现场实际情况和地面沉降监测分析数据来确定。在全风化及以下的地层中,注浆压力一般为 0.15~0.30 MPa;在中风化以上的岩层中,注浆压力取决于围岩条件和裂隙水压力，一般为 0.10～0.15 MPa。考虑到管片的抗剪切能力，注浆压力一般不大于 1 MPa；当注浆压力为 4 MPa 左右时，混凝土管片封顶块的螺栓会被剪断。

3.注浆控制

注浆过程有注浆压力、注浆量两个控制标准。在一般情况下，以注浆压力控制为主；如果地层自稳性好，地下水压小，则以注浆量控制为主。

全风化地层的理论注浆量为 6.0～7.0 m³/环。以海瑞克盾构机为例，其注浆泵为活塞式注浆泵，每冲程的理论注浆量为 12 L，但由于活塞泵前面的储浆囊中经常有凝结的水泥块，根据经验，每冲程的注浆在 10～11 L，在施工时一般按 10 L 考虑，6 m³ 浆液冲程数量就是 600 个。

4.注浆速度确定

注浆速度应与掘进速度相匹配，所以注浆泵的性能要满足注浆速度的需求。注浆速度计算公式为

$$Q_v = Q \times v \times t / L_0 \tag{4-2}$$

式中，Q_v 为在时间 t 范围内的理论注浆量，m³；Q 为每环管片的理论注浆量，m³；v 为掘进速度，mm/min；t 为掘进有效时间，min；L_0 为管片宽度减去 150 mm。

若掘进速度稳定，则 Q_v 与 t 呈线性关系。同步注浆速度和推进速度应匹配，即在盾构机推进的同时进行足量注浆。

5.注浆结束标准

采用注浆压力和注浆量双指标控制。

（四）二次注浆

同步注浆填充量不足、地面变形过大、经过建筑物等地段须进行二次注浆。二次注浆通过吊装孔进行，可选用水泥-水玻璃双液浆或水泥砂浆，在管片出台架后进行，注浆压力为 0.3～1.0 MPa。

在注浆前，应在起吊孔内装入单向逆止阀并凿穿外侧保护层。在一台砂浆泵的输浆管上装一个分支接口，通过该接口即可实施管片注浆。二次注浆一般采用手动控制。

五、后配套运输

一台盾构机，如要达到较快的施工进度，就必须配置强大的后配套运输系统；如要取得较高的施工效益，就必须配置良好的后配套运输系统。

目前，国内盾构法施工的后配套运输系统基本上均采用有轨运输方式，运输系统的主要参数与隧道长度、隧道坡度、工程进度要求、盾构机型号及参数有关。

有轨运输的优点是适用性强，能把各种类型的盾构机切削出来的渣土（从泥浆到砂砾和卵石等）运出，把管片、背后注浆材料运进，能适应各种区间隧道长度，采用的工业技术及产品也极为成熟、可靠。

（一）运输系统设备组成

运输系统设备包括提升门吊、门吊上的翻转倒渣装置（或固定在地面上的翻转倒渣装置）、门吊轨线、地面渣仓等，组成垂直提升的运渣倒渣系统、管片及材料垂直下放系统，由牵引机车、渣土运输车、砂浆运输车、管片运输车组成水平运输系统的编组列车。

当管片运输车在前方，列车进入盾构机后配套系统时，管片运输车刚好位于管片吊机下方。管片运输车前面不能有其他车辆，否则会妨碍管片的吊卸。管片运输车的后面紧跟砂浆运输车，当进入盾构机后配套系统时，恰好位于盾构机同步注浆罐附近。牵引机车在最后，在进入时推着列车，在驶出时拉着列车。

当采用列车运输方案时，每列车编组必须包含 2 辆管片运输车、1 辆砂浆运输车、3 辆渣土运输车和 1 辆牵引机车。2 辆管片运输车装载 1 环管片，1 辆砂浆运输车装载循环注浆料。由钢轨和轨枕组成隧道运输轨线，可以是单线制、四轨三线制或复合式轨线制。

（二）运输循环过程

当编组列车驶入隧道时，管片运输车、砂浆运输车为重车，将管片、砂浆以及其他材料运进，渣土运输车为空车。当驶出隧道时，管片运输车、砂浆运输车为轻车，渣土运输车为重车，将渣土水平运出，提升门吊系统则完成渣土的垂直运输。

门吊把渣土运输车的车厢吊离其底盘，当到规定的高度后，车厢随门吊小车横移到渣仓纵向位置，再随门吊大车移动到渣仓横向位置，利用设置在门吊上的翻转机构，随着吊钩下落，车厢及渣土利用重心与转轴的不平衡来翻转卸渣。从车厢被吊离底盘到车厢被吊回底盘，卸渣过程需 8～12 min。受起升下降速度及起重安全规程所限，不同容量的车厢在这一过程中需要的时间基本相同。

（三）选择运输系统的能力时需要考虑的因素

后配套运输系统的能力首先要满足工程施工进度要求。由于后配套运输系统往往随盾构机继续在以后的工程施工中使用，因此后配套运输系统的能力要兼顾以后工程施工进度的需要。同时，后配套运输系统的能力必须比盾构机的能力略大，以补偿工序衔接脱节时带来的时间损失，保证预定的施工进度。

在选择后配套运输系统的能力时需要考虑配置成本。后配套运输系统设备的技术等级会影响配置成本，低技术等级一般会导致系统的可靠性降低，由此在施工中带来的损失往往比节省的配置成本大得多，因此应考虑系统设备的技术等级。

后配套运输系统的能力与设备的规格、数量有关。同一种配置能力，设备规格大的数量少，规格小的数量多。要综合考虑设备的规格，使之具有普遍的适用性。假设本工程预定的施工进度要求不高，那么配置适当规格和数量的设备，待下一工程施工进度要求高或低时，则只增减设备的数量而不需要改变设备的规格，可使本公司的设备标准化，有利于公司长期的技术管理和成本控制。

（四）轨线制选择

轨道运输有四轨三线制、单线制和复合式轨线制3种方式可供选择。

1.四轨三线制

由于空间有限，轨道一般采用762 mm轨距，左右线分别为重车和轻车运输线。在盾构机后配套后部设一双开道岔浮放轨，可由盾构机拖行，也可由机车拖移。通过浮放轨，列车可通过由两根内轨组成的中线进入盾构机内部。

四轨三线制的优点如下：
①对编组列车的容量没有特别的要求，可组织两列以上编组列车施工运输。
②由于左右两线的运输互不干涉，运输是连续的，与区间隧道的长度无关。
③列车调度有较大的灵活性，易于应对突发性故障和事件。
④工序适应性较强，当工序临时变动或脱节时，便于进行列车临时调度。
⑤运输列车可长可短，可配合各种长度的盾构机输送带。

四轨三线制的缺点如下：轨枕要求的长度长、强度大，轨道需要量很大。

2.单线制

单线制轨线不设会车，其轨距可达900 mm或以上，列车直接进入盾构机后配套。

单线制的优点如下：
①由于车宽仅受盾构机后配套内净空限制，在后配套内净空允许的情况

下，列车车辆的车宽较宽，单辆或单列车运量较大。

②轨道需要量少。

③轨面高程低，有利于盾构机后配套设备布置。

单线制的缺点如下：对列车的容量有特别的要求，不利于应对突发故障和事件，工序的适应性差，在工序脱节时难以临时调度弥补。

当一列列车的容量等于盾构机一环掘进的渣量时，列车循环一次的时间（驶进、驶出、装渣、卸渣时间总和）不能大于盾构机两个循环的时间，否则将会使盾构机在一个掘进循环中停机等待一次。也就是说，在每台盾构机配两列列车、每列列车的容量等于一环掘进的渣量的情况下，单线制轨线只适于区间长度为 2 000 m 以下的隧道的出渣运输（设机车平均速度为 8 km/h）。

当每列列车的容量小于盾构机一环掘进的渣量，盾构机一环掘进的渣量由两列列车运出时，列车重车驶出及轻车驶入的时间总和，即盾构机一环掘进中停机等待的时间。例如，设列车平均行驶速度为 8 km/h，当运距为 1 000 m 时，盾构机一环掘进中停机等待的时间为 15 min。因此，单线制轨线只适用于短区间隧道施工。

3.复合式轨线制

将四轨三线制和单线制两者结合，即形成复合式轨线制。

当盾构区间特别长（3 000 m 以上）时，主运输轨线仍为单线制轨线，在后配套后部和隧道的特定点设双线会车点。根据运输系统诸参数计算确定会车点间隔距离，既能够节省钢轨和轨枕材料，又能够满足特长盾构区间施工运输需要。复合式轨线制对行车调度系统和施工工序的要求严格，行车调度可借助于铁路的自动闭塞系统来管理，中央调度室控制各会车点的红绿灯放行列车。

(五) 运输参数的选择

1. 渣土运输车容量选择

在影响后配套运输系统能力的所有因素中,起主导作用的是门吊的提升速度,一般为 20～30 m/min。地铁隧道高程与地面高程差一般为 15～30 m,每台门吊每天的极限提升循环车数约为 120 车。因此,渣土运输车容量成为制约垂直运输能力的重要因素,渣土运输车容量越大则垂直运输能力越大。

2. 编组列车数量选择

在确定渣土运输车容量后,可以通过计算确定一个掘进循环需要的列车编组数量。就成本来说,一个掘进循环的渣土由一列车运出还是由两列车运出差别不大,一辆大机车的价格和两辆小机车的价格也差不多。

3. 列车运行持续速度选择

从满足施工进度要求方面考虑,机车持续速度越快越好;而从降低机车价格方面考虑,机车持续速度越慢越好。实际上,决定机车持续速度的因素是轨道铺设标准。由于地铁隧道施工运输轨线都是临时性的,轨道铺设标准较低,即使机车具备较高的持续速度能力,也难以发挥。根据经验,地铁隧道施工运输轨线允许的行驶速度一般在 20 km/h 以下,故地铁隧道施工的机车持续速度一般为 8 km/h,最高速度为 16 km/h。根据这一速度,可计算列车的容量等级和所需的列车数。

4. 运输系统的技术等级选择

后配套运输系统的技术等级很多。以机车为例,有内燃机车和蓄电池机车两种,而蓄电池机车又有直交变频机车和直流机车之分,应采用具有较高技术等级的设备以提高运输系统的可靠性。

5. 渣土的松方系数和容重

地质条件不同,其松方系数差别较大。例如,广州地铁越三区间隧道实测的松方系数达 1.8,而南京地铁 1 号线玄武门—南京站区间隧道实测的松方系数只有 1.1。后配套运输系统要适应多个盾构区间掘进,故松方系数一般按照

1.5 计算。因盾构掘进松方含有大量的水，其容重较山岭隧道开挖松方的容重略大。不管松方系数如何，实际容重多为 1.8～2.0 t/m³。

（六）渣土改良与盾尾密封

1.渣土改良
（1）渣土改良的目的

当盾构机在泥岩或粉质黏土地层中施工时，渣土改良是保证盾构施工安全、顺利、快速的一项不可缺少的重要技术手段。其目的如下：

①使渣土具有良好的土压平衡效果，利于稳定开挖面，控制地表沉降。

②提高渣土的不透水性，使渣土具有较好的止水性，从而控制地下水流失。

③提高渣土的流动性，利于螺旋输送机排土。

④防止开挖的渣土黏结刀盘而产生泥饼。

⑤防止螺旋输送机排土时出现喷涌现象。

⑥减小刀盘扭矩和螺旋输送机的扭矩，同时减少对刀具和螺旋输送机的磨损，从而提高盾构机的掘进效率。

（2）渣土改良的方法

渣土改良就是通过盾构机的专用装置向刀盘面、土仓或螺旋输送机内注入添加剂，利用刀盘的旋转搅拌、土仓搅拌装置搅拌或螺旋输送机旋转搅拌，使添加剂与渣土混合。添加剂主要有泡沫剂、膨润土以及聚合物。

（3）改良剂的确定及配合比、掺量

根据地铁工程以往成功的施工经验，正常推进阶段改良剂采用泡沫剂＋水，局部富水层采用膨润土，有明显效果，能显著降低刀盘、螺旋输送机的油压及盾构推力，减小刀盘扭矩，降低泥岩地层对盾构设备的磨损程度，提高掘进速度，延长设备的使用寿命。

正常推进阶段，泡沫剂添加率一般为20%～35%。泡沫剂组成为90%～95%的压缩空气和5%～10%的泡沫溶液。泡沫溶液的组成为泡沫添加剂2%～3%、水 90%～98%。所用泡沫剂黏度一般不低于 0.1 Pa·s。膨润土泥浆配合比为水∶膨润土∶外加剂＝10∶1∶0.2，膨润土为优质的钠基膨润土，外加剂为碱、CMC 及超硫化剂 DAV 等，泥浆坍落度控制在 20 cm 以内。

(4) 泡沫的作用机理

①通过注入泡沫，在刀盘前方形成一层膜，建立起泥土压力，为土体结构提供水平推力，利于形成拱结构。

②泡沫增加了开挖面土体的强度和刚度，增强了开挖面土体的竖向抵抗力，对开挖面土体起到了支护作用，降低了开挖面土体失稳的可能性。

③利用泡沫优良的润滑性能，改善土体粒状构造，同时吸附在颗粒之间的气泡可以减少土体颗粒与刀盘系统的直接摩擦，降低土体的渗透性，又因其比重小，搅拌负荷轻，容易将土体搅拌均匀，从而做到既能平衡开挖面土压，又能连续向外顺畅排土。泡沫还具有可压缩性，对土压的稳定也有积极作用。

(5) 渣土改良的主要技术措施

渣土和易性是判定渣土改良成效的最重要标准。正常的和易性，是土水不分离，且流动性较好，渣土稠度在 12～20 s。如渣土和易性差，稠度过大，则会在很大程度上影响盾构推进效率。

①在微风化地层，设置合适的泡沫参数，在刀盘前注入适量泡沫，在土仓偏上位置同步注入适量的水，在螺旋输送机内形成土塞效应，防止喷涌。

②在复合地层或岩石地层，应调整泡沫参数，减少空气量，增加泡沫量和水量，适当降低土仓压力，避免土仓内结泥饼，减少磨耗。

③在地下水发育地段，可在土仓下部靠近螺旋输送机部位注入空气，将土仓内和前方的土体孔隙水疏干，从而防止喷涌。

④通过回转单元增加一条注入管道，在靠近土仓的中间区域进行高压水注射，可以预防土仓旋转主臂内结饼。

2. 盾尾密封

在始发前，每一块密封刷必须焊接牢固，并保证密封刷无损坏。在施工过程中，可在各道密封刷之间利用自动供给油脂系统压注高止水性油蜡，确保高水压作用下的止水可靠性。在盾构掘进过程中，根据油脂压力及时进行补充；当发现盾尾有少量漏浆时，采用手动方式对漏浆部位及时补压盾尾油脂。

六、盾构调头、过站和空推

（一）盾构调头

在盾构机进入车站前，应先安装好盾构机接收架。在安装接收架时，应先按照盾构机进入车站时的高程确定接收架的高度并进行固定，待接收盾构机后，再把盾构机连同接收架的高程降下来，以保证盾构机在转向时与车站结构中板纵向梁不发生干涉。

1. 盾构调头步骤

①及时清理盾构主机进站带来的渣土。

②将盾构机向前推进至接收架上，将主机与设备桥脱离，拆除主机与设备桥间的连接管线，设备桥前端利用自制门架支撑，同时拆除皮带输送机。

③将接收架和主机盾壳通过焊接连为一体，并在盾壳两侧焊接4个支撑座，然后拆除接收架固定支撑，并利用4个150 t的液压千斤顶将主机连同接收架顶升起来，拆除接收架底部的垫层。

④将主机连同接收架回落至底板的滚珠上，利用20 t手拉葫芦将接收架连同盾构主机拖至端头井中部并调头，在调头后平移至右线，然后进行初步定位，采用4个150 t的液压千斤顶将主机连同接收架顶升起来，在下部垫入垫层并固定牢固，将主机与接收架分离。

2. 设备桥调头步骤

①用枕木搭建临时轨线基础，设备桥后部利用自制门架支撑，设备桥与一号拖车断开，在设备桥支架下部铺设50 mm圆钢。

②用手拉葫芦和油缸将门架及设备桥一起推入车站内部,并在车站立柱之间进行调头,进入车站的另一条线。

③将设备桥前端与盾构机对接,后部安装设备桥和皮带输送机的共同支撑架,并在设备桥上安装临时皮带输送机。

④利用延长管线将设备桥和后配套拖车连接起来。

⑤安装反力架、钢环和负环管片。

⑥盾构机调试、始发、掘进中的渣土及材料的运输通过左右线的临时轨线完成。在掘进 60 m 后,可进行后配套的跟进。

3.后配套拖车调头转向

在端头井内进行后配套拖车的平移调头,当掘进 60 m 后,在非掘进状态下拆除反力架、始发架。用拉杆将 0~15 环管片连接成整体,可以有效防止管片后退、松弛。拆除设备桥与第一节后配套拖车间的延长管线,利用盾构机接收架将后配套一号拖车移至端头井中间进行调头并平移至右线,利用电瓶车将后配套拖车拖至洞内与设备桥连接成整体,在连接后配套拖车,重新连接水、电、油等管路,使盾构机形成正常的掘进状态,对皮带输送机进行硫化安装,对主机和后配套所有机构进行调试,并进行掘进。

(二)盾构过站

1.盾构过站技术措施

①在盾构过站前,制定详细的组装方案与计划,同时组织有经验的经过技术培训的人员组成作业班组。

②在到达前,对基座进行加固和精确定位,确保盾构过站时托架的刚度。

③在到达前,将站台板预埋插筋和其他影响盾构过站的预埋件砸平,保证底板的平整。

④在底板铺设钢板,并涂抹黄油,减少盾构滑动的摩擦力。

⑤在底板铺钢板前,做一个找平层,减少滑动附加力。

⑥定时校正千斤顶油缸的行程，使千斤顶行程同步。

2.过站准备

（1）过站小车的准备

过站小车由始发托架改造而成。具体要求为：在始发托架底焊接一块厚度为 30 mm 的钢板（宽 500 mm），焊缝间距为 150 mm，每一处焊缝长度为 150 mm。始发托架每一侧必须双面焊接，端头两侧加焊推进油缸延长臂，四面用挡块和钢支撑固定（小车定好位后），防止在将盾构机推上始发托架时发生移动。

（2）车站底板的准备

准备工作主要包括场地平整、在场地上铺设钢板、为过站小车提供平整且强度足够的滚动面。为便于钢板的移动，应在车站一端安设一台卷扬机，在盾构机到站之前进行车站内卷扬机的安装固定工作。

（3）盾构机固定

将盾构机与始发托架焊接成一个整体。

（4）盾构机平移和推进准备

为保证盾构机平移，在始发托架下部铺上钢板，并在钢板上涂抹黄油。为保证盾构机的顺利推进，在场地铺设的钢板上安装推进反力座，同时准备两个推进油缸。为了便于盾构机的推进及过程中的调向，在过站小车与底板钢板间放置滚轴。

（5）盾构主机与后配套分离

在盾构机到达前做好电缆线与油管的标识。将主机与后配套之间的各种管线拆开，同时用支撑架把连接桥支撑起来，最后把连接桥与主机连接的顶升油缸拆除，完成主机与后配套的分离。

3.盾构主机过站

（1）盾构机平移

盾构机的平移根据施工需要进行。首先，把固定始发托架上的挡块和钢支撑拆除，保证始发台四周没有障碍物。在始发台的右侧平移钢板上焊上反力座（250 mm×100 mm×40 mm），把两个油缸放置在反力座与始发台之间，开始水平推移盾构机。

（2）钢板及滚轴放置

先把 4 个顶升液压千斤顶安装到盾构机两侧的支撑座上，并把液压千斤顶的油管接好。开动液压泵站，伸出顶升油缸，顶起盾构机。在盾构机抬起后，先把始发台下部的平移钢板用卷扬机拖出，然后用卷扬机在过站小车底放置推进钢板，在铺好钢板后，在钢板与过站小车之间放入滚轴，之后收回顶升油缸，使盾构机和过站小车落在滚轴上。

（3）盾构主机推进

先把盾构机后侧面的两个液压千斤顶的油管拆除，再将油缸放置到位。打开液压泵站，依次开启两边的推进油缸，使油缸撑靴顶紧过站小车上的推进挡板，然后同时开动两边的推进油缸，推动盾构机前进。当盾构机往前行走 300 mm 后，把推进油缸收回，前移到下一个反力座，继续进行下一循环的推进。在盾构机前进过程中，操作人员要及时把后面的滚轴拿到盾构机的前部，摆放在钢板上。

（4）地面钢板前移

在盾构机前移约 8 m 后，需要将过站小车底钢板前移。具体方法是：首先开动千斤顶把过站小车连同盾构机顶起至完全离开滚轴，然后用卷扬机把钢板前拖，直到钢板的尾部和过站小车的尾部基本在同一位置。在拖动钢板到位后，调整钢板的横向位置及滚轴的摆放位置，然后收起千斤顶，使盾构机连同过站小车落到滚轴上，开始下一循环的前移。依此循环，直至盾构主机推进到位即完成盾构主机过站。

4.后配套过站

（1）后配套过站轨道

根据区间隧道与车站位置关系，在接收井内用枕木（250 mm×300 mm）

173

做临时轨枕，将轨线延伸至站台，站台内轨枕用15号工字钢制成。

（2）后配套设备过站

在后配套设备的轨道铺设完成后，开始后配套设备的过站工作。将后配套连接桥的前端支撑在一管片运送车上，直接利用电瓶机车牵引整个后配套系统向前移动。

（三）盾构空推

1.盾构空推概述

盾构空推是先采用矿山法开挖隧道并完成初支，再利用盾构拼装管片空推通过的一种施工方法。空推的同时由盾构机拼装管片以形成矿山法隧道的二衬。二衬和初支之间的孔隙采用粒径小于10 mm的细石土填充，然后注浆填充空隙，最终由注浆体和管片共同构成矿山法隧道的二衬。

矿山法隧道内净空尺寸为 ϕ600 mm，在盾构机外径6 280 mm的基础上考虑160 mm的盾构工作空间；采用C25、S6喷射混凝土＋锚杆支护，在矿山法隧道底部60°范围内设有半径3 125 mm、厚175 mm的混凝土导向平台，用于引导盾构机按正确的线路方向掘进。

2.混凝土导台施工

在盾构空推过矿山法隧道前，必须先完成导台施工且导台应达到要求。导台采用厚度为175 mm的C30钢筋混凝土结构，其断面弧长与隧道中心夹角为60°，外径为3 300 mm，内径为3 125 mm。为了防止在盾构机步上导台时混凝土开裂，应在导台两侧预埋36 mm×4 mm角铁，利用弧形导台支撑盾体并导引盾构机姿态。

导台起点从洞门处开始，一直到隧道端墙前方。导台与端墙之间预留1 m长的缺口，以使盾构机刀盘在缺口处顺利旋转并切入端墙。导台施工应确保其高度、弧度、轴线等参数的精度。

3.盾构机进入混凝土导台

准备好洞内、洞外的联络工具和洞内的照明设备；确保导台混凝土强度达到设计要求；由于盾构机刀盘外径比盾体外径大，在盾构机从始发托架上进入导台前，卸掉刀盘与导台面接触的边缘刀具，避免盾构机在导台上前进时刀具将导台混凝土刮起，破坏导台。

在刀盘到达端墙前预留缺口时，重新安装所卸的刀具。在卸除刀具后，进行负环施工，使盾构机盾体进入混凝土导台。在负环施工阶段，盾构机左右千斤顶长度应相同，盾构姿态要符合平面直线线形的要求。在推进时，推进速度不能过快，控制在 10~15 mm/min 范围内，每推进一环，必须进行盾构轴线的跟踪测量，以便使盾构机以良好姿态进入导台。

4.盾构掘进

由于盾构机在导台上的前进阻力很小，并且导台已经确定了盾构机的前进方向，为了确保盾构机沿导台轴线前进而不偏离导台，并在导台上保持正确的姿态，在盾构掘进时，交叉使用竖直位置和水平位置两组推进油缸向前掘进。在具体操作时，先使用水平两组油缸掘进 30 cm，停止推进并收缩油缸，再使用垂直两组油缸掘进 30 cm，停止推进并收缩油缸，不停地交叉使用。在掘进过程中要密切注意盾构机刀盘周边与初衬、成环管片与盾尾间的间隙，使其始终处于良好状态。

盾构管片间橡胶止水条挤密所需压力约为 65 t，根据以往地铁盾构空推的经验，在刀盘前方没有任何阻力的情况下，盾构机总推力可达 200 t，四组油缸压力均超过 65 t，盾构机自身质量与导台间的摩擦阻力可以满足管片拼装的质量要求。

在具体施工过程中，先试推 20 环，如拼装管片漏水严重，则说明管片间橡胶止水条未压实紧密，需要立即采取措施。具体办法是，利用型钢支撑与矿山法隧道初支在刀盘前方提供反力，保证管片拼装质量。

5.管片拼装

空推拼装管片与正常盾构法施工基本相同，由于是在无正面土压力的状态下掘进，为保证管片止水带的压密防水效果，必须保证连接螺栓的紧固力。管片背后采用豆砾石回填，豆砾石粒径一般为 5～10 mm，并要求有良好的级配。填充的顺序是先下部后上部，首先填充导台，然后填充左右两侧，最后填充隧道上部。

豆砾石的喷射分两次进行：一次是在盾构掘进过程中，通过混凝土喷射机从刀盘外向后喷射，喷射压力控制在 0.2～0.3 MPa；另一次是在管片脱出盾尾后，通过注浆孔向管片背后喷射，进一步填充管片背后的间隙。在喷射过程中，应采取有效措施防止管片背后的豆砾石前窜。一定要将喷射压力控制为 0.25～0.3 MPa，喷射管径为 50 mm。当回填数量基本达到理论数量后，通过管片与围岩之间的空隙观察，直到注浆孔内充满豆砾石。

6.注浆回填

①在管片脱出盾尾后，首先以底部管片吊装孔作为注浆孔压注水泥＋水玻璃双液浆，以防管片下沉产生错台。随着盾构掘进，在支撑提供反力安装管片后，从其他吊装孔同步注双液浆，将管片固定。

②利用盾构机自身的注浆机同步注入水泥浆，注浆压力为 0.1～0.2 MPa，使衬砌管片与地层间紧密接触，以提高支护效果。

③由于管片背填注浆时盾构机前方是敞开的，管片注浆效果可能不理想，须对管片进行补充注浆。每推进 4～5 环通过隧道上部的管片注浆孔进行洞内二次注浆，浆液类型为水泥浆，注浆压力控制在 0.3～0.4 MPa。在盾构机通过后，根据洞内渗漏水情况，通过管片注浆孔再次进行洞内注浆，浆液采用 1∶1 水泥＋水玻璃双液浆，注浆压力控制在 0.2～0.3 MPa。

当盾构机通过矿山法隧道施工区段后，对管片的姿态、渗水、碎裂、错台情况进行检查，管片垂直偏差、水平偏差均控制在±50 mm 以内。

7.空推与负载段施工的转换

在盾构机刀盘靠近端墙时,检查并清理刀盘与端墙之间的杂物,为刀盘切入端墙做准备。由于盾体与隧道初期衬砌之间有一定的空隙,盾体四周没有土体包裹,盾体旋转仅受导台的阻力,而导台阻力很小,刀盘切削端墙时很困难,因此需要保持刀盘低速旋转,并不停地改变刀盘转动方向,让其慢慢地切入端墙,防止盾体本身旋转角度过大。

当盾体全部进入土体后,因盾体被四周土体完全包裹,土体对盾体旋转产生较大的摩擦阻力,盾体转角明显减小,盾构机即处于正常掘进状态。

在盾体全部进入土体后,转动刀盘,减小推进速度或停止推进,加大所有推进油缸的油压,增加盾构机总推力,使其达到 2 000 t 及以上,压紧矿山法隧道内已拼装的管片。保持这个总推力,再一次紧固所有的管片螺栓。在压紧过程中,要注重观察每环管片的受压情况,防止因盾构机总推力过大而将管片压损、压裂。

8.盾构空推难点及应对措施

(1)空推中的盾构机旋转

在空推管片拼装过程中,严禁旋转刀盘,并始终保持刀盘前面 6 m 范围内没有豆砾石堆放。

盾构机边向前推进,喷射机边向前移动,每隔 7.5 m 在盾构机的切口四周用袋装砂围成一个围堰,围堰高度不小于 4 m,以防注入管片背后的豆砾石前窜。

(2)管片上浮及侧移

①每天跟踪测量管片姿态,及时反馈监测数据,分析管片姿态每日变化趋势,研究管片是否存在上浮,以及上浮速度和上浮量。

②为防止管片上浮,在回填和注浆期间,要严格按照前述施工方法、步骤进行回填和注浆施工。

③加强管片注浆管理,保证管片上部及圆曲线外侧的管片空隙也被浆液填

充密实。如果出现管片上浮，则可在管片上浮或侧移处，通过打穿吊装孔，打入注浆管，进行二次补充注浆，并可选择使用双液浆使其凝固速度加快，迅速填充管片背后上部间隙，阻止管片上浮和侧移。

④必要时在管片脱出盾尾后，立即打穿吊装孔，安装 1.5 m 长的 ϕ32 mm 螺纹钢，螺纹钢一端紧顶在矿山法隧道初支上，另一端焊接固定在管片吊装孔上（吊装孔提前安装套丝），通过此措施可有效限制管片上浮及侧移。

下篇　施工管理篇

　　地铁工程施工管理是确保地铁工程建设顺利进行的关键环节。在这一篇中，我们将从质量管理、风险管理、安全管理三大方面深入解析地铁工程施工管理，探讨地铁工程施工管理的核心要素和实践经验，提供一套切实可行的施工管理体系，帮助读者掌握科学有效的施工管理方法，提升施工管理水平。

第五章 地铁工程质量管理

第一节 地铁工程质量管理概述

一、质量与工程质量的含义

(一)质量的含义

质量是指一组固有特性满足要求的程度。质量的含义可以通过以下4个方面来理解：

①质量不仅是指产品质量，也可以是某项活动或过程的工作质量，还可以是质量运行体系的质量。质量由一组固有特性组成，这些固有特性是指满足顾客和其他相关方的要求的特性，并由其满足要求的程度加以表征。

②特性是区分的特征。特性可以是固有的和赋予的，也可以是定性的或定量的。质量特性是固有的特性，并通过产品、过程或体系设计和开发及其后实现过程实现的属性。

③满足要求就是满足明示的（如合同、规范、标准等明确规定的）、通常隐含的（如组织的惯例、一般习惯）或必须履行的（如法律、法规、行业规则）需要和期望。

④顾客和其他相关方对产品、过程或体系的质量要求是动态的、发展的和相对的。质量要求随时间、地点、环境的变化而变化。

（二）工程质量的含义

工程质量是指工程满足业主要求的，符合国家法律、法规、技术规范标准、设计文件及合同规范的特性综合。

二、地铁工程项目质量的特点和影响工程质量的因素

（一）工程项目的特点

工程项目（工程产品）与工厂产品不仅在产品本身方面存在着显著的不同，在产品的设计、生产（施工）和管理方面也都有着显著的不同。工程项目的特点主要表现为项目的单一性、资源的高投入性、建设的长周期性、生产的一次性、使用的长期性、施工的流动性、管理方式的特殊性，以及具有风险性等。

（二）地铁工程项目的特点

地铁工程大都属于地下结构物，地下结构是多种多样的，构筑地下结构的施工方法和技术也是多种多样的，施工方法和技术的形成与地下结构物的特点有关。

地铁工程项目有以下特点：
①隐蔽性大，未知因素多。
②作业空间有限，工作面狭窄，施工工序干扰大。
③施工作业的循序性强，施工需要严格按照一定顺序循环作业。
④作业的综合性强，在同一工作环境下进行多工序作业。
⑤施工过程中的地质力学状态是变化的，围岩的物理力学性质也是变化的，因此施工是动态的。
⑥作业环境恶劣，如施工噪声大，粉尘、烟雾多，潮湿，光线暗，地质条件差等。

⑦作业风险性大。

（三）地铁工程项目质量的特点

地铁工程项目质量的特点是由地铁工程项目本身的特点决定的。地铁工程项目质量的特点包括以下几点：

①地铁工程项目质量形成过程复杂。地铁工程项目质量包括决策质量、设计质量、施工质量（包括安装质量、设备质量、材料质量）和其他质量等，这些方面的质量均对其总体质量形成具有重要影响。

②影响因素多。地铁工程项目决策、设计、材料、机械、环境、施工工艺、管理制度以及参建人员素质等均直接或间接地影响地铁工程项目质量。

③质量波动大。地铁工程项目的技术经济特点，使其生产过程不能像工厂化生产那样容易管理，生产活动受到各种不利因素的影响，项目质量水平容易产生波动。

④项目质量评定难度大。在地铁工程项目建成以后，不可以拆开检查内在质量。如果在地铁工程项目完工以后检查，只看其外表，则很难正确判断其质量好坏。因此，项目质量评定和检查必须贯穿于工程建设的全过程，否则就容易出现质量隐患。

⑤地铁工程项目周期长。地铁工程项目质量不是在旦夕之间形成的。地铁工程项目建设各阶段紧密衔接、互相制约，均对项目质量的形成具有十分重要的影响。

（四）影响地铁工程质量的因素

1.人的管理

地铁施工中主要通过对施工单位进行资质审查实现对人的管理。在进场作业前，总、分包单位的营业执照、资质证书、企业业绩须经监理单位、建设单位审查认定，之后总、分包单位方可施工。同时，施工单位要明确质量组织管理体系。专职管理人员及特殊工程人员均应持有关部门颁发的资格证书上岗；监督施工单位根据工程特点及从确保质量出发，本着扬长避短、适才适用的原则控制人员使用，技术复杂、难度大、精度高的工序或操作要由技术熟练、经验丰富的技工完成。

2.材料、构配件的质量管理

工程所用材料、构配件是形成工程实体的原料，也是工程质量形成的基本要素。保证材料、构配件按质、按量供应和使用是项目质量管理和费用管理的重点。一方面，其费用占到工程费用的50%以上；另一方面，它们是构成工程实体的要素，是工程质量的基础，加强材料和构配件质量管理是提高工程质量的重要保证。对材料、构配件的质量管理的内容主要包括质量标准、材料性能、材料取样、试样方法、材料的适用范围和施工要求。施工单位应在检验、测量的设备投入使用前检查有效性证明和标识，在确认无误后，方可使用这些设备。在施工过程中，监理工程师要按国家及市有关规定对进场的建筑材料、建筑构配件以及成品和半成品进行材料检验及复试，禁止使用不合格的材料和未经确认的材料。

3.机械设备质量管理

施工机械设备一般不直接用于工程实体，因此对工程质量不产生直接影响，但不能忽视它的间接影响。在工程方案的确定中，选用先进的、可靠的、适用的、符合技术要求的设备，对保证和提高工程质量有举足轻重的作用。特别是对具有计量功能的设备，要定期进行检查和维护，使其达到额定的性能，以满足工程质量的要求。

（1）施工机械设备质量管理

在项目施工阶段，监理工程师必须综合考虑现场条件、建筑结构形式、机械设备性能、施工工艺和方法、施工组织与管理、建筑技术经济等各种因素，参与承包单位机械化施工方案的制定和评审，主要从机械设备选型、机械设备的主要性能参数和机械设备的使用操作3个方面加以管理。

（2）生产机械设备质量管理

在项目施工阶段，监理工程师主要控制设备的检查验收、设备的安装质量和设备的试车运转。在设备进场时，监理工程师要按设备的名称、型号、规格、数量等逐一检查验收。设备安装要符合设备技术要求和质量标准，并保证设备能正常运转。

4.施工方法（或施工组织设计）管理

施工单位在图纸会审和设计交底的基础上要编制切实可行的施工组织设计方案（或分阶段编制施工方案），在自检基础上，报监理单位及建设单位审查，在确认后方可执行。监理工程师在参与制定和审核施工方案时，应结合工程实际，从技术、组织、管理、经济等方面进行全面分析、综合考虑，确保施工方案在技术上可行、经济上合理，有利于工程质量的提高。

5.环境因素的管理

针对不同地质、水文、气象条件等采取相应措施。制定冬季、夏季以及雨雪和大风天气的施工质量保证措施，对施工环境进行改善和维护。健全施工现场管理制度，使施工管理标准化和规范化。

三、地铁工程质量管理的内容及地铁工程质量责任体系

（一）地铁工程质量管理的内容

工程质量管理是指为满足工程质量要求所采取的一系列措施、方法和手段。工程质量要求主要表现为工程合同、设计文件、技术规范标准规定的质量标准。

1.实施主体的质量管理

工程质量按其实施主体不同，分为监控主体的质量管理和自控主体的质量管理。监控主体是指对他人质量能力和效果的监控者，自控主体是指直接从事

质量职能的活动者。实施主体的质量管理主要包括以下4个方面：

（1）地铁公司质量管理

地铁公司属于监控主体，主要以法律、法规为依据，通过施工图设计文件审查、施工许可、材料和设备准用、工程质量监督、工程验收备案等环节进行质量管理。

（2）勘察、设计单位质量管理

勘察、设计单位属于自控主体，以法律、法规及合同为依据，对勘察、设计的整个过程进行监控，包括工作程序、工作进度、费用及成果文件所具有的功能和使用价值，以满足地铁公司对勘察、设计的要求。

（3）施工单位质量管理

施工单位属于自控主体，以工程合同、设计图纸和技术规范为依据，对施工准备阶段、施工阶段、竣工验收交付阶段等施工全过程的工作质量和工程质量进行管理，以达到合同文件规定的质量要求。

（4）监理单位质量管理

监理单位属于监控主体，受地铁公司的委托，代表地铁公司对工程实施全过程进行质量监督和管理，包括勘察和设计阶段质量管理、施工阶段质量管理，以满足地铁公司对地铁工程质量的要求。

2. 形成过程的质量管理

形成过程的质量管理是指全过程各阶段的质量管理，主要包括：

（1）决策阶段的质量管理

这一阶段的质量管理主要是指通过项目的可行性研究，选择最佳建设方案，使项目的质量要求符合地铁工程的建设意图，并与投资目标相协调，与地铁建设的地区环境相协调。

（2）工程勘察、设计阶段的质量管理

这一阶段的质量管理主要是指勘察、设计单位要保证工程设计符合决策阶段确定的质量要求，符合有关技术规范和标准的规定，并保证设计文件图纸符合现场和施工的实际条件。

（3）工程施工阶段的质量管理

这一阶段的质量管理主要是指建立施工阶段施工现场质量管理体系，提出工程质量目标管理措施，进行质量的事前、事中、事后管理，加强事前管理和主动管理，加强工序质量管理，合理设置质量控制点，分析工程施工中主要技术难点及相应对策。

（二）地铁工程质量责任体系

在地铁工程项目的建设中，参与工程建设的各方，应根据国家颁布的《建设工程质量管理条例》以及合同、协议、有关文件的规定承担相应的责任。

1.地铁公司的质量责任

地铁公司要根据工程特点和技术要求，按有关规定选择相应资质等级的勘察、设计单位和施工单位，在合同中必须有质量条款，明确质量责任，并真实、准确、齐全地提供与地铁工程有关的原始资料。凡地铁工程项目的勘察、设计、施工、监理以及与工程建设有关的重要设备材料等的采购，均实行招标，依法确定程序和方法，择优选定中标者。不得将应由一个承包单位完成的建设项目工程分解成若干部分发包给几个承包单位；不得迫使承包方以低于成本的价格竞标；不得任意压缩合理工期；不得明示或暗示设计单位或施工单位违反建设强制性标准，降低建设工程质量。

地铁公司对其自行选择的设计、施工单位发生的质量问题承担相应的责任。

地铁公司应根据工程特点，配备相应的质量管理人员。地铁公司应与监理单位签订监理合同，明确双方的责任和义务。

地铁公司在开工前，负责办理有关施工图设计文件检查、工程施工许可证和工程质量监督手续，组织设计和施工单位认真进行设计交底；在工程施工中，应按国家现行有关工程建设法规、技术标准及合同规定，对工程质量进行检查。涉及建筑主体和承重结构变动的装修工程，地铁公司应在施工前委托原设计单位或者相应资质等级的设计单位提出设计方案，经原审查机构审批后方可施工。在工程项目竣工后，地铁公司应及时组织设计、施工、监理等有关单位进行施工验收，未经验收备案或验收备案不合格的，不得交付使用。

地铁公司按合同的约定负责采购的建筑材料、建筑构配件和设备，应符合设计文件和合同要求。若其发生质量问题，则地铁公司应承担相应的责任。

2.勘察、设计单位的质量责任

勘察、设计单位必须在其资质等级许可的范围内承揽相应的勘察、设计任务，不允许承揽超越其资质等级的许可范围以外的任务，不得将承揽工程转包或违法分包，也不得以任何形式或其他单位的名义承揽业务或允许其他单位或个人以本单位名义承揽业务。

勘察、设计单位必须按照国家现行的有关规定、工程建设的强制性技术标准和合同要求进行勘察、设计工作，并对编制的勘察、设计文件的质量负责。勘察单位提供的地质、水文等勘察成果文件必须真实、准确。设计单位提供的设计文件应当符合国家规定的设计深度要求，注明工程合理使用年限。设计文件中选用的材料、构配件和设备，应当注明规格、型号、性能等技术指标，其质量必须符合国家规定的标准。除有特殊要求的建筑材料、专用设备、工艺生产线外，不得指定生产厂、供应商。设计单位应就审查合格的施工图文件向施工单位作出详细说明，解决施工中对设计提出的问题，负责设计变更；参与工程质量事故分析，并对因设计造成的质量事故，提出相应的技术处理方案。

3.施工单位的质量责任

施工单位必须在其资质等级许可的范围内承揽相应的施工任务，不许承揽超越其资质等级的许可范围以外的任务，不得将承揽工程转包或违法分包，也不得以任何形式或其他单位的名义承揽业务或允许其他单位或个人以本单位名义承揽业务。

施工单位对所承包的地铁工程项目的施工质量负责，应当建立健全质量管理体系，落实质量责任制，确定工程项目的项目经理、技术负责人和技术管理负责人。实行总承包的工程，总承包单位应对全部工程建设质量负责。建设工程勘察、设计、施工、设备采购的一项或多项实行总承包的，总承包单位应对其承包的建设工程或采购的设备负责。

施工单位必须按照工程设计图纸和施工技术规范标准组织施工。未经设计单位同意，施工单位不得擅自修改工程设计。在施工中，施工单位必须按照工程设计要求、施工技术规范标准和合同约定，对建筑材料、构配件、设备和商品混凝土进行检验，不得偷工减料，不得使用不符合设计和强制性技术标准要求的产品，不得使用未经检验和试验或检验和试验不合格的产品。

4.监理单位的质量责任

监理单位必须在其资质等级许可的范围内承揽相应的监理任务，不允许承揽超越其资质等级的许可范围以外的任务，不得将承揽工程转包或违法分包，也不得以任何形式或其他单位的名义承揽业务或允许其他单位或个人以本单位名义承揽业务。

监理单位应依照法律、法规以及有关技术标准、设计文件和建设工程承包合同，与地铁公司签订监理合同，代表地铁公司对工程质量实施监理，并对工程质量承担监理责任。

第二节 地铁公司对地铁工程质量的管理

一、地铁公司质量管理的意义和目的

（一）地铁公司质量管理的意义

由于地铁工程质量形成的复杂性，在地铁工程的建设过程中，参与工程项目建设的各方均在进行着项目质量管理，且对工程质量目标的追求具有差异性，而地铁公司质量管理是工程质量管理的中心，实现地铁公司的工程质量要求才是最终必须达到的质量目标。地铁公司既是地铁工程质量的需求方，也是地铁工程质量的责任方，在地铁工程项目各阶段质量管理的过程中，地铁公司均处于主导地位。只有提高地铁公司质量管理的水平，才能从根本上保证地铁工程质量。

（二）地铁公司质量管理的目的

在地铁工程建设中，地铁公司在各个不同的阶段有侧重地与不同的工程项目的承包方相互作用，各阶段的行为内容和行为方式根据项目阶段的需要和承包方的不同而不同。

在工程项目前期阶段，地铁公司提出地铁工程项目的需求，委托相应的前期咨询单位对拟建地铁项目的可行性和可能性加以论证。其中包括对工程技术经济质量的分析评价。此阶段地铁公司的质量管理是为了确保咨询方项目评价的可靠性。

在工程项目勘察、设计阶段，地铁公司委托相应资质等级的勘察和设计单位，将经过可行性和可能性研究的拟建地铁用设计图纸等形式具体表现出来。此阶段地铁公司的质量管理是为了确保图纸等技术资料能满足工程质量要求。

在招标阶段，地铁公司通过招标代理机构或自己办理招标事宜，通过招标投标程序选择监理、承包商和材料设备的供应商。此阶段地铁公司的质量管理是为了选择能够实现工程质量的优秀监理、承包商和材料设备的供应商。

在项目实施阶段，地铁公司通过监理单位监督承包商和材料设备供应商的工程项目质量实现状况，使其满足地铁工程项目质量要求。

二、地铁公司对勘察、设计单位的质量管理

（一）地铁公司对勘察单位的质量管理

地铁公司应先选择设计单位，签订设计合同。设计单位根据建设项目的性质、地铁公司提出的设计条件和设计所需的技术资料，按照现行规范、规程和各部、委颁发的技术标准、技术条件，在经过深入研究后，提出包含勘察要求的工作纲要，并将其交给地铁公司。地铁公司初步审查纲要，和设计单位协调一致之后拟就勘察纲要修正稿。地铁公司对勘察单位进行资质审查，通过比选和招标确定勘察单位，同时与勘察单位签订勘察合同。勘察单位根据经审定的勘察方案（根据勘察纲要修正稿制定），结合自己的勘察设备和勘察经验，编制出勘察实施计划，并将其交给地铁公司。承担任务的设计、勘察单位经过协商达成一致，共同修改审定勘察实施计划，将其作为勘察合同附件，勘察单位负责执行实施。地铁公司要及时对勘察工作进行进度、质量和投资管理，在必要时可派人驻勘察现场，以掌握和协调各方活动。

地铁公司对勘察结果组织审查，按审查意见组织勘察单位进行完善，在合格后交付设计单位使用，正本归档备案。

地铁公司对勘察单位的审查内容如下：

①资质审查。首先，审查勘察单位上级颁发的营业许可证。要查清许可证是哪一级机关颁发的，是国务院直属各部委，还是省、市或县级颁发的。要在许可证上注明资质等级和营业业务工作范围。其次，审查工商管理局的登记证件、营业执照等。最后，还要审查注册资金和赔偿能力。

②审查待选单位的技术装备、实验基地、技术力量和流动资金。

③查证过去是否有相似工程的勘察工作经历，在建设过程中获得成功的证明。还要审查其失败记录、失败原因、损失大小、善后处理、对工程的影响等。

④审查近3年的诉讼案件。

⑤审查单位的信誉、履约能力和守约程度。

⑥审查可能组成本工程勘察的主要成员,包括资质、经历、业绩、信誉、人事关系、人际关系、著作论文、学术报告、国内外交往等。

勘察任务包括地形测量、自然条件观测、岩土工程勘察和水文地质勘察,这些一般由一个综合勘察单位一次性完成。

对勘察成果的审评程序如下:

①成立评审委员会和评审工作小组。由地铁公司组织,邀请建设主管部门和有关专业主管部门成立评审委员会和评审工作小组,由评审工作小组负责筹备、评审、修改报告、上报备案等工作。

②成立专家小组。由评委会有关主管部门代表、有关专家、教授、专业人员组成专家小组。专家小组组长负责技术评审与综合专家意见和评审意见。

(二)地铁公司对设计单位的质量管理

设计过程是指从选址、可行性研究开始,直到竣工验收、投产回访总结的全过程。所以,设计贯穿地铁工程建设的全过程,地铁公司对设计单位的质量管理也贯穿地铁工程建设的全过程。设计阶段不同,地铁公司对设计单位的质量管理也有所不同。地铁工程设计管理的重点则放在可行性研究和项目的决策阶段。地铁工程项目建设的成败,主要在于建设前期工作上。在施工图设计阶段,虽然设计量大、内容具体,但由于大方案已定,地铁公司对设计单位的质量管理可以相对弱一些。

1.设计质量目标的要求

地铁项目的质量目标和水平,通过设计加以具体化。对地铁工程设计项目的质量要求如下:应本着"统一规划,合理布局,因地制宜,配套建设"的方针,做到适用、经济、美观、防灾、抗灾、安全、与环境协调,做到造价不高质量高,标准不高水平高。

2.设计质量管理的程序和内容

①根据地铁项目建设有关批文、资料,编制出设计大纲,组织设计招标或方案竞争,评定设计方案。

②进行设计单位的资质审查,优选设计单位,签订合同。

③审查设计方案。控制设计质量,审查设计方案,以保证地铁项目的设计符合设计大纲的要求,符合国家有关地铁工程建设的方针和政策,符合现行设计规范、标准、国情,结合工程实际,工艺合理,技术先进,能充分发挥地铁工程项目的社会效益、经济效益、环境效益。设计方案审查主要包括总体方案审查及专业设计方案审查。总体方案审查重点审查设计依据、设计规范、产品方案、工艺流程、项目组成及布局、设备配套、建筑造型、协作条件、环保设施、防灾抗灾、建设期限、投资概算等的可靠性、合理性、经济性、先进性和协调性。专业设计方案审查重点审查专业设计方案的设计参数、设计标准、设备和结构造型、功能和使用价值等方面能否满足适用、经济、美观、安全、可靠的要求。一是工艺与主体专业、辅助主体专业的方案审查,主要审查工艺的先进性,设备造型的能力,标准设备的购置和非标准设备的设计,采用的技术参数、设计条件、作业方式等。二是配套专业设计方案审查。要分别核实建筑与结构、给排水、电力和动力、通风及空调、供热、供气、电信、自动化、场内运输、水源及电源及其他能源供应等设计方案。对每个专业设计方案要分别审核其所用的设计依据、参数、造型、工作方式、线管布局、工程材料、建筑标准等。

④审核设计图纸。设计图纸是设计工作的成果,又是施工的直接依据。所以,设计阶段质量管理最终要体现在设计图纸的审核上。首先,要审核初步设计图纸。审查的重点是:所采用的技术方案是否符合总体方案的要求,是否达到项目决策阶段的质量标准。其次,要审核技术设计图纸。技术设计是初步设计的具体化。审查重点是:各专业设计是否符合预定的质量标准和要求。最后,要审核施工设计图纸。地铁的施工设计图纸对地铁工程设备、设施、建筑物、管线等的尺寸、布置、选材、构造、相互关系、施工及安装质量要求进行了详细说明,是指导施工的直接依据,也是设计阶段质量管理的一个重点。审

查重点是：使用功能是否满足质量目标和水平。

⑤设计交底和图纸会审。目的是进一步提高地铁工程质量，使施工单位熟悉图纸，了解工程特点和设计意图、关键部位的质量要求，发现图纸错误并进行改正。具体程序如下：地铁公司组织施工单位和设计单位进行图纸会审，先由设计单位向施工单位进行技术交底，由设计单位介绍工程概况、特点、设计意图、施工要求、技术措施等有关注意事项；然后由施工单位提出图纸存在的问题和需要解决的技术难题，通过三方协商，拟定解决方案，得出会议纪要。图纸会审的主要内容包括：设计资质审查和图纸是否经设计单位签署，图纸与说明是否齐全，有无续图供应；地质与外部资料是否齐全，抗震、防火、防灾、安全、卫生、环保是否满足要求；总平面和施工图是否一致，设计图之间、专业之间、图面之间有无矛盾，标志是否遗漏；总图布置中工艺管线、电器线路、运输通路的布局是否合理；地基处理是否合理，施工与安装是否存在不能实现或难以实现的技术问题，材料来源是否有保证，能否代换；标准图册、通用图集、详图做法是否齐全，非通用图纸设计是否齐全。

⑥施工配合和竣工验收。地铁公司组织设计单位进行配合施工，任务包括：一是解决施工过程中发生的设计问题，解决施工单位、地铁公司提出的质量问题；二是设计变更和处理预算修改。竣工验收既是对质量的最后考核，也是设计质量的最后审定。验收期发现的设计质量问题，有一个质量问题消除期，限定设计单位和施工单位消除质量问题的期限。通过验收，达到预期的工程质量，设计质量管理也就终止。

三、地铁公司对监理单位的质量管理

由于地铁公司在地铁项目建设过程中，需要将各个阶段与有关第三方签订的各类合同履行过程中的监督、协调、管理任务交给监理单位，因此监理单位选择得好坏与地铁项目建设的成败有密切的关系。地铁公司选择监理单位应当采用邀请招标方式。

地铁公司作为地铁项目的所有者和资金的持有人，应对地铁项目建设管理负直接责任，能否做好地铁项目的前期质量管理，对地铁项目的建设有着举足轻重的作用。为此，地铁公司应按照建设期间项目管理的各方责任组成精干的地铁项目管理班子，并且任命其负责人，要求管理班子人员不仅对地铁项目建设过程中的有关情况和需求非常了解，而且熟悉监理事务、合同管理，并具有一定的相关法律知识。项目业主具体负责项目建设期间各项工程的决策、管理工作，其中包括选择监理单位。组织内容包括组织机构的设置、人员编制、责任划分、管理制度等。

（一）确定委托监理的工作内容和范围

在选择监理单位前，应首先确定委托监理的工作内容和范围。地铁建设监理的主要管理内容是建设工期、地铁工程质量。监理单位要进行地铁工程的合同管理，协调有关单位间的关系。工程项目的建设从实施过程来看，可划分成如下几个阶段的监理内容：勘察阶段监理、设计阶段监理、施工招标阶段监理、施工阶段监理、工程保修阶段监理。按照地铁公司与第三方所签订的经济合同，从需要委托地铁监理单位协调、监督、管理的合同类型来看，大致包括：勘察和设计合同、工程施工合同、建筑安装合同、物资采购供应合同、设备加工订购合同。对于地铁工程监理单位的委托范围，应该从以下几个方面考虑：应按不同阶段的工作内容委托监理单位；在施工阶段，对于监理工作范围应当考虑到不同工作内容的要求，在有特殊技能要求时，还要进一步划分有该项目技能的监理单位。

（二）选择合格的监理单位

地铁公司在确定了监理的工作内容和范围后，即应开始选择合格的监理单位。地铁工程项目领导班子根据地铁工程的需要和对有关咨询监理公司的了解，进行初选，并分别邀请每一家监理公司来进行委托监理任务洽谈，首先向对方介绍地铁工程概况，监理的服务要求、工作的范围、委托的权限和要求达到的目标等情况，并听取对方对其公司业务情况的介绍，然后针对所提供的该监理公司资质证明文件中的有关内容，请其进一步说明。

（三）对地铁项目监理合同履行监督和检查

地铁公司审核并批准监理单位报送的总监理工程师及监理机构主要成员名单。总监理工程师由与地铁公司签订合同的单位派出，并应是该单位的在职人员，具有中级以上技术职称，取得监理工程师资格。监理机构主要成员配备应合理，具有中级以上专业职称的人员的比例应不低于70%。合作监理单位必须是持有相应监理资质等级证书的监理单位。地铁公司应审查报送的监理规划，对其不满意之处提出修改意见，并最终批准监理规划。通过监理机构提供的监理工作月报，监督工程的进展情况和检查监理机构的工作质量，并对其不满意之处及时提出处理意见。

第三节　地铁施工单位质量管理

一、地铁施工单位质量管理概述

（一）地铁施工单位质量管理的含义和基本原则

地铁施工单位质量管理是施工单位的领导和组织，以参加地铁施工的全体职工为主体，综合运用现代化技术和专业技术，用定量和定性的方法，对施工全过程中影响质量的因素进行的管理和全方位管理,以最终实现地铁工程的质量要求。

地铁施工单位质量管理的基本原则包括以顾客为关注焦点、全员参与、持续改进等。地铁施工单位应依据质量管理的基本原则,并结合本单位的实际情况,使静态的质量管理转化为动态的质量管理,从而在不增加成本的同时达到设计的质量要求。

(二)地铁施工单位项目部领导职责

地铁施工单位项目经理是地铁施工质量的第一责任者,应明确规定施工项目各级管理人员的责任;明确规定从事各项质量活动人员的责任和权限,进而达到预期的质量目标;规定各项工作之间的衔接、管理内容和管理措施;建立与地铁工程质量管理体系相适应的组织机构并规定各机构的隶属关系和联系接口与方法;组建质量管理小组;通过工程施工的有关工序,对影响施工质量的因素进行恰当而连续的管理。

项目部领导班子确定地铁施工项目的质量方针,对其质量做出承诺并编制相应文件,保证施工的全体人员和各工作部门都理解并坚持贯彻执行质量方针。对主要分项分部工程、功能性施工项目、关键与特殊工序、现场主要管理工作等,项目部领导班子要明确其基本要求和质量目标、工作管理要点,并要求责任部门和单位制定保证目标实现的具体措施,确保实现地铁公司和国家、行业强制性要求,促进质量管理体系的运转。

(三)地铁施工单位对质量管理体系的建立

质量管理体系要素是构成质量管理体系的基本单元,也是影响地铁工程质量的主要因素。在地铁工程施工的全部活动中,工序内容多,施工环节多,工序交叉作业多,有外部条件和环境的影响因素,也有内部管理和技术水平的影响因素,施工单位要根据自身的特点,选用适合本单位的要素,建立质量管理体系。

1.施工准备管理

施工单位根据地铁公司的需要,以及工程设计、施工规范的规定,安排、规定施工方法和程序,合理地将材料、设备、能源和专业技术组织起来,为工程获得符合性质量创造条件。在施工准备阶段,质量管理主要应注意以下几个方面:了解项目质量保证协议;工程项目质量管理小组组织有关职能部门进行设计图纸会审;编制施工指导性文件;确定应采用的工艺技术和施工方法;进行必要的工艺实验,进行新材料、新工艺的实验验证;制定检验计划、检验指导;制定合理的原材料配件计划,确定材料消耗定额;对特殊工种的工人进行培训和上岗认证;制定能源公用设施、环境因素管理措施与计划。

2.施工过程管理

在施工过程中,应根据设计和工艺技术文件规定、施工质量管理计划要求,对各项影响施工质量的因素进行管理,保证工程符合设计和规范要求。

对现场进行明确的责任区域划分,对原材料、构配件进行合理管理,以确保其可追溯性;对设备能源进行管理,按规定进行维修和保养;加强对施工中使用文件的管理;制定内部管理标准,贯彻以样板指导施工的原则;严格工艺纪律,明确衡量工艺纪律的标准,制定工艺纪律检查和评定办法。

开展质量控制（QC）小组活动,使不同管理职能的 QC 小组和施工现场 QC 小组,在施工项目部的统一管理下,有计划、有目标地开展活动,运用科学管理方法,提高工作质量,以保证工序质量,实现施工项目质量总目标。

3.质量控制点设置

在地铁工程建设中,施工单位根据工程的特点将技术要求高、施工难度大的某一结构部位、构件或分项分部工程,影响质量的关键工序、操作或某一环节作为质量控制点。

4.质量检验与验证

质量检验与验证主要包括以下几个步骤的工作:预检;隐检;施工班组应以 QC 小组为核心做好班组质量检验;工程使用功能的测试。

二、地铁施工单位质量管理的具体措施

（一）贯彻质量方针

深入贯彻"百年大计，质量第一"的质量方针，开展工程质量管理活动，做到"建工程、护环境、保安康、树丰碑"，创建优质工程。

（二）确定质量目标和质量标准

以创建合格、优质工程为目标。按照招标技术规范中的有关章节和条款，执行国家、地方颁发的施工及验收规范和招标文件中的有关本工程的施工规范和质量检验评定标准。质量检查、验收以现行地方性标准为主，当无地方性标准时按国家相关标准执行。

（三）建立质量保证体系

按照 ISO 9000 系列标准和工程施工管理的特点，制定完善的工程质量管理制度，建立以项目经理为组长，以项目总工程师为副组长，工程技术、质量检查、安全监察、物资设备管理等部门负责人和有关人员参加的质量管理领导小组，建立健全质量保证体系。从保证质量的组织措施、管理措施和技术管理措施等方面入手，在单位工程的分部分项施工工序技术上严格把关，以实现工程质量创优规划及目标。

（四）采取质量保证技术措施

针对地铁工程施工的特点和项目内容，使用 PDCA 循环方法，定期分析质量管理与工程质量情况，找出影响工程质量的主要因素，听取地铁公司、监理工程师与设计部门的意见，采取改进措施，以确保实现既定的质量目标。

1.建立纵成线、横成网的严密组织管理体系

在项目经理和总工程师的领导下,由专职工程师组成安全质量部,负责质量管理工作。施工队设专职质检员,施工班设兼职质检员。安全质量部每月组织一次质量检查,每季度由总工程师组织一次质量检查,召开一次工程质量总结分析会。施工队每天进行施工中间检查及竣工质量检查并评出质量等级。在自检合格后,专职质检员进行全面检查验收,然后项目经理部质检工程师请监理工程师验收签认。当出现违反施工程序,不按设计图纸、规范、规程施工,使用不符合质量要求的原材料、成品和设备的情况时,各级质检人员有权制止,必要时向主管领导提出暂停施工进行整顿的建议。施工单位要加强中心试验室的建设,按有关规定做好计量、试验工作。

2.实行质量自检制度

(1) 施工前检查

①设计文件、施工图纸经审核并满足开工需要。

②施工前的工地调查和复测工作已经进行,并符合要求。

③特殊作业、关键工序有作业指导书。

④采用的新技术、机具设备、原材料能满足工程质量需要。

⑤施工人员、质量管理人员能保证工程质量。

(2) 施工过程中检查

①施工测量及放线正确,精度达到要求。

②按照施工图纸施工,操作方法正确,质量符合验收标准。

③施工原始记录填写完善、记载真实。

④有关保证工程质量的措施和管理制度得到落实。

⑤按规定提交原材料、成品、半成品的试验报告,设备有产品合格证和出厂说明书。

⑥严格实行工班自检、互检、交接检,并有交接详细记录。

⑦真实记录施工情况。

3.实行隐蔽工程检查制度

隐蔽工程必须按规定检查合格并签证后才能覆盖。工程检查签证，除执行国家相关规定外，还执行建设项目的有关规定，由指定的质量检查人员办理。隐蔽工程未经质量检查人员签认而自行覆盖的，揭盖补验。隐蔽工程先由项目经理部总工程师组织自检，在自检合格后约请监理工程师进行检查签认。当发现与设计不符时，及时呈报上级解决，必要时邀请发包人、监理工程师、设计人员共同研究处理。若质量检查人员因故缺席，则可委托同级技术人员代检签证，并做好记录。必要时，事后请质量检查人员补签认可。

4.实行质量评定制度

凡经检验合格的工程，按规定填写分项、分部和单位工程检验评定表，进行评定，该表可作为考核质量成绩和验工计价的凭证；检验不合格的工程，按未完工程处理。项目经理部不定期组织抽查，对不符合验收标准的工程予以纠正。

5.进行验工计价

验工计价是控制工程质量的重要手段，未经质量检查或检查不合格的项目，不予计价、拨款，并追究相关责任人的责任。

6.建立质量事故逐级报告制度

建立质量事故逐级报告制度，坚决杜绝隐瞒不报、擅自处理事故。一旦发生工程质量事故，立即采取有效措施，抢救人员，防止事故扩大，并保护好施工现场。一旦发生工程质量事故，立即报告监理工程师和发包人，并于两天内提出书面报告，逐级上报。根据事故情况，组织研究事故处理方案，并报批准执行。

7.加强质量教育

不断加强职工的质量法规教育，增强全员的质量责任意识，使创建优质工程真正成为每个建设者的自觉行动。深入开展"一学、五严、一追查"（学法规、严守设计标准、严守操作规程、严用合格产品、严格程序办事、严格履行合同、追查责任者）和"质量月"活动，充分发动职工群众，切实履行法定的质量义务，做到依法经营。

8. 加强技术培训

定期或不定期地组织职工开展职业岗位培训，学习有关规范、标准和操作规程，进行"四新"（新技术、新材料、新工艺、新设备）成果的技术培训和推广。

9. 积极开展 QC 小组活动

采取自愿结合或行政组织等多种方式，做好质量管理小组的活动组织、资料管理、成果推广总结工作。结合施工特点，从实际出发，成立提高工序质量和工程质量的 QC 小组，真正解决施工中的关键质量问题，提高工程产品质量，减少物能消耗，提高经济效益。

（五）实施作业技术活动质量管理

1. 施工单位自检与专检监控

施工单位是施工质量的直接实施者和责任者。根据质量管理体系的要求，施工单位应进行自检与专检监控。一是作业活动的作业者在作业结束后必须自检；二是不同工序交接、转换必须由相关人员交接检查；三是施工单位专职检验员应进行专检。

2. 技术复核工作监控

凡涉及施工作业技术活动基准和依据的技术工作，都应该严格进行有专人负责的复核性检查，以避免基准失误给整个工程质量带来难以补救的或全局性的危害。例如，工程的定位、轴线、标高，预留孔洞的位置和尺寸，管线的坡度等。在施工过程中，各相关项目部应认真履行技术复核义务，并把复核结果及时报送监理工程师复验，经监理工程师确认后进行后续施工。这项经常性的任务应贯穿于整个施工过程。

3.级配管理质量监控

建设工程涉及材料的级配、不同材料的混合拌制。由于不同材料的级配、配合比及拌制后的产品对最终工程质量有重要的影响,因此施工技术人员和施工质量检查人员应对拌和原料的质量进行严格管理,对材料配合比进行审查,并对现场作业进行指导和监控。

4.计量工作质量监控

计量是施工作业过程中的基础工作之一,计量作业效果对施工质量有重大影响。因此,在地铁工程的施工中,应加强针对计量的监控:一是加强对计量仪器的管理;二是加强对作业人员技术水平资质的审核;三是加强对现场作业的质量管理。这些措施为保证工程质量打下了基础。

(六)进行工序质量管理

工序是指施工工序,是产品(或工程)构配件或零部件生产(施工)制造过程的基本环节,是构成生产的基本单位,也是质量检验和管理的基本环节。通常所说的一道工序,是指一个或一组作业工人在一个工作地对一个或者若干个劳动对象(工程、产品、构配件或零件等)进行物理和化学变化的过程。如果劳动对象不变,而操作者或工作地变换,该工序就会成为另外的工序。从现场管理角度看,从工序的组合和影响工序质量的多个因素看,工序就是人、机、料、法和环境对产品(工程)质量起综合作用的过程。工序是工程施工中质量特性发生变化的基本单元。

1.工序质量管理的目的、作用和内容

工序质量管理是管理者对工序质量检验反馈来的关于工程产品性能特征的各个方面质量数据进行分析,而后针对存在的差异问题采取必要的措施,以尽量消除这些差异,使质量达到要求并保持稳定的调节管理过程。工程项目的施工过程,是由一系列相互关联、相互制约的工序所构成的,工序质量是基础,直接影响工程项目的整体质量。要控制工程项目施工过程的质量,首先必须控

制工序的质量。工序质量管理实际上是通过对工程产品的一部分（子样）的统计性质来判断总体（母体）的性质，进而对工序实行管理。它是指利用各种手段管理好施工过程中人、机、料、法、环境要素。工序质量包含两方面的内容：一是工序活动条件的质量；二是工序活动效果的质量。管理工序活动条件的质量就是保证每道工序投入品的质量（即人、料、机、法和环境的质量）符合要求；工序活动效果质量管理，即在施工过程中，监理人员要跟踪巡回检查，管理工序活动过程，会同施工检查人员进行工序活动效果质量的检验和评定，看每道工序施工完成的工程产品是否达到有关质量标准。工序质量管理是施工过程中非常重要的质量管理手段，是施工阶段的质量管理重点。

（1）目的

影响建筑工程产品质量的原因有两大方面，即偶然性因素和异常性因素。当工序仅在偶然性因素的作用下时，其工程产品的性能特征数据分布基本上是算术平均值及标准差固定不变情况下的正态分布。工序所处的这样的状态称为稳定状态。当工序处于偶然性因素和异常性因素共同作用下时，算术平均值及标准差将发生小规律的变化，这时的工序状态称为异常状态。工序质量管理的目的就是尽可能消除异常状态，使工序处于稳定状态，确保工程产品质量。

（2）作用

工序质量管理有助于有效地管理施工生产过程，及时发现异常因素，采取有效措施，防止不合格项目出现，保证工程质量；通过质量管理活动中工序条件质量的分析和问题的解决，促进与施工生产活动有关部门和管理人员协同工作，促使其改进本部门或本岗位的工作，提高工作质量。

（3）内容

①主动管理工序活动条件的质量。工序活动条件包括的内容较多，主要包括影响质量的五大因素，即施工操作者、材料、施工机械设备、施工方法和施工环境。要将这些因素切实有效地控制起来，使它们处于被控制状态，确保工序投入品的质量，避免系统性因素变异，保证每道工序质量正常、稳定。

②及时检验工序活动效果质量。工序活动效果是评价工序质量是否符合标准的尺度。为此，要加强质量检验工作，对质量进行综合统计与分析，及时掌握质量动态。在发现质量问题时，应立即研究处理，自始至终使工序活动效果的质量满足规范和标准的要求。

③设置工序质量控制点。工序质量控制点是为了保证工序质量而需要进行控制的重点、关键部位或薄弱环节。通过设置工序质量控制点，施工单位能够在一定时期内、一定条件下进行强化管理，使工序处于良好的控制状态。

2.工序质量管理的原理、步骤

（1）工序质量管理的原理

工序质量管理通常采用数理统计方法，通过对工序一部分的检验数据进行统计、分析，来判断整道工序的质量是否稳定、正常。

（2）工序质量管理的步骤

采用必要的检测工具和手段，对抽出的工序子样进行质量检验。对检验所得的数据通过直方图法、排列图法或控制图法等进行分析，了解这些数据所遵循的规律。根据数据分布规律的分析结果，对整个工序质量予以判断，判断该作业活动效果是否达到了规定的质量标准，例如数据是否符合正态分布曲线，是否在上下控制线之间，是否在公差规定的范围之内，是属于正常状态还是异常状态。若出现异常情况，则应寻找原因，采取措施，以达到控制工序质量的目的。如果作业质量不符合标准规定，则应采取相应措施；如果作业质量符合要求，则予以确认。

3.工序质量的检验

工序质量的检验，就是利用一定的方法和手段，对工序操作及其完成产品的质量进行及时的测定、查看和检查，并将所测得的结果同该工序的操作规程及形成质量特性的技术标准进行比较，从而判断是否合格或是否优良。工序质量的检验，也是对工序活动的效果进行评价。工序活动的效果，归根结底就是指通过每道工序所完成的工程项目质量或产品的质量如何，是否符合质量标准。

第四节　地铁监理单位质量管理

一、监理质量管理概述

（一）监理质量管理的理念和原则

1. 监理质量管理的理念

第一，树立规范化的理念。主要包括：

①监理工作方式规范化：在监理大纲、细则、规划中，不仅要在各款项阐述监理的职责，还要明确说明监理应该怎样做。

②监理工作流程化：针对项目特点，确定项目实施各阶段的各项管理工作流程，包括预控和监控、跟踪与旁站、复验与签认等。

③监理记录标准化：各级各专业监理人员的监理记录和工作表格，如监理日记，第一次工地会议、经常会议记录，各种质量记录表，停工通知单，总监巡视记录表等，必须按要求填写。

④监理报告系统化：向总监、地铁公司、有关管理部门发送报表，包括周报、月报、季报、年报、各目标控制报表、合同管理报表等。

⑤文档标准化：监理档案和各类函件等应有统一的标准。

第二，既重视技术问题，又重视经济、管理、法律方面的问题。地铁工程项目的质量管理技术性很强，但又不同于技术性工作。长期以来，人们过于重视技术方面的问题，而忽视经济、管理、法律方面的问题。质量管理应着眼于质量管理程序的建立，质量、工期、成本目标的协调和平衡，质量保证体系的建立，以及工作监督、检查、跟踪、诊断，以减少技术工作的错误和不完备性，保证技术工作的有效性。

第三，既重视质量控制，又重视投资控制、进度控制及合同管理。无论是进度控制、质量控制、投资控制，还是合同管理，都是整个监理过程中的重要工作内容，是实现项目总体目标的保证。只有兼顾各个目标的要求，协调好各方关系，从实际出发，加强控制管理，实现质量目标才能真正具有实际意义。

第四，既重视监理的现场工作，又重视监理的信息处理。从某方面讲，监理单位的产品就是工程项目控制的信息。对各种信息进行搜集、加工、整理、反馈，有利于真正实现对现场施工情况的控制管理。

2.质量管理的原则

监理单位在地铁工程质量管理过程中，应遵循以下几条原则：坚持质量第一，坚持以人为核心，坚持以预防为主，坚持质量标准，坚持科学、公正、守法的职业道德规范。

（二）质量保证体系

1.质量管理文件体系

监理公司的质量管理文件体系由管理性程序文件和技术性文件构成。

管理性程序文件分为以下三级：

第一级规定了本公司的质量方针、政策、目标以及部门职责和权限等，是管理的纲领性和政策性文件。

第二级是描述管理原则规定、接口安排、规范管理功能的程序文件，由工程通用程序手册、质保部管理程序手册等构成。

第三级是描述具体工作过程的程序文件，覆盖了质量保证大纲的各个要素和章节，包括技术细则、图纸、进度计划等。

技术性文件由执行具体工作的单位和部门制定，包括本公司制定的工作计划、进度计划以及承包商执行具体工作的进度计划、工作程序、技术文件和图纸，必须与质量保证大纲和管理程序的要求相一致。

另外，各承包商及其主要分包商制定的质量保证大纲在发布实施前必须经过本公司的审查认可，以保持文件体系的完整性和一致性，保证公司的管理和技术要求得到有效执行。

2.质保的一级保证、二级质控的监管模式

为了保证质保相关文件顺利执行，监理公司和地铁公司可成立专门的质保部门以及由专业人员组成的质检部门，以合同形式规定各承包商都必须建立一个由文件明确规定的具有一定职责、权限等级和内外联络渠道的组织机构，同时根据质保要求，对其工作进行质保管理。承担质保一级和二级的设备制造、施工、安装的承包商，均要编制质保大纲和工作程序，建立质保组织等。承包商也可将部门工作分包给一个或数个分包商，此时主承包商则通过分包合同对分包商提出相应级别的质保要求，并对分包商执行质保要求的有效性进行监督管理。无论是承包商还是分包商，都应设置质量保证（QA）和QC部门，开展质量验证活动。承包商的QC部门负责独立检查工作质量，QA部门负责对本单位内部和其分包商的质量活动进行监察和监督。承包商的QA、QC活动直接关系到地铁工程施工和物项的质量。充分发挥承包商的QA和QC作用，建立完善的监督管理体系，是地铁工程建设成功的关键。在各级质量检查中，必须有专职的质检人员。此管理模式大大消除了质检活动中的不确定因素。

3.多层次验证及过程性管理

按照规定，地铁公司对安全方面的重要物项（构筑物、系统和设备）的设计、制造、安装和调试等各个阶段都要制定和执行质保大纲。不仅如此，对各个阶段的各种物项质量有硬性规定的各种工作也要遵循质保大纲的原则。例如设计、采购、制造、运输、清洗、安装、实验、调试、检查、改进等工作都应在控制之中。这些工作的有关工艺也应在控制之内，如管道安装、焊接、吊装等。除了上述全范围的过程性管理，地铁公司、监理公司及各承包商还可组成多层次的质量保证体系，形似金字塔，其基础是提供设计制造、施工活动的承包商，位于"金字塔"顶部的是地铁公司总项目部，对工程的安全、质量、投资和进度负总的责任。"金字塔"的中间有一个多层次、一体化的质保系统，其具有直接检查、平行监督和独立审查等功能。其中各主要承包商均要建立自己的质保组织，并直接检查工作质量。地铁公司工程部和监理公司负责平行的质量管理和监督，质保部进行独立的质量保证监督和审核。

这种全范围的过程性管理和多层次的检查、监督是质量保证管理的重点内容，它使各工程阶段、各种活动达到预期的质量目的。

（三）总监理负责模式

总监理负责模式是指总监理单位受地铁公司委托，在地铁工程项目从初期阶段到项目完成的整个过程中对所有监理单位进行全面计划、协调和控制，以满足地铁公司的要求，即确保地铁项目在允许的费用和要求的质量标准下按期完成，对工程项目质量、工期和造价进行全面监控，另外包括工程项目建设的前期工作、招标投标、工程设计、工程施工、工程竣工交付使用和保修阶段的全过程监理管理。

1.总监理模式的运作

在地铁工程项目实施前，地铁公司委托总监理对项目全过程进行管理，以前期目标为管理重点，在工作中代表地铁公司的利益实现项目投资、进度和质量的三大目标管理。总监理与其他监理分包单位之间是指令关系，不直接与监理分包单位签订合同，工作核心是项目策划和项目目标管理，提供咨询服务，并协调地铁公司和各有承包合同的监理单位、设计单位及施工单位。

2.总监理模式的特点

在一般情况下，地铁公司既不直接指挥项目建设，也不直接与分包商、供货商联系，而是直接向总监理发指令。总监理是地铁公司与各承包监理公司之间的桥梁。

总监理受地铁公司委托，在整个项目实施阶段（包括设计前阶段、设计阶段、施工阶段）代表地铁公司的利益从事项目管理工作，因此总监理在组织关系上与地铁公司同处一方。

总监理可以直接向设计单位发指令。在一般情况下，地铁公司对设计单位的要求均通过总监理来传达，而不越过总监理直接向设计单位发指令，以避免产生矛盾。

二、监理单位在地铁工程勘察、设计阶段的质量管理

（一）地铁工程勘察、设计的含义

地铁工程勘察是根据地铁工程建设的要求，查明、分析、评价建设场地的地质、地理环境特征和岩土工程条件，并编制地铁工程的勘察文件。地铁工程设计是根据地铁工程的要求，对地铁工程所需的技术、经济、资源等条件进行综合分析、论证，并编制地铁工程设计文件。

（二）地铁工程勘察、设计质量管理的依据

地铁工程勘察、设计的质量管理工作要从整个社会的发展和环境建设需要出发，对勘察、设计整个过程进行管理，包括工作程序、工作进度、费用及成果文件所包含的功能和使用价值，其中也涉及法律、法规、合同等必须遵守的规定。地铁工程勘察、设计质量管理的依据是：

①有关地铁工程建设及质量管理方面的法律、法规、城市规划，国家规定的建设工程勘察、设计深度要求。

②有关工程建设的技术标准。

③地铁项目的批准文件。

④体现地铁公司建设意图的勘察、设计大纲和合同文件。

⑤反映地铁建设项目过程中和建设后所需要的有关技术、资源、经济、社会协作等方面的协议、数据和资料。

(三）地铁工程勘察、设计质量管理的要点

1. 对勘察、设计单位资质和个人资格审核的要点

勘察、设计单位资质和个人资格管理是确保工程质量的一项关键措施，也是勘察、设计质量事前管理的重点工作。对地铁工程勘察、设计单位资质和个人资格进行核查，是对勘察、设计质量进行管理的第一步。由于勘察、设计工作是一项技术性很强的工作，它需要从事这一工作的单位或个人具备相应的能力和手段，同时勘察和设计成果是由人来完成的，而质量的责任又是由单位和个人共同来承担的，因此监理工程师要认真审核单位的资质和个人的资格。

监理工程师应做到以下几点：

①检查勘察、设计单位的资质证书类别和等级，以及所规定的适用业务范围与地铁工程的特性和要求的勘察、设计任务是否相符，资质证书的有效期。

②检查勘察、设计单位的营业执照，重点是有效期限和年检情况。

③对参与地铁工程建设的主要技术人员的职业资格进行检查，对专业技术骨干比例进行考察，包括一级注册建筑师、一级注册工程师，在国家实行其他专业工程师制度后的注册工程师、注册造价工程师，取得高级职称的技术人员，从事工程设计10年以上并取得中级职称的技术人员。重点检查其证书的有效性，签字权的级别是否与地铁工程相符。

④对勘察、设计单位实际的建设业绩、人员素质、管理水平、资金情况、技术装备进行实地考察，特别是对其近期完成的与地铁工程相似或相近的工程勘察、设计任务进行访查，了解其服务意识和工作质量。

⑤对勘察、设计单位的管理水平进行考察，重点考察是否达到了与其资质等级相应的要求水平。

监理工程师应根据考察情况，给被考核单位一个综合评价，并将所编制的相关文字材料报送地铁公司。

2.对勘察的质量管理要点

由于地铁工程勘察工作是一项技术性、专业性很强的工作,因此监理工程师在熟练掌握其专业知识和相关法律、法规、规范的同时,应了解其工作特点和操作方式,按照质量管理的基本原理对地铁工程勘察工作的人、机、料、法、环境五大质量影响因素进行检查和过程性管理,以保证工程勘察工作符合整个工程勘察建设的要求。

在勘察阶段,监理工程师进行质量管理的要点为:

(1)协助地铁公司选定勘察单位

在选择勘察单位时,监理工程师重点对其资质进行控制,还要检查勘察单位的技术管理制度和质量管理程序,考察勘察单位专职技术骨干的素质、业绩和服务意识。

(2)勘察工作方案审查和控制

工程勘察单位在实施勘察工作之前,应结合各勘察阶段的工作内容和深度要求,按照有关规范、规程的规定,结合工程的特点编制勘察工作方案。勘察工作方案要体现规划、设计意图,如实反映现场的地形和地质概况,满足任务书上深度和合同工期的要求。勘察方案应合理,人员、机器配备应满足要求,项目技术管理制度应健全,各项工作质量责任应明确。勘察工作方案应由项目负责人主持编写,由勘察单位技术负责人审批、签字并加盖公章。

监理工程师应按上述编制要求对勘察工作方案进行认真审核,除此之外,还应根据不同的勘察阶段及工作性质,提出不同的审查要点。

(3)勘察作业现场的质量管理

在勘察工作期间,监理工程师应重点检查以下几个方面的工作:

①对现场作业人员进行专业培训,针对重要岗位实施持证上岗制度,严格按勘察工作方案及有关操作规程的要求开展现场工作并留下印证记录。

②原始资料取得的方法、手段及使用的仪器设备应当正确、合理,勘察仪器、设备、试验室应有明确的管理程序,现场钻探、取样机具应通过计量

认证。

③原始记录表格应按要求认真填写清楚，并经有关作业人员检查、签字。

④项目负责人应始终在作业现场进行指导、督促、检查，并对各项作业资料检查、验收、签字。

（4）勘察文件的质量管理

监理工程师对勘察成果的审核与评定是勘察阶段质量管理最重要的工作。

监理工程师应检查勘察成果是否满足以下条件：

①地铁工程的勘察资料、图表、报告要按规定执行审核、审批程序，并由负责人签字。

②齐全、可靠，满足国家有关法规、技术标准和合同规定的技术要求。

监理工程师必须严格按照质量管理有关程序对勘察成果进行核查和验收，质量合格的勘察成果才能使用。

监理工程师必须详细审查勘察报告，其报告中不仅要提出勘察场地的工程地质条件和存在的地质问题，更重要的是结合工程设计、施工条件等要求进行技术论证和评价，提出岩土工程问题及具体的解决问题的决策性建议，为设计、施工提供依据，服务于地铁工程建设的全过程。

另外，监理工程师应针对不同的勘察阶段，对工程勘察报告的内容和深度进行核查，看其是否满足勘察任务书和相应的设计阶段要求。

（5）后期服务质量保证

在交付勘察文件后，监理工程师应根据工程建设的进展情况，监督勘察单位做好施工阶段的勘察配合及验收工作，对施工过程中出现的地质问题进行跟踪，做好监测、回访。

（6）勘察技术档案管理

在完成工程项目后，监理工程师应检查勘察单位技术档案管理情况，要求将全部资料，特别是质量审查、监督主要依据的原始资料，分类归档保存。

3.对设计的质量管理要点

在设计的不同阶段,质量管理的要点是不同的。

(1) 初步设计阶段的质量管理要点

①审核设计依据。核查初步设计是否符合批准的设计任务书或规划设计大纲、设计纲要以及有关的批文;核查签订的设计合同或评定的设计方案;核查有关的建设标准、规定、法规等。

②审核建设规模,包括主要建(构)筑物的结构类型及布置,主要设备的选型及配置,占地面积及场地布置等。

③审核原材料、动力等资源的用量和来源。审核地铁工程建设所需各种原材料的规格、品种、质量、用量和来源,以及燃料、动力的供应保障。

④审核施工工艺及流程。

⑤参与和审核主要设备的选型和配置。

⑥审核主要建(构)筑物的建设顺序和期限。

⑦审核主要经济技术指标。核查各主要经济技术指标是否符合质量目标和水平。

⑧审核项目的总概算。

⑨核实外部协作条件及对外交通。

(2) 技术设计阶段的质量管理要点

技术设计主要应对设计中的某些技术问题或技术方案进行进一步的确定。技术设计阶段的质量管理要点包括:

①特殊工艺流程方面的实验、研究和确定。

②新技术、新工艺、新方案的实验、研究和确定。

③主要建(构)筑物的某些关键部位的实验、研究和确定。

④新型设备的实验、制作和应用。

⑤修正概算的编制。

在技术设计阶段,监理工程师应审查设计文件、图纸和有关实验报告。

（3）施工图设计阶段的质量管理要点

监理工程师对图纸设计的审核内容，主要是计算有无错误，所用材料数量布置是否合理，标注的各部分尺寸和标高有无错误，各专业设计之间是否有矛盾，各部位的结构是否表示清楚和明确，是否符合施工要求和能够指导施工。

三、监理单位在地铁施工阶段的质量管理

地铁工程施工是使地铁工程的设计意图最终实现的阶段，也是形成地铁工程使用价值最重要的阶段。因此，施工阶段的质量管理不但是施工监理重要的工作内容，也是工程项目质量管理的重点。监理单位对施工的质量管理，就是按合同赋予的权利，围绕影响工程质量的各种因素，对地铁工程项目的施工进行有效的监督和管理。

（一）地铁工程施工质量管理的依据

①合同文件。地铁工程施工承包合同文件和委托监理合同文件中分别规定了参与建设各方在质量管理方面的权利和义务，有关各方必须履行在合同中的承诺。监理单位既要履行委托监理合同，又要督促建设单位、施工单位、设计单位履行相关合同。因此，监理工程师要熟悉这些合同文件，据此进行质量监督和管理。

②设计文件。"按图施工"是设计阶段管理的一项重要原则。因此，经过批准的设计图纸和技术说明书等设计文件，无疑是质量管理的重要依据。监理单位在施工前应参加由建设单位组织的设计单位及施工单位一起参加的设计交底及图纸会审工作，以达到了解设计意图和质量要求，发现图纸差错和减少质量隐患的目的。

③国家及政府有关部门颁布的有关质量管理方面的法律、法规性文件。

④专门技术法规性文件主要指针对不同的行业、不同的质量控制对象而制定的技术法规性文件,包括各种有关的标准、规范、规程或规定,具体包括以下几类:

第一,工程施工质量验收标准。

第二,有关工程材料、半成品和构配件质量控制方面的专门技术法规。

第三,控制施工过程质量的技术法规。

第四,采用新工艺、新技术、新方法的工程及事先制定的有关质量标准和施工工艺规程。

(二)监理单位在施工准备阶段的质量管理

1.监理单位对施工单位的审核

(1)监理单位对施工单位资质的审查

确定施工单位的资质等级,对符合条件的施工单位进行考核,查对营业执照及建筑企业资质证书,并了解其实际的建筑业绩、人员素质、管理水平、资金情况、技术装备等;考核施工单位近期的表现,查对年检情况,了解其是否有工程质量、施工安全、现场管理等方面的问题,以及企业管理的发展趋势。

(2)监理单位对施工单位质量管理体系的核查

了解企业的质量意识和质量管理情况,重点了解企业的基础工作、工程项目管理和质量管理的情况;贯彻 ISO 9000 标准、体系建立和通过认证的情况;企业领导班子的质量意识及质量管理机构的落实,质量管理权限实施的情况等;审查施工单位现场项目经理部的质量管理体系。

2.监理单位对施工组织设计的审查

①施工组织设计的编制、审查和批准是否符合规定的程序。

②施工组织设计是否符合国家的技术政策,充分考虑承包合同规定的条

件、施工现场条件及法规条件的要求，突出"质量第一，安全第一"的原则。

③施工组织设计的针对性：施工单位是否掌握了地铁工程的特点和难点，是否对施工条件分析充分。

④施工组织设计的可操作性：施工单位是否有能力执行并保证工期和目标质量；该施工组织设计是否切实可行。

⑤技术方案的先进性：施工组织设计采用的技术方案和措施是否先进适用，技术是否成熟。

⑥质量管理和技术管理体系、质量保证措施是否健全且切实可行。

⑦安全、环保、消防和文明施工措施是否切实可行并符合有关规定。

⑧在满足合同要求的前提下，对施工组织设计的审查应尊重施工单位的自主技术决策和管理决策。

3.现场施工准备的质量管理

①审查施工单位进场人员和施工队伍的技术资质是否符合工程项目施工的要求。

②对工程中所用的原材料、半成品、构配件、永久性设备和器材的质量进行管理。

③审查施工单位进场的施工机械设备是否满足要求，重点应审查施工机械设备性能参数和数量是否符合批准的施工组织设计或施工计划、施工方案和施工方法的要求。

④交桩复测的质量管理。

⑤参加设计交底和图纸会审。

（三）监理单位在施工过程中的质量管理

地铁工程的施工过程体现在一系列的作业活动中，作业活动的效果将直接影响到施工过程的施工质量。因此，监理单位质量管理工作应体现在对作业活动的控制上。为确保施工质量，监理工程师要对施工过程进行全过程、全方位的质量监督、控制与检查。监理工程师的质量管理主要围绕影响工程施工质量的因素进行。

1.作业技术准备阶段的质量管理

（1）质量控制点的设置

①质量控制点的概念。质量控制点是指为了保证作业过程的质量而确定的重点控制对象、关键部位或薄弱环节。设置质量控制点是保证达到施工质量要求的必要前提。监理工程师在拟定质量管理工作计划时，应予以详细考虑，并以制度来保证落实。对于质量控制点，一般要先分析可能造成质量问题的原因，再针对原因制定对策。施工单位在工程施工前根据施工过程质量管理的要求，制作质量控制点明细表，在表中详细列出各质量控制点的名称、检验标准及方法等，并将该表提交给监理工程师进行审查批准，在此基础上实施质量预控。

②选择质量控制点的一般原则。可作为质量控制点的对象涉及面广，不论是技术要求高、施工难度大的结构部位，还是影响质量的关键工序、操作、技术、材料、机械、自然条件、施工环境等均可作为质量控制点来管理。概括地说，应当选择那些保证质量难度大的、对质量影响大的或者是在发生质量问题时危害大的对象作为质量控制点。

③质量预控对策的检查。所谓工程质量预控，就是针对所设置的质量控制点或分部、分项工程，事先分析工程事故可能发生的质量问题，分析可能产生的原因，并提出相应的对策，采取有效的措施进行预先控制，以防在施工中发生质量问题。

（2）作业技术交底的管理

施工单位做好技术交底，是取得好的施工质量的条件之一。为此，每一分项工程在开始实施前均要交底。作业技术交底是对施工组织设计或施工方案的具体化，是更细致、明确、具体的技术实施方案，是工程施工或分项工程施工的具体指导文件。为做好技术交底，项目经理部必须安排主管技术人员编制技术交底书，且该技术交底书需经项目总工程师批准。技术交底的内容包括施工方法、质量要求和检验标准，施工过程中需要注意的问题等。技术交底要紧紧围绕和具体施工有关的操作者、机械设备、使用的材料、构配件、工艺、工法、施工环境、具体管理措施等方面进行，在交底中要明确做什么、谁来做、如何做、作业标准和要求、什么时间完成等。

（3）环境状态的管理

①施工作业环境管理。所谓施工作业环境，主要是指诸如水、电或动力供应，安全防护设备，施工场地空间条件和通道，以及交通运输和道路条件等。这些条件是否良好直接影响到项目施工能否顺利进行，以及施工质量。所以，监理工程师应事先检查施工单位对施工作业环境条件方面的有关准备工作是否已经安排妥当，当确认其准备可靠、有效后，方准许其进行施工。

②施工质量环境管理。施工质量环境主要是指：施工单位的质量管理体系和质量管理自检系统是否处于良好状态；系统的组织结构、管理制度、检测制度、检测标准、人员配备等方面是否完善明确；质量责任制是否落实。监理工程师要做好施工单位施工质量环境的检查。

③现场自然环境条件的管理。监理工程师应检查施工单位在未来的施工期间，当自然环境条件可能出现对施工质量不利的影响时，是否事先已有充分的认识并做好充足的准备，能够采取有效措施以保证工程质量。

（4）施工现场劳动组织及作业人员上岗资格的管理

①施工现场劳动组织的管理。劳动组织涉及从事作业活动的操作者及管理者，以及相应的各种制度。从事作业活动的操作者数量必须满足作业活动的需要，相应工种配置能保证作业有序持续进行，不能因人员数量及工种配置不合理而造成停顿。作业活动的直接负责人、专职质量检验人员，以及与作业活动有关的测量人员、材料员、实验员必须在岗。相关制度包括：管理层及作业层各类人员的岗位职责；作业活动现场的安全、消防规定；关于作业环境的环保规定；试验室及现场检测的有关规定；紧急情况的应急处理规定等。要有相应的措施及手段以保证制度、规定的落实。

②作业人员上岗资格的管理。从事特殊作业的人员,必须持证上岗。对此,监理工程师要进行检查和核实。

2. 作业技术活动运行的管理

工程施工质量是在施工过程中形成的,而不是最后检验出来的。施工过程是由一系列相互联系的作业活动所构成的,因此保证作业活动的效果与质量是施工过程质量管理的基础。

（1）施工单位的自检与专检工作的监控

施工单位是施工质量的直接实施者和责任者。监理工程师质量监督与管理的目的就是使施工单位建立起完善的质量自检体系并有效运转。施工单位的自检体系表现在以下几点：

①作业活动的作业者在作业结束后必须自检。

②不同工序交接、转换必须由相关人员交接检查。

③施工单位专职质检员的专检。

为实现上述三点,施工单位必须有整套的制度及工作程序,具有相应的试验设备及检测仪器,配备数量满足需要的专职质检人员及试验检测人员。

（2）技术复核工作监控

凡涉及施工作业技术活动基准和依据的技术工作,都应该严格进行专人负责的复核性检查,以避免基准失误给整个工程质量带来难以补救的或全局性的危害。技术复核是施工单位应履行的技术责任,其复核结果应报送监理工程师复验确认,之后才能进行后续相关的施工。监理工程师应把技术复核工作列入监理规划及质量管理计划中,并看作一项经常性工作任务,贯穿于整个施工过程中。

（3）见证取样工作监控

见证是指由监理工程师现场监督施工单位某工序全过程完成情况的活动。见证取样是指对工程项目使用的材料、半成品、构配件的现场取样,以及工序活动效果的检查实施见证。

①见证取样的工作程序如下：

第一，在工程项目施工开始前，项目监理机构要督促施工单位尽快落实见证取样送检试验室。对于施工单位提出的试验室，监理工程师要进行实地考察。

第二，项目监理机构要将选定的试验室到负责本项目的质量监督机构备案并得到认可，同时要将项目监理机构中负责见证取样的监理工程师在该质量监督机构备案。

第三，施工单位在对进场材料、试块、试件等实施见证取样前，要通知负责见证取样的监理工程师。在该监理工程师的现场监督下，施工单位按相关规范的要求，完成材料、试块、试件等的取样过程。

第四，在完成取样后，施工单位将送检样品装入木箱，监理工程师加封。对于不能装入箱中的试件，如钢筋样品、钢筋接头，则应贴上专用加封标志，然后送往试验室。

②实施见证取样的要求如下：

第一，试验室要具有相应的资质并进行备案、认可。

第二，负责见证取样的监理工程师要具有材料、试验等方面的专业知识，且要取得从事监理工作的上岗资格。

第三，施工单位从事取样的人员一般是试验室人员或专职质检人员。

第四，送往试验室的样品，要填写送验单，送验单要盖有"见证取样"专用章，并有见证取样监理工程师的签字。

第五，试验室出具的报告一式两份，分别由施工单位和项目监理机构保存，这是工序产品质量评定的重要依据。

第六，见证取样的频率，国家或地方主管部门有规定的，执行相关规定；施工承包合同中如有明确规定的，则执行施工承包合同的规定。见证取样的频率和数量包括在施工单位自检范围内，一般所占比例为30%。

第七，实行见证取样，绝不能代替施工单位对材料、构配件进场时必须进行的自检。自检频率和数量要按相关规范要求执行。

第六章 地铁工程施工风险管理

第一节 地铁工程施工风险管理概述

一、风险

(一) 风险的含义

莫布雷 (A. H. Mowbray) 认为风险的不确定性包含风险发生的不确定性与风险产生后果的不确定性两类。其中,风险发生的不确定性主要是指风险是否会发生、风险将在何时何地发生等。

罗森·布鲁姆 (J. S. Rosen Bloom) 认为风险的不确定性主要指风险损失的不确定性,包括风险发生与否的不确定性、风险发生时间的不确定性、风险发生程度的不确定性与风险发生后造成损失大小的不确定性。虽然不同的学者对风险的理解不同,但大家都普遍认可风险的内涵为不确定性。这里所说的风险是指在项目实施过程中,不同阶段的各类潜在风险因素发生的可能性与一旦发生带来的损失程度的综合。

(二) 风险的特征

风险在现代社会产生的影响越来越大,要对风险进行深刻认识并尽可能减轻风险带来的危害,还要了解风险的特征。

1. 风险的不确定性

风险的不确定性包括的范围比较广，一般认为主要有风险发生的不确定、风险发生时间的不确定与风险发生后造成损失大小的不确定。在如今这个社会，风险的重要性是不言而喻的，针对风险的不确定性，人们只能利用概率理论或模糊理论去讨论风险的大小和程度。但预测结果也只能作为参考，因为小概率事件也有发生的可能，风险可能现在发生，也可能以后发生，风险发生的结果有可能还会导致新的风险产生，这些都是不确定的。

2. 风险的客观性

风险的客观性是指风险是客观存在的，它取决于主体的客观结构与状态，而不随人的主观变化而改变。人们可以研究风险，通过改变主体状态或客观环境尽量将风险控制在可承受的水平，但不能完全消除风险。

3. 风险的动态性

风险具有动态性，工程建设项目风险的动态性尤其普遍。有的风险会贯穿整个工程的始终，也有风险在工程建设的过程中逐渐显现，风险的重要程度也会随着工程进展而不断改变。针对风险的这一特征，在工程前期就要尽可能地识别出所有风险，并在施工过程中逐渐加入所识别的新风险，建立一个尽可能全面的风险清单。对风险清单中的每一个风险因素都要有相应的应对策略，并在施工过程中不断对照检查清单中的风险，分析是否有发生的可能性，坚持动态风险管理的理念。

4. 风险的多样性和复杂性

地铁工程施工技术的多样性与施工环境的多样性决定了施工风险的多样性。地铁工程受环境的影响很大，环境风险是不容忽视的。同时，地铁工程施工风险也是复杂多变的。风险是可以相互影响、相互组合的，大多事故的发生都不是由单一风险因素引起的，而是多种风险共同作用的结果。

此外，风险还具有普遍性、偶然性、发展性等特征。

二、地铁工程施工风险管理的定义、目标和程序

（一）地铁工程施工风险管理的定义

地铁工程施工风险管理就是为了达到地铁工程施工投资、工期、质量和安全的总目标，管理人员在地铁工程项目实施阶段应从风险辨识、风险评估、风险应对措施制定3个方面严格监控风险。

（二）地铁工程施工风险管理的目标

风险管理具有系统性，其最终目的是投入最少而取得最满意的结果，所以只有确定了风险管理的目标，才有可能在风险管理过程中达到预期结果。在地铁工程项目施工过程中必须首先明确风险管理的目标，即在风险事件发生之前进行有效预防，在风险事件发生之后积极减少风险损失，从而使项目管理绩效实现最大化。根据风险事件的发生时间，风险管理的目标可以分为以下两种：风险事件发生前的目标和风险事件发生后的目标。

1.风险事件发生前的目标

风险事件发生前的目标是指为了预防风险事件发生，应用风险管理的技术方法预先防范，将存在的风险掌控在可以接受的范围内，其重点监控对象是发生概率较大且可能导致严重后果的风险因素。

2.风险事件发生后的目标

风险管理计划是采用一系列有效处理方法来预防风险事件的发生，然而，无论施工企业的风险管理体系有多么完善，也不可能将风险事件完全排除。由此来看，制定风险事件发生以后的风险损失调控目标有其必要性。制定风险事件发生后的目标，可以将风险事件造成的损失及影响程度有效控制在一定范围内，并且能够最大限度地缩短施工的恢复时间。

（三）地铁工程施工风险管理的程序

地铁工程项目风险管理具有动态性、系统性，管理人员在管理过程中首先必须全面关注项目的实时状态，然后应用科学的管理方法进行风险管理，将地铁工程施工过程中存在的风险控制在可以接受的范围内。地铁工程施工风险管理的程序有风险识别、风险评估与分析、风险评价、风险控制4个环节。

1. 风险识别

风险识别指借助相关历史资料和实际经验或者采用一定手段方法辨识项目中的潜在风险。风险识别具有动态性，在这一过程中要随着工程项目进展实时辨识、汇总存在的风险，不断修正风险清单，杜绝发生突发事件或忽略部分风险。地铁工程有建设周期长、工种多、施工风险大、质量要求高等特点，施工阶段在整个工程建设中占据重要位置，必须重视这个阶段的风险识别。

地铁工程施工风险的识别不仅需要合适的方法，也要遵循一定的原则。风险识别主要遵循系统性、客观性、动态性等原则。地铁工程施工是一个复杂的项目，要按照系统性的原则去识别，从不同的施工环节去探寻风险的内在联系，同时在选取指标的时候要按照一定的标准，以防止指标的重复或漏项。只有尽可能广泛地掌握各项施工风险的实际情况，才有可能更加全面地认识工程项目，进而为项目决策者提供依据。在风险识别过程中要遵循客观性原则，不能过于主观，当然还要考虑识别成本的问题，进行风险分析必然会耗费一定的人力、物力、财力，要选取那种对工程影响大的风险因素进行识别，而没有必要识别得过于详细，所以要找到风险细致程度与耗费成本的平衡点。工程项目具有持续性的特点，新的风险也会在其持续过程中不断产生，因此在风险识别过程中也要遵循动态性的原则。

2. 风险评估与分析

风险评估与分析是指运用一定的数学方法，分别从风险发生的可能性与风险发生后造成的损失大小两个方面进行评估与分析，以获得对风险因素更为深刻的认识。风险评估的前提是充分考虑主要风险因素的影响程度，在此基础上预计各个风险概率分布的规律,然后探讨风险与风险之间的联系。在风险管理过程中,风险评估与分析起着非常重要的作用,这一阶段可以帮助风险管理者更好地了解风险的来源、大小等级,为后期风险决策提供依据。

地铁工程项目风险评估与分析要建立在相关历史资料的基础上。收集汇总相似工程项目的数据资料,有助于提高风险评估的准确性。同时,在风险评估过程中还应结合工程项目实际情况,综合考虑项目所处的环境、施工中采用的施工方法等,对风险进行全面分析。风险评估与分析一般从定性和定量两个方面进行,仅从某一方面进行评估和分析会存在缺陷。

风险的大小主要受风险发生概率和风险后果的严重性这两个方面影响。要严格控制发生概率较高的风险,一般这种风险发生后果的严重程度比较高。同时,也要重点关注发生概率较低而后果严重程度较高或发生概率高但后果严重程度低的风险。一般用风险量函数 $R=f(p, q)$ 来表达风险量的大小,该函数具有以下特点:假如两种风险后果严重程度一样,那么发生概率高的风险的风险量比发生概率低的风险的风险量大。风险量 $R=f(p, q)=p \times q$,即地铁工程施工风险量取决于风险发生概率与风险损失程度。

3. 风险评价

风险评价是指运用合适的方法评价项目中所存在的风险。风险评价的目标是衡量工程的危险程度,将得到的结果与已有的评价标准相对比,从而为风险应对策略的制定奠定基础。风险评价标准指在项目规定的时间内项目主体可接受、不可接受风险的等级水平,它直接决定了工程中各项风险的控制对策,在进行风险分析时应预先制定。

4. 风险控制

风险控制是基于风险评价的结果,确定风险应对策略,并实时监控风险的发展。实施风险控制的主要方法有风险预防、风险转移、风险缓解和风险自留等。风险控制的重点在于及时合理地实施应对措施。地铁建设过程中会有各种风险因素出现,因此制定应对策略要针对不同的风险因素,同一应对策略不可能适合所有的风险因素,要严格防止因为应对策略不合适而导致损失增加的情况出现。

为了达到安全、工期、质量以及费用的要求，必须明确施工中风险控制的目标。地铁工程施工过程中的风险控制目标是将风险因素控制在可接受范围内，维护良好的施工氛围，圆满完成工程。根据风险事件发生的时间，可将风险控制分为以下两类：

第一，发生损失前的目标，主要是风险发生前的预防，包括：科学论证工程项目的可行性，制定技术路线，确定施工工艺；为了使施工工期与施工费用最优，合理修正施工计划等。

第二，发生损失后的目标，主要是风险发生后控制损失，包括：评估风险程度以确定合适的应对策略、修改施工方案、启动应急预案、分派应急资源等。

第二节　地铁工程施工风险的动态管理模式

所谓动态管理，是指根据事物及周边的变化情况，实时实地地进行控制。地铁工程施工风险动态管理是一个动态循环过程。地铁工程施工过程中的风险种类繁多。刚开始，根据资源的投入，计划各类风险源。随着施工的进展，项目按照计划有序进行，但是风险在不断变化，而且各参建单位的经验、管理水平参差不齐，对风险的要求也不一样，在这个过程中，有专门人员陆续收集各个阶段的动态实际数据，并进行整理、加工和分析，之后将结果与计划的情况进行比较。如果二者没有偏差，则按照预先制定的计划继续执行；如果产生偏差，就要分析其原因，采取必要的控制措施，以确保项目按计划正常进行。在下一阶段工作开展过程中，按照此工作程序动态循环跟踪。地铁工程施工风险动态管理模式主要包括管理模型、运作机制以及与之相对应的管理组织。

一、PDCI 循环管理模型

这里通过地铁工程施工风险管理的基础理论,以及美国数理统计学家戴明博士提出的 PDCA 循环原理,结合地铁工程施工的建设环境,提出一种新的运作模型,简称 PDCI,即策划(plan)、实施(do)、检查(check)、改进(improve)。

在风险动态管理模式中,构建一套合理适用的 PDCI 地铁工程施工风险管理模式,能够全过程动态地管理地铁隧道盾构施工中的风险,增强管理因素在人、机、环境、管理系统中的主要作用,同时通过建立 PDCI 风险管理动态模式研究,分析管理因素与人、机、环境三个因素的关系,建立实施 PDCI 动态风险管理的分析模式。

(一)策划

在策划阶段,风险管理人员要制定地铁工程施工风险管理计划,并且要对地铁工程施工的风险进行辨识和评价,包括首次和再次的辨识和评价,并提出相应的控制措施。这是 PDCI 动态风险管理循环工作的首要步骤。

(二)实施

PDCI 动态风险管理循环工作的第二步即实施。风险管理实施层各相关人员根据各自的职责,以及风险管理人员制定的风险管理计划,逐步实施各项风险管理工作。同时,该阶段为 PDCI 动态风险管理循环工作提供数据支持。

(三)检查

检查阶段是 PDCI 动态风险管理循环工作的核心。检查指对计划实施过程进行各类检查，主要是检查各项风险记录数据和实施情况，并根据实际情况给出相关的改进建议，同时安排下一步的风险管理工作。

（四）改进

PDCI 动态风险管理循环工作的改进阶段，是针对上一步检查中所发现的问题，一方面分析为什么会产生这样的情况，另一方面采取必要的措施。同时，组织相关专家或是一些相关的咨询机构召开会议，对新发现的风险、风险偏差和管理现状进行讨论，并对这次所做的工作进行总结，这样就可以顺利地进入下一阶段的工作循环，保证 PDCI 的有效性。本阶段是风险管理水平提高的基础。

二、动态管理运作机制

建设单位（通常为地铁集团或城市轨道交通公司）风险管理决策层需要组织制定各种风险管理计划，邀请地铁工程施工单位以及其他参建各方，根据国家地下工程风险管理各类规范和实际施工环境，编写适合各地的特定的风险管理工作指南。建设单位风险管理办公室向各参建单位下发风险工作指南，提供各类纪要模板。

各单位风险管理实施层在建设单位或第三方的组织下，以每月四次的频率，即一周一次，组织风险管理成员召开风险管理周例会，进行上周的风险管理工作的检查和总结，并加强相关业务和理论培训，做好会议纪要并将其提交至施工单位及建设单位风险管理层进行讨论决策。在无特殊情况时，风险管理决策层定期召开例会，审核各标段提交的材料，并对各单位的执行情况进行总结分析，部署下一个月的风险管理工作，各单位互相学习，加强配合，共同执行、完善该项工作，减少风险事件的发生。

三、管理组织研究

在地铁工程施工过程中，应该成立风险管理组织，并明确规定各组织成员的职责。

(一) 管理组织形式

地铁工程施工风险管理组织在 PDCI 动态风险管理模型的基础上建立，采用管理层、实施层垂直式管理，由专业机构进行辅助。管理层由建设单位承担，设立风险管理决策层、风险管理办公室。实施层以标段为区段划分，包括标段内设计单位、施工单位、监理单位、监测单位等。另外设立一个技术支持专家组和一个顾问专家组。技术支持专家组由各标段预警管理单位承担，参与专项风险的评估、控制方案的制定以及重大专项风险等级的确定。顾问专家组由相关方面的专家组成，一般为 5～7 人，参与治理方案的审核、防灾先进技术实施的指导工作。

(二) 组织成员职责

1. 风险管理决策层职责

把握全局，保证各项资源的投入；针对地铁工程施工高级别风险进行决策；针对地铁工程施工高级别风险的控制措施进行决策。

2. 风险管理办公室职责

风险管理办公室的一般性工作；在风险管理决策层的领导下，编写各阶段中的风险管理计划与目标；定期主持召开风险办公室工作会议，组织各单位专家评审风险评估报告并形成书面决议；主持召开各项目风险管理例会，根据各监测数据的预警状况和各单位的分析成果、现场巡视情况及时审核，会同技术支持专家组和顾问专家组分析并确认风险预警级别，采取有效的风险处理措施。

3.设计单位的主要职责

在设计阶段做好风险评估工作，将可能的风险降到最低；做好有关风险，特别是重点部位风险的技术交底工作；参与施工期间的风险评估；对施工期间遇到的风险进行协助解释。

4.施工单位的主要职责

制定施工阶段风险管理工作实施细则以及相应的应急预案；确保施工阶段动态风险管理工作的积极开展；一旦发生突发事故，就立即启动相应的风险应急预案；每天由专人在预警系统中填写现场施工情况以及是否存在风险；对施工监测单位进行管理，督促其实时做好各项监测工作，及时反馈，遇到问题及时与相关单位沟通；根据各项监测数据与原因分析结果，采取相应的风险处理措施。

5.监理单位的主要职责

监督施工单位的风险管理工作，并做好安全风险检查工作；监督和检查施工单位对安全风险隐患处理措施的落实情况；在预警系统中每天对施工单位上报的施工情况及安全风险状况进行审核。

6.监测单位的主要职责

制定施工阶段重要风险点的专项监测方案；在施工期间对风险进行实时监测，及时将监测数据信息反馈至预警管理单位，上传预警系统，随时与相关单位沟通；根据风险监测结果，调整各项监测频率。

7.预警管理单位的主要职责

参与专项风险的评估、控制方案的制定以及重大专项风险等级的确定；定期对工程施工现场进行巡查，及时了解现场风险状况；每天对各单位上传至预警系统的监测数据及施工进度等信息进行分析，确定预警等级，必要时提出处理措施或应急措施；每周向风险管理层上报安全风险预警周报。

第三节　地铁工程施工监测信息预警管理

监测信息的预警管理是一个核心工作,是在对比、分析监测信息与预测期望信息的基础上所进行的积极、能动的行为。

一、监测信息分析

(一)监测数据的处理

施工监测单位和第三方监测单位主要进行这项工作。监测数据的处理工作十分重要,主要工作是将监测获得的数据进行原始处理:对直接测得的数据进行归类并制作文档;及时计算需要换算的数据,得出最后的结果。在对这些数据都进行加工处理之后,还要整理每天测得的信息数据,整理出日变形量和变形速率等,绘制累计沉降量、变形速率曲线,综合分析,判断发展趋势,同时及时上传至安全预警系统,查看系统中监测数据的变化趋势是否跟自己分析的一致。

(二)监测数据的反馈制度

根据地铁工程施工的特点,施工过程中的监测应该采用人工监测和自动监测相结合的方法。对关键项目进行 24 h 不间断监测,对一般项目进行人工监测,一天一测,监测数据全部由计算机管理。如监测数据的累计变化量或当次日变化率出现大幅度变化,则要及时通知施工单位、设计单位、监理单位、建设单位等,积极进行判断分析,采取对应措施,确保施工安全。

（三）监测信息动态反馈的分级管理

综合分析施工过程中的监测数据，就是为了充分利用监测数据，为变更设计、调整施工方法提供科学的依据；另外还可以积累资料，为以后同类施工提供类比依据，并确保隧道结构、周边建筑物及地下管线的安全。同时，可以对各监测项目的监测数据进行核对，确保监测数据的可靠性。

二、发布预警

（一）监测预警分级

根据《中华人民共和国突发事件应对法》中对可以预警的自然灾害、事故灾难和公共卫生事件的预警级别的规定，按照突发事件发生的紧急程度、发展势态和可能造成的危害程度，监测预警级别可以分为一级、二级、三级和四级，分别用红色、橙色、黄色和蓝色标示，最高级别是一级。全国各地铁建设城市也根据当地的气候条件和地质环境，制定了符合各地区特点的安全监测预警级别体系。例如：北京、上海将安全监测预警分为三个级别，分别用黄色、橙色和红色来表示；沈阳将监测预警分为正常区（绿色）、隐患区（黄色）和危险区（红色）三区；香港将工程监测预警分为预警值、告警值和管理值；武汉将工程安全预警分为一级（黄色）、二级（橙色）和三级（红色）预警，三级为最高级。

这里根据城市地铁工程及其建设管理的特点，按照城市地铁工程的风险等级、安全状况、危害程度及发展趋势等，将地铁工程安全监测预警从低到高分为一级、二级和三级，分别用黄色、橙色和红色表示，三级（红色）为最高警级。

（二）监测预警分类

地铁工程安全监测预警通常可分为以下三类：监测数据预警、监测综合预警和工程监测预警。

1.监测数据预警

监测数据预警是根据地铁工程施工过程中的监测，对某个监测项目的某个或某些监测点的实测数据与预先设计的预警值进行比较，如果实测值超出预警值就会进行预警，根据超出极限值的具体状况，分别进行一级、二级和三级预警。监测数据预警是一切预警的基础，由于针对具体监测项目的监测数据是因超标而进行的单一数据预警，所以不能完全反映监测项目或监测对象的安全状况。

对监测数据进行分析处理是监测数据预警的基础工作，现在各地随着技术的不断发展，依据自己的工程经验，将科学的分析技术和手段结合起来，如远程监控信息系统，确保了该项工作的正常进行。以武汉为例，其对监测数据的预警工作，采用累计变化量和日变化速率两项指标进行，其中一项或者两项同时出现异常，都需要进行预警，具体解释如下：

黄色预警：累计变化量和日变化速率之一超过规定控制值的70%时，或双项指标均超过控制值的70%时。

橙色预警：累计变化量和日变化速率之一超过规定控制值的80%时，或双项指标均超过控制值的80%时。

红色预警：累计变化量和日变化速率之一超过控制值，或双项指标均超过控制值，或实测变化速率出现急剧增长，偏离正常变化趋势时。

各地控制指标值略有不同，建议各地可根据各自的实际情况、地铁工程施工的特点、建设管理经验等合理确定预警值。

2.监测综合预警

监测综合预警是在单一监测数据预警的基础上，综合考虑某一监测项目的监测点数量、监测数据预警点数量、预警点位置分布及各预警点的预警等级情况等进行的预警。监测综合预警的可靠度较高,可以帮助人们规避很多问题。

3.工程监测预警

工程监测预警是指在分析监测综合预警的基础上,结合现场安全预警巡视结果,对现场各项目,包括工程监测对象以及整个工程的不安全程度进行的警情预测判定。工程监测预警是一种综合性的预警,以各种监测数据以及巡视结果为基础,能够确保工程本身以及周边原有项目安全,它从完整意义上对工程安全隐患或不安全状态做了真正考量。工程监测预警是实施工程预警管理的主要依据。

另外,安全巡视预警是工程监测预警的辅助手段,主要是依据现场安全检查内容,结合地区经验制定相应的预警等级。巡视人员通过现场安全巡视往往能够更迅速地发现问题,从而及时采取措施。现场安全巡视一般需要巡视人员进行观察、拍照、量测、记录和摄像等,重点对出现预警的监测对象进行现场安全风险状况的检查,如周边建(构)筑物的开裂、剥落情况,地下室的渗水情况与附属设备状态,地下管线及接口的破损、渗漏情况,周边地面的沉降和开裂等。可以根据现场巡查内容的严重程度,分成相应预警等级来辅助监测预警。

三、监测预警的信息上报和处置

从目前来讲,预警信息上报一般有以下几种方式:书面报送、电话报送、短信报送和远程安全预警系统报送等。若巡视人员在现场巡视时发现重大风险事故隐患,则必须立刻以电话形式上报。监测预警实施层应根据警情加强监测、巡视,进行必要的先期风险处置。远程监控安全预警中心在收到预警信息后,应及时组织专家分析,判定监测预警等级,并进行发布和反馈。

对黄色预警,应于确定时起4h内报送施工、设计、监理、安全预警单位和建设单位业主代表。施工单位和第三方监测单位应提高监测频率,监理和现场业主代表应加强监督，安全预警单位要做初步风险分析。

对橙色预警，应于确定时起 1 h 内上报施工、设计、监理、安全预警单位和地铁集团。地铁集团相关负责人组织参建单位进行讨论处理，并参考监理、安全预警单位或相关专家的预警处理意见，及时准确地制定解决方案，监督预警处理。

对红色预警，应于确定时起立即以电话形式上报相关单位。建设单位应邀请相关方面资深专家、建设政府主管部门负责人，组织相关参建单位进行讨论处理，制定解决方案，监督预警处理。

当发生工程重大突发风险事件时，施工单位应立即采取应急预案进行处理，并以最快速度上报地铁集团和工程各个参建单位负责人，必要时越级上报社会救援机构等。

四、监测预警的消警

当监测预警期间没有发生工程自身或环境风险事故，也没有次生灾害发生，且监测预警已经处理结束时，施工单位负责人可提出消警申请，监理和安全预警单位在综合评定后确定是否消警。

消警要谨慎，对状况不明、没有分析支撑、条件模糊、目前技术不能确定的监测预警不建议消警。在监测预警消除后，仍应继续跟踪相应的监测项目，重点关注工程安全状态。对于高级别工程风险和红色预警的消警，尚应组织专家论证决定。

第七章　地铁工程施工安全管理

第一节　地铁工程施工安全管理概述

一、地铁工程施工及其安全管理

（一）地铁工程施工

地铁工程施工，顾名思义就是针对以地下运行为主的城市轨道交通系统（主要指地铁站、地铁沿线基础设施）进行的建设、施工。而作为一项城市基础设施建设的重要内容，地铁施工项目在一定程度上有别于住房、桥梁和道路等设施的施工项目，其项目的施工方法较为特殊，除了可以采用明挖法、盖挖法等较为传统的施工工艺，还可以运用盾构机、顶管机等施工机械，在挖掘施工的同时将预先准备好的组件即时安装在隧道壁上。

（二）地铁工程施工的安全管理

安全管理是一项系统性的科学，是对生产活动中人、事、物、环境状态的管理和控制，是一种动态管理模式。根据内容不同，地铁工程施工安全管理可以分为施工安全组织管理、设施设备安全管理、行为控制与安全技术管理等。

在地铁建设过程中，岩土的复杂性和不明物体的不可预见性，施工程序和施工设备的复杂性，建设周期的长久性等，在很大程度上增加了项目施工的难度和危险性。除此以外，人的不稳定性和设备的安全状态也尤为关键。上述不确定性直接影响到整个地铁工程施工过程能否顺利完成，以及是否会造成人员伤亡和财产损失。而为了确保地铁工程施工目标的顺利实现，地铁施工项目的施工单位、监理单位和第三方机构以及其他相关单位必须采取一系列的安全管理措施：一方面，对人员和设备等进行有效的管理，保证人员和设备等一直处于安全、完好的状态，进而从基础上有效保障地铁施工项目的顺利完成；另一方面，对地铁工程施工的整个过程中所有已发生的安全事故、已发现的安全隐患以及潜在的极有可能发生的风险隐患进行科学合理的管理。

二、地铁工程施工安全管理的意义

地铁工程的确能够给人们的出行带来便利，但由于地铁项目建设在城市中，城市建筑物密集，城市地下管线相互交织，每个区域的地质条件不同，施工技术复杂，施工质量要求高，在施工中易产生安全事故，造成人员伤亡和财产损失。地铁工程是一个系统工程，一个项目从产生到最终投入运营，中间要经过许多复杂的环节。每一个环节都至关重要，任何一个环节出现问题，都会引起事故。研究地铁工程施工过程中事故产生的原因，对地铁工程施工全过程进行安全管理，不仅能够保护周边环境，还可以避免或者减少人员伤亡与财产损失。对于地铁运营公司来说，则可以减少投入，增加经营效益。对于施工方来说，安全事故的降低，可以减少企业损失，缩短工期，降低成本，在给企业带来经济效益的同时提升企业知名度与信誉度。对于周边居民来说，安全的施工方法可以保证他们的正常生活以及周边建筑物的安全。

三、地铁工程施工安全管理的难点

地铁工程施工安全管理的难点主要包括以下几个：

（一）信息及时性不足，施工监测监控难

首先，地铁设计、施工与监测难以做到有机结合。地铁设计单位、施工单位和监测部门应建立起相互协调配合的关系，以保障地铁施工项目按时、保质完成，但在实际施工过程中，作为监测部门的数据来源，设计单位和施工单位并未能向其及时提供全面、准确的现场实际数据，因而监测部门难以有效确认或及时更改施工技术参数，在很大程度上影响了地铁施工项目的顺利实施。而监测部门不能将监测数据信息及时传递给设计单位和施工单位，则无法正确、有效地指导规划设计和现场施工。

其次，数据处理技术水平低。计算机技术人员结合各种建筑施工项目特性和技术要求，利用相对成熟的计算机技术，成功开发了各种数据处理软件，一些规模较大的集团化建筑设计公司和施工单位，正积极尝试和推广这些先进的软件，但是大部分企业和机构人员素质低、能力有限，一些技术人员在实际的地铁工程施工安全管理过程中，未能全面掌握和熟练使用信息化设计与施工技术，更不会正确、高效利用数据分析与处理软件，依然沿用较为传统和简单的数据处理方式或者根据个人的工作经验，对监测数据进行模糊化的分析与处理。

最后，缺乏有效监测方法和监管机制。一是针对基坑坍塌、坑道涌水等各种突发性特殊情况，现场监测人员在自身安全得不到有效保障和对周边环境无法做出全面、正确预测的前提下，无法做到实时监控监测。二是在地铁工程施工安全管理过程中，第三方检测机构缺乏长期有效的规范管理，导致其应有的优势难以得到发挥。

（二）施工条件复杂，安全管理难度较大

地铁工程施工安全管理的主体较多，涉及各级政府职能部门、相关事业单位以及参建责任单位，部门和单位之间协调配合和服从管理难度比较大。同时，地铁工程施工的技术要求高且较为复杂，更涉及许多专业领域，而这些领域之间的相互支持与配合，则直接取决于全面有效的管理。总之，安全管理主体之间及各领域之间的衔接与配合，都是地铁工程施工安全管理的重要内容，其工作量巨大，而要求也非常高。

从地铁工程施工安全管理的内容来看，其主要针对施工现场和过程中的人员、设备、环境及其他内容，实施一系列的安全管理措施。现阶段，随着施工项目建设规模的不断扩大、施工要求的不断提升，地铁工程施工安全管理的难度也在不断扩大，这主要表现在以下几个方面：

第一，人员多、不稳定性高。地铁施工项目与其他建筑物施工项目一样，需要大量的施工人员，但由于施工周期长、工程量大、施工环境复杂，施工人员的身心会发生变化，甚至会产生不同程度的负面情绪。另外，由于缺乏正确、全面的安全意识，现场施工人员常常因自己的习惯而未能正确佩戴安全装备和规范使用施工机具，为施工过程埋下大量的不稳定和危险因素。

第二，设备多、运行稳定性无法保障。鉴于施工项目的周期长、环境复杂和工程量大等情况，地铁工程施工现场所使用的机械设备（如挖掘机、起重机、打桩机等）不仅多，而且大、复杂。或因自身故障或因人为操作，这些机械设备的运行稳定性往往得不到充分有效的保障，极易造成人员的伤亡和财产的损失。

第三，作业环境因素较为复杂，主要体现在环境因素和气候因素两个方面。在地铁工程施工过程中，施工现场周边的建筑、道路以及地下管线等环境因素会影响和阻碍地铁工程施工，在施工不当的情况下甚至会引发严重的安全生产事故。气候因素对地铁工程施工的影响也比较大，恶劣的气候不仅会

延长施工周期、增加施工难度,而且可能引发严重的地质灾害,对施工人员的生命健康和周边居民的生命财产造成严重的威胁。

第四,施工技术要求较高。地铁工程施工首先要保障施工现场人员和设备的安全,其次应确保周边建筑物、道路以及地下管线的安全,最后应确保地铁工程施工项目顺利完成。而基于这3点,在地铁工程施工过程中,对施工技术的选择十分严格,工艺要求也很高。

四、地铁工程施工安全管理的目标

地铁施工项目主要是由施工作业人员、技术人员和管理人员等通过对原材料的使用、施工技术和工艺的应用以及全体人、机、物的合理规范管理来完成的大型城市基础设施建设项目。而在地铁施工项目的开展过程中,人员和机械设备的不稳定性、不安全性以及施工材料的不规范性等问题不仅严重影响地铁施工项目的施工进度、施工质量和施工成本,还威胁到地铁施工项目的安全性和可靠性。因此,对地铁施工项目实施规范合理、全面有效的安全管理,主要就是对人员、机械设备、材料等进行管理,其目标就是确保这些可能威胁地铁施工安全的因素始终处于安全可控的状态,尽可能地降低安全事故发生的概率,最大限度地降低因安全事故导致的人员伤亡和财产损失的程度。

第二节 地铁工程施工安全事故

一、地铁工程施工安全事故综合分析

（一）因果图分析法

因果图分析法是一种原因分析法，由于因果图的形状像鱼骨，所以该方法又称为鱼骨头法。此方法利用逆向思维，从结果分析原因，找出一种原因，又分析造成这种原因的原因，然后不断分析，最终分析出造成事件的整个原因。因果图由结果、原因和枝干3部分组成。

（二）施工安全事故致因因素

通过分析国内地铁工程施工安全事故案例可知，坍塌事故、物体打击事故、高处坠落事故的发生概率较高。

1. 坍塌事故

坍塌事故指的是因设计、堆放或施工安排不合理，建（构）筑物、土方、杂物等发生坍塌而造成危害的事故。

在地铁工程施工过程中，坍塌事故主要分为车站在深基坑施工中引起的坍塌和隧道掘进施工引起的坍塌。

地铁车站在深基坑施工中引起的坍塌包括：基坑支护不及时或者支护结构设计不合理导致土压力过大，破坏维护结构而产生的坍塌；在施工过程中，地下水暖管道被挖断，渗漏的水使土体软化，承载力降低，从而引起的路面塌陷；不良地质条件，例如空洞、古墓、软弱土层等引起的塌陷。

地铁隧道掘进施工引起的坍塌包括：在盾构过程中遇到不良地质条件出现的坍塌；隧道围岩自身承载力低引起的隧道土体塌方；围岩支护设计不合理导

致的坍塌，例如在二次衬砌过程中通常采用复合的方式，从而保证支护和围岩构成一个整体，如果衬砌防水失去效果，地下水位上升，就会引起隧道坍塌；施工作业水平低，工人在操作过程中不按规范施工，在机械掘进过程中机械振动较严重，对松散土层造成影响，破坏了土体稳定性，也会导致坍塌。

此外，在车站主体结构进行施工时，需要搭设脚手架，若脚手架搭设不合理或者底座不稳定，当荷载超过一定限度时，脚手架就会坍塌；在浇筑车站主体混凝土时，混凝土模板在设计计算有误或者未经过专家评审或者负荷太大情况下，也会坍塌；在多雨季节施工，软弱土体遭受大量雨水浸泡，土体强度降低，土的压缩性增大，加上施工过程中对土体产生扰动，也会引起坍塌事故的发生等。

2.物体打击事故

物体打击事故是指物体在外力的作用下产生运动，与人体接触后，对人体造成外在打击，使人体遭受不同程度损伤的事故。

在地铁工程施工过程中，物体打击事故主要发生于地铁车站施工过程中。造成物体打击的原因如下：

（1）施工现场管理不到位

施工现场环境脏乱差；施工队伍在交叉作业时没安排好进场顺序，在施工作业时不注意安全；施工工人违反劳动操作规程，例如在车站主体工程施工中，工人在脚手架上作业时往下乱扔东西；未拆除施工现场有坠落可能的物件或未对其进行加固；随意丢弃拆卸下的构件；安全管理制度不健全；现场管理人员不负责，安全管理仅停留于表面。

（2）机械设备不安全

对于明挖法施工的车站，施工主要为露天作业，长期风吹雨打，造成机械设备不安全，比如起重机械制动失灵，钢丝绳、吊钩断裂，滑轮破损，起重吊装时物体绑扎不牢，被吊装物超载外溢，吊装索具、索绳不符合安全规范技术要求。

3.高处坠落事故

当工人作业面在 2 m 或者 2 m 以上时,其作业就称为高处作业。在高处作业不幸坠落,即高处坠落事故。

在地铁工程施工过程中,高处坠落事故主要发生在地铁车站施工过程中,包括临边洞口坠落、脚手架上坠落等。

下面利用因果图分析法从人员、环境、材料、设备、管理 5 个方面对高处坠落事故原因进行分析:

（1）人员因素及表现

①工作态度。工作状态不佳,经常抱怨;不按劳动规程操作;不听从管理人员指挥;工作三心二意,注意力不集中等。

②身体健康状态。长期超负荷工作,体力跟不上;精神压力过大;天气变化引起身体不适;没有休息好,导致疲劳工作等。

③专业技能。未经过专业培训,培训考核不合格,操作不熟练,施工经验不足,受教育程度低,不懂各种技术标准等。

④安全意识。安全意识淡薄,不使用安全用具,在危险作业时抱侥幸心理,思想麻痹大意,不用心发现安全隐患等。

⑤心理素质。心理素质差,恐惧高处作业;抵抗不住高强度工作压力。

（2）环境因素及表现

①地质条件。地下水文地质条件、古墓、空洞、土层分布情况等不明。

②地下管线情况。雨水管、给水管、排水管、电缆、燃气管等不明。

③周边建筑物影响。周边商业楼、住宅楼、构筑物等杂乱。

④气候条件影响。风、雨、雷电、雪等天气影响大。

⑤现场生产环境。夜间施工照明情况、基坑排水情况、物资材料摆放情况、人员交叉作业安排情况等不佳。

⑥周边道路交通情况。隧道或车站上部道路交通车流量以及车辆荷载的影响大。

⑦工作场所条件。工作场所杂乱，施工现场东西乱摆放。

⑧安全防护措施。临边洞口防护装置、安全警示标志的设置不合理，防护用具质量不合格。

（3）材料因素及表现

①材料质量。规格、尺寸、大小、强度等不合格。

②材料存储状态。现场材料摆放区域布局不佳，未按照要求存放材料，危险性材料存放不当等。

③材料整理状态。未及时清理现场废料，未整理不用材料或按类分别整理存放。

④材料的适用性。材料强度、刚度、规格不符合设计要求。

⑤材料的有效性。材料不能够用于施工，材料耐久性、耐火性、安全性等不佳。

（4）设备因素及表现

①设备选型。设备与施工方法不对应，起重机械起重能力未满足要求。

②设备运行性能。设备年久失修，经常发生故障；运行不灵活；设备构配件有问题；设备难以操作。

③设备维修保养。未定期对设备进行维修保养。

④零部件磨损和老化。设备零部件用的时间太长，发生老化；零部件在设备高强度工作下不断磨损；零部件更换不及时等。

⑤安全防护装置。安全防护装置配置情况不佳等。

（5）管理因素及表现

①施工组织设计。施工方案不符合要求，施工工法不能解决主要技术难题，施工场地平面布置不合理，安全管理责任制度不健全，劳动操作规程不健全，没有完备的应急预案等。

②安全技术措施。安全技术措施不完整，专项工程施工技术方案（例如大型模板工程、脚手架工程等）不合理，施工技术方案未经过专家论证，大型设

备安、拆技术不合理，复杂分部分项工程没有对应的技术解决方案，技术人员未获得专业培训等。

③安全教育情况。安全活动未开展，项目管理人员未获得安全管理培训教育，施工工人未获得安全教育，特种设备操作人员未获得安全培训等。

④安全检查情况。未对施工现场环境进行检查，或者排查现场存在的主要安全隐患；未对施工场地地质条件进行勘察，或者检查不良地质条件；对采取的技术措施未检查；对安全责任制落实情况未检查；对临边洞口防护装置未检查等。

⑤安全技术交底。施工技术交底文件不合理，施工管理人员未对操作人员进行安全技术交底，施工工人未领会技术交底文件意图等。

⑥安全隐患整改。未排查安全隐患；对排查出的安全隐患未采取合理方法进行处理等。

⑦应急预案。大型专项工程没有对应的应急预案，应急预案不可行等。

二、预防地铁工程施工安全事故发生的措施

通过对地铁工程施工安全事故案例分析可知，地铁工程事故的发生不是偶然的，而是一系列原因相互交错所产生的必然结果，在深入分析事故背后的原因后，就需要根据事故发生的原因制定相应的防范措施，做到防患于未然。

（一）人员管理

根据事故致因原理，任何事故的发生都是由两方面的原因导致的：人的不安全行为和物的不安全状态。在这两个原因中，人的原因往往占主导，所以要想从本质上消除事故，就必须加强对人的管理，在人员管理方面下功夫，只有把人管好，才能更好地预防事故的发生。

人员的管理包含两个层面：管理层人员管理和作业层人员管理。由于建设规模的扩大，管理层人员数量急剧增加，但工作年限长、施工经验丰富的员工较少，现场管理层人员大多工作年限短，工作经验欠缺。作业层的工人往往文化素质不高，安全意识淡薄，也不清楚作业规程，更不懂得个人的安全防护，因此很容易在施工中发生事故。

1.管理层人员管理

（1）安全理念教育

用各种方式对新来人员进行教育，让他们认识到安全的重要性，知道安全是第一要务，任何工作的开展都要以安全为重，认识到安全事故发生的严重性——轻则通报批评，重则可能追究刑事责任。一旦发生安全事故，将造成人员伤亡、财产损失，并且有损企业形象，以后企业在相同工程投标上会受到影响，最终会影响到管理层人员的各种福利待遇，所以从上到下每个人都应重视安全问题。

（2）安全技术教育

邀请企业技术骨干或者高校相关专家，对新员工进行技术指导，讲解技术难点，并分享自身专业经历。

（3）劳动纪律教育

由于工作性质不同，工程一般连续作业才可以按期完工，收到良好的经济效益，因此工人需要不舍昼夜地施工。在这种情况下，管理层人员应该 24 h 在岗，值班人员要负责任，不能擅自离岗，当需要交接时，必须填好交接手续，交接人员应签字。

2.作业层人员管理

（1）安全意识教育

收集事故案例，对工人进行详细讲解，分析事故原因，让工人意识到事故的危害性，也可以通过开展安全教育日活动，增强工人的安全意识，使其时刻将安全放在第一位。

（2）安全技术培训

首先，在入场时，要把好关口，项目经理部要对工人进行安全技术培训。如果工人没有参加培训，或者培训后考核不合格，没有参加培训考试，没有进行培训签到，就无法领取工卡。

其次，要把好特殊工种关，对起重机、电工、架子工、模板工等特殊作业工种，必须要求持证上岗，3个月没有作业的，必须进行再培训，经培训考核合格后方可上岗操作。

（3）安全技术交底

首先，部分一线操作人员受教育程度低，素质参差不齐，安全意识差，对技术交底不重视，从内心排斥交底，当技术人员在讲解技术要求难点重点时，只是应付，不愿意听从。

其次，一些现场负责监督管理的技术人员思想意识薄弱，存在侥幸心理，在交底时草草了事，不能使工人真正领会设计意图与施工要点。

对于这些情况，项目部要制定详细的技术交底规章制度，让每一个员工都能意识到技术交底的重要性，必须对"什么时候交底，谁交的底，在哪儿交的底"做好记录，将责任划分到每一个员工。

（二）技术管理

一切工程的实施都是在技术的指导下完成的，技术是项目的灵魂，所以必须做好施工技术管理。技术管理在整个项目中占有很重要的地位，但是很多施工企业不重视技术管理，如不按照建设程序进行，边勘察、边设计、边施工，遇到问题再解决而不是将问题遏制在萌芽阶段，摸着石头过河，或者不按照设计施工，不相信设计方案，得过且过，投机取巧，完全按经验施工而不是科学。因此，要加强技术管理，从技术管理入手，解决这些问题。

1. 图纸会审

图纸会审的目的就是让施工方领略设计意图。如果有不懂的地方，在现场就可以提出来，设计人员在考虑后可以进行修改。图纸会审一般包括各自学习、初审、会审、综合会审。在审阅图纸过程中，相关人员应该认真看，深入看，不放过任何一个符号和尺寸数字，弄清楚每一页图纸的设计思路，在脑海中构建出模型，将不懂的问题记录下来，将好的意见记录下来，在三方会审时向设计人员询问。在三方会审时，应严格按照国家标准规范检查图纸设计是否准确，计算是否正确，建筑设计是否合理，结构形式布局是否合理，设计包含内容是否全面等。在会审过程中，若发现问题，则要详细记录，并将其纳入技术档案。

2.施工方案编写与审批

在图纸会审完后，如果没问题，或者图纸已经得到完善，施工单位就需要编写施工方案。施工方案是整个施工过程的整体规划，必须按照施工图纸执行，工程部人员在编写好施工方案后，将其报部长审阅，部长在审查完毕之后，交技术总工核查，技术总工号召所有技术人员，详细分析该工程地质条件状况，借鉴之前施工经验并结合本工程实际，从工艺流程、机械设备、材料入场、施工场地总平面布置等方面反复讨论，然后形成切实可行的施工方案，并将该方案报总监理工程师批准，批准后的方案才能用来指导实际施工。

3.落实技术交底

当总监理工程师批准施工方案后，总工程师应该组织各专业技术人员、劳务队队长、施工班组组长开会，详细讲解施工方案中所用的施工工法、施工技术、新材料和新工艺，重点讲解技术难点，让与会人员理解方案意图，做到心中有数，使一线作业人员了解技术交底内容，并严格按照内容施工。对一些比较重要的分部分项工程，例如模板工程、脚手架工程、深基坑工程，应由工程部部长和主管工程师对劳务队进行详细交底和专题教育，使一线作业人员能够完全领会意图，不至于在施工过程中犯错。

（三）材料设备管理

任何项目都是各种材料有序堆砌的结果，因此材料在项目实施过程中至关重要。机械设备代替人工施工，不仅效率高，而且可以做人做不到的事，因此在施工过程中，材料设备的管理是非常重要的，必须予以重视。

1. 物资设备的质量

严格执行物资设备的检验报验制度。所有机械进场必须经过报验，查验相关的证、照，现场检查机械性能，严禁证照不全、性能不合格的机械进场。

2. 设备的使用

对于特种机械，操作人员必须取得上岗证，并经过实际操作培训合格后才能操作，禁止无证操作。在实际施工中，项目部对自己租用的机械，如起重机、挖掘机等，往往能严格执行报验制度。而对一些外部劳务队伍租用的短期使用的机械设备，部分项目部人员责任心不强，往往没有严格执行报验制度。因此，项目部应树立所有进场设备均由总包单位负责的思想，增强责任心，严格进行报验与查对上岗证。

3. 材料的存取制度

材料的存放要做到分类存放、定位编号、专人管理，并保证堆放位置方便装卸、搬运。同时，对材料堆放场地，要做好防火、防雨、防盗、防风措施，并且要保证材料场地周围环境卫生状况良好。对材料的领取，要进行登记，做好台账，做好领料卡记录。此外，还要定期对材料进行盘点，对比实际使用数量与设计用量，合理控制，若出现节超，则必须认真分析原因。既不能偷工减料，从而影响安全质量，又不能浪费材料，从而影响成本。

（四）现场及周边环境

在施工前做好周边建筑物和管线调查，成立专门的环境调查小组，对照设计图，对车站周边的地表情况进行详细的调查，编制环境调查报告，准确绘制出道路及两侧建筑物和管线的位置关系。

要对基坑与隧道周边管线进行详细踏勘，摸清管线情况，如走向、埋深、材质，做好记录，与相关产权单位进行联系，制定相应方案。对于深基坑范围内的管线,具备条件的,优先改迁到基坑影响范围以外,无法改迁的,做好保护措施。在施工过程中,一旦管线被破坏,产生的影响就会比较大,因此应事先做好应急预案,以防万一。如果管线被挖断,则应马上启动应急预案,根据管线性质,做出快速反应,疏导交通,疏散周边人员,禁止明火,封闭道路,上报上级主管部门,联系消防、交警、路政、市政管理部门。

在布设周边建筑物监测点前,须先对建筑物原始状态、外观、内部主要部位等进行拍照存档。建筑物沉降观测点一般应均匀布置在建筑物外墙上。如果在立柱、门窗等位置观察到有裂缝,则可以在裂缝处贴石膏饼,然后通过石膏饼观察裂缝发展情况。

要加强施工过程中的常规监测,必要时加大监测频率,及时发现周边建(构)筑物的变形或沉降情况,以采取相应措施。

在施工前移除基坑周边超载的土方,将在基坑周边1倍基坑开挖深度范围内的土方全部移除,在1~2倍基坑开挖深度范围内的土方堆载坡度不大于45°,并对边坡采取必要的防护措施。

对深基坑周边施工围挡实行全封闭管理,在围挡四周设置醒目的警示标识和警示灯,在道路两侧设立告示牌,围挡底部采用砖砌基础,防止车辆失控冲入场地。

(五)施工安全监控及预警管理

施工现场实行以监控量测为主、以现场巡查为辅的监控管理。项目部在现场按要求配备安全专职管理人员巡查,同时要求当有较大风险作业时,现场管理人员必须在场监护。

项目部在获得监测数据或预警相关信息后,必须立即对突发事件发生的可能性和严重程度、可控性进行初步评估。当出现不危及人员安全、可以马上排除的小事故时,项目应急指挥部应发出应急预警;当出现根据监测数据认为有可能扩大成为危及人员生命安全的大事故时,项目部应尽快组织现场人员撤离危险区域，并采取紧急措施，防止事故的进一步扩大，同时立即上报地铁公司发出预警。

在进入预警期后，可根据现场情况采取以下相关控制措施：启动应急预案；通知各应急小组进入待命状态；准备好应急处置工作所需的物资设备；对突发事件区域进行围挡隔离，阻止无关人员进入；项目部发布预警信息，对群众提出建议和劝告；做好各种接待工作。

第三节 基于信息化的地铁工程施工安全管理

一、地铁工程施工安全管理信息化的含义及作用

从施工角度来看，地铁工程施工安全管理与其他类型施工安全管理所使用的方法较为相似，而从施工安全管理的重要意义来看，地铁工程施工安全管理所使用的方法更为严格，要求更高。考虑到地铁工程施工特点与现场安全管理的难点，地铁工程施工安全管理除了会采用条形图、网络工作图表，还会采用甘特图、网络计划图和关键线路法等，但是这样做存在一些弊端，如只注重进度上连续的工作任务，无法直观、全面地展示地铁工程施工安全管理的整体内容与具体过程。在此基础上，现代化信息技术的发展与应用，为地铁工程施工安全管理提供了一种更加全面、有效的方式，尤其是建筑信息模型（building information modeling, BIM）的出现与应用，为地铁工程施工安全管理提供了虚拟施工技术、空间冲突检测技术、安全区域识别技术等先进的安全管理技术，

实现了地铁工程施工安全管理的信息化、集成化。

随着现代企业管理制度的引入与应用，建筑施工企业积极应用先进的信息技术，对施工项目中的各种安全风险与隐患实施信息化管理机制。地铁施工项目对安全的要求比较严格，不仅要有效控制项目成本，还要确保项目顺利完成，更要全面保障人员和设备等的安全。基于此，地铁施工企业在对地铁施工项目实施安全管理的过程中，基本上都是引入信息化手段，建立信息管理系统，通过完善的管理平台功能，有效提高地铁施工项目监测监控和隐患排查效率，充分保证各项数据信息反馈的及时性和问题处理的效率，从而全面提升安全管理的效率和水平，有力保障地铁施工项目人员、设备等的安全，有效控制和杜绝安全事故、安全隐患的发生。

（一）地铁工程施工安全管理信息化的含义

地铁工程施工安全管理是主要围绕着工程质量管理、安全管理和应急管理三大主体业务，对地铁工程施工过程和相关环节进行全面有效的管理。而随着大数据、云计算等先进网络通信技术的全面推广和深入应用，地铁工程施工为提高自身安全质量管理水平和能力，也在积极探索和应用信息化技术，由此形成了地铁工程施工安全管理信息化系统。地铁工程施工安全管理信息化，就是将地铁工程施工安全质量管理以及应急管理等业务板块统一纳入一个内容丰富、功能强大的信息管理平台，以便地铁工程施工的相关单位负责人能在第一时间了解和掌握地铁工程施工质量安全管理情况，并通过系统平台对地铁工程施工过程中存在的人、机械等隐患因素进行全面有效的防控，以便有效排查与治理安全隐患，尽可能降低安全事故发生概率，最大限度保证地铁工程施工项目按时、保质、顺利完成。

全方位搜集和整理相关信息、数据，是进一步完善指标体系可操作性的基础，而且是对现有指标体系加以补充和完善的基础，对地铁工程后期建设有着重要的现实意义。而只有真正意义上实现防、控一体，才能够保证管理、科技

第七章　地铁工程施工安全管理

以及信息系统高效融合，从而为地铁工程施工安全管理的现代化建设提供必要的帮助和支持，建立主动安全和被动安全相结合的安全管理机制。

（1）系统信息化

地铁工程施工信息管理平台在实际的应用过程中，对施工安全管理有着重要的现实意义。具体来说，体现在如下几个方面：

①系统操作相对简单，相关人员无须经过专门培训即可上手操作，界面简洁，在技术层面具有一定的可行性。

②系统的运行环境为管理中心的网络，并且要求能在施工现场复杂的环境下发挥出预期的作用。而现有服务器在性能上可以完全支撑网页服务需求，为大规模网络应用提供强有力的支持。而且视频服务器、监控摄像头等硬件设备均为当下市场上的主流型号，可完全满足系统预期的设计要求。

③系统全面采用网络编程语言，并且在开发过程中集中应用了当前先进的计算机框架。这些技术目前已经相对成熟，并有着大量的成功应用案例，可以较为充分地满足系统的设计需求。

（2）管理信息化

无论是技术角度还是管理、效益角度，当前安全管理信息平台开发的时机日益成熟，各个角度均有其实现的可能性。

利用万米单元网格进一步细分管理辖区，并以此为基础贯彻和落实责任到具体人员，避免了原有的责任不清、权责不明、巡查难度大等问题，从而全方位加大安全管理督查力度，为工程施工质量的提升提供了强有力的支持。

以中心平台为基础，为安全管理的顺利流转提供全方位的支持，实现协同办公的同时，为管理者提供全面的数据普查服务支持，为事件定位提供必要的支持，最终为相关案件的整体处理效率的提升提供强有力的支持，极大地提升各种施工安全事件的处理时效。

集约型数字化管理系统在实际的设计过程中，引入符合国内住房和城乡建设部要求的评价体系，是政府管理创新的重要方面，管理层可以通过该系统实时掌握安全管理工作的开展现状，保障了监管工作的有序进行。

（二）地铁工程施工安全管理信息化的作用

随着信息化技术、互联网技术、监测技术等相关技术的发展，国内的地铁工程施工也进入信息化时代，尤其是在解决地下工程施工中各种不确定问题上，信息化更显现出其特有的优势。施工监测属于施工的主要组成部分，对地下工程施工非常重要。施工监测的实施可以帮助施工企业掌握第一手数据资料，通过数据分析处理向建设单位、设计单位、第三方监测机构等相关利益者提供参考。

同时，施工监测数据还可以直接用于现场施工，对施工现场事故预报警、减少施工安全事故发生具有积极的作用。监控检测技术在城市地铁工程建设中的应用可以有效避免没有现场数据所导致的开挖、支护、掘进等工作盲目开展的问题，促使地铁工程施工安全有序进行，加快施工进度，提高地铁工程建设项目的经济效益。

具体来说，地铁工程施工安全管理信息化的作用包括以下几方面：

首先，将信息化引入地铁工程施工监测，对施工监测管理水平的进一步提升有着重要的积极作用。一方面，信息化建设为施工和施工监测的有机融合提供了必要的技术支持；另一方面，信息化建设为监测信息的存储、利用奠定了坚实的基础，极大地提升了施工信息的利用效率，从而为施工整体信息化水平的提升提供了更为全面的支持。地铁工程施工监测信息化建设的推进和深化，是当前阶段全面提升工程管理效率、减少工程信息不对称现象的需要，而且在保障施工进度方面有着不容忽视的重要作用。除此之外，施工监测信息化建设是管理者深入、有效分析当下安全形势的重要数据来源，尤其是地理信息系统（geographic information system, GIS）技术的应用，更是为管理者远程了解施工进度、施工现场等信息提供了巨大的支持，因此可以显著地提升决策的有效性和科学性。

其次，地铁工程施工隐患排查引入信息化，不仅能有效提升地铁工程施工的隐患排查能力，从人、机、物、环境等方面构建全方位的隐患排查体系，更能有效提高地铁工程施工隐患治理水平,遵循"发现一个隐患,治理一个隐患"的原则,并通过全面有效的监督管理机制,尽可能地消除地铁工程施工过程中的各种隐患,以尽可能降低地铁工程施工安全事故发生的概率。另外,通过建立隐患排查与治理的信息化系统,安全管理人员不仅能全面了解各个环节和工序等方面存在的各种隐患,还能通过存档的隐患状态,及时掌握隐患治理的最后效果,向隐患治理不及时、不得力、不彻底的相关单位、部门以及人员,发出相应的督办意见通知,以督促其在一定时间内消除隐患,确保地铁工程施工安全、顺利完成。

最后,地铁工程施工安全预警引入信息化,为地铁工程施工提供了更加全面的安全保障,对顺利完成地铁工程施工目标具有重要的作用。一是构建信息化的安全预警系统,可为地铁工程施工安全管理提供更加全面、有效的数据信息,便于安全管理人员在第一时间对可能发生的事故隐患及时做出应对;二是构建信息化的安全预警系统,可以消除和解决地铁工程施工过程中人的不稳定性和物的不安全性,提供一套更具针对性且行之有效的保障机制,从根本上有力保障地铁工程施工的顺利进行;三是构建信息化的安全预警系统,可为地铁工程施工过程中各种可能发生的事故提供一些具体、有效的应急方案,并能全面调动地铁工程施工相关单位和部门,在最短的时间内将事故损害降到最低,有效减少地铁工程施工的人员伤亡和财产损失。

二、基于信息化的地铁工程施工安全管理的原则和框架

(一)原则

随着当前阶段我国信息技术、通信技术的不断发展,信息化建设已经成为信息时代进一步提升施工安全管理水平的必然选择。构建一套涵盖应急管理、质量管理以及安全管理的信息平台,是当前推动我国城市轨道交通事业发展的

必然选择,而这不仅需要建立数据标准接口,而且需要数据交互、共享方面的支持。基于信息化的地铁工程施工安全管理应着重强调如下几点原则:

①统一规划、细分模块、分步实施。在实际建设过程中,应从所在城市轨道交通建设安全管理的实际需求出发,统一规划、模块施工,并以此为基础逐步建立一套完整的安全质量信息管理系统,从而为地铁的安全施工提供必要的帮助和支持。

②简单实用、注重实效。平台只有具有良好的推广性、适用性,才能够在实际应用中发挥出预期的作用。

(二)框架

地铁工程施工安全管理的主体由建设单位、施工单位、监理单位及第三方监测单位等共同组成,而其核心内容就是以监控监测、隐患排查为手段,以安全培训为保障,以安全预警为目标,正确、规范引导安全管理各个主体针对地铁工程施工现场和过程中发生的各种安全隐患与安全事故实施及时有效的安全应急方案。其中,监控监测主要包括基坑变形监测、沉降监测、盾构监测三个重要目标监测,其主要由第三方监测单位负责,而施工单位和监理单位配合第三方监测单位协同完成。隐患排查主要包括监控检测数据汇总上报、分级和报警,其他现场问题排查后的隐患上报、隐患治理、工程亮点、考核管理、工程资料、教育培训、审批管理。隐患排查主要由施工单位和监理单位共同负责和完成,建设单位负责检查施工单位和监理单位的完成情况,以及协调统筹施工单位、监理单位和第三方监测单位按照相关要求开展安全管理工作。

除了监控监测、隐患排查,还要强化人员培训与绩效考核、安全应急方案设计。包括地铁施工项目在内的任何施工项目都是由具体的施工人员完成的,但在施工目标和各项工作完成的过程中,人的不稳定性和不安全性在很大程度上影响了施工项目的顺利完成以及施工项目的安全可靠性,因而非常有必要对施工人员和相关人员进行相关方面的技术培训、知识教育,以增强施工项目所有人员的安全观念和防范意识，进而有效降低安全事故发生的可能性，确保地铁施工项目的顺利完成。同时，地铁施工项目内部和外部存在很多不可控的影响因素，其中一些影响因素极易导致地铁施工项目发生较大的安全事故，而要想有效应对和妥善处理安全事故，就必须制定和实施全面、有效的安全应急方案，以便在第一时间内及时控制和消除安全隐患，并尽可能地减少和降低因安全事故造成的人员伤亡和经济损失。

总而言之，一个完整的地铁工程施工安全管理框架是由监控监测、隐患排查、安全培训等方面构成的。

三、地铁工程施工安全管理引入信息化的数据需求分析

地铁工程施工安全管理引入信息化的前提就是具备有关地铁工程施工过程和内容的全面数据信息，而这些数据信息涵盖了地铁工程施工的各个方面，如盾构施工中盾构机的运行数据、基坑施工数据以及其他方面的数据。

（一）地铁工程施工安全事故

地铁工程在具体的施工过程中存在大量的安全风险因素，而这些风险因素一旦失去有效控制，便会引发相应的安全事故，具体包括地铁隧道坍塌、物体打击、高处坠落、火灾和爆炸、机械伤害、触电、车辆伤害、起重伤害、中毒和其他伤害。坍塌事故是地铁工程施工过程中的高发、高伤亡事故，因此在地铁工程施工过程中要关注地质、施工技术、地下水位等因素的变化，避免坍塌事故的发生。

地铁工程施工安全事故与施工工法紧密相关。轨道交通施工工法主要有明挖法、盾构法、暗挖法、盖挖法和矿山法，但地铁作为城市轨道交通工具，主

要穿行于城市地下空间以及部分地上空间，难免与城市的地下管网、建筑物及其基础结构以及绿化植被等产生交叉影响，故而地铁工程大多采用明挖法、盾构法和矿山法进行施工。地铁工程施工安全事故主要分为明挖法施工安全事故、盾构法施工安全事故、矿山法施工安全事故3种类别。

已发生的安全事故、未遂安全事故以及不安全行为，都是安全事故的重要内容。其中，已发生的安全事故的系统性分析，是一种建立在事故结果基础之上，推导事故发生原因的分析方式，是我们了解施工安全事故、积累安全施工经验的重要途径。已经发生的安全事故实际上只是所有安全事故中非常小的一部分，更多的是未遂安全事故和不安全行为，它们所带来的巨大隐患同样应当被重视。而所有行业都应及时采取有针对性的风控措施以规避可能带来的损失，尤其是对未遂安全事故和不安全行为的控制和规避，始终是降低事故数量和影响的必然选择，所以这两项工作也是安全管理工作的重点。因此，安全管理人员应当及时记录安全管理执行过程中所发现的各类问题，并对未遂安全事故、不安全行为等及时进行记录、总结及分析。

（二）地铁工程施工安全管理的监测对象

地铁施工项目主要采用明挖法、矿山法、盾构法等施工工艺，但是在施工过程中，受土质、周边道路、建筑物等因素的影响，地铁施工项目存在一些较为严重的施工安全事故，如基坑变形、隧道偏位、管线沉降等，这不仅会影响地铁施工项目的安全管理，也会给地铁施工项目建成后安全、平稳地正常运行埋下严重的安全隐患。因此，对地铁施工项目的基坑变形、管线沉降等进行全面有效的监测监控，具有重要的意义。

（三）构建信息化地铁工程施工安全管理系统的需求调研与分析

地铁公司构建信息化地铁工程施工安全管理系统，建立在大量需求数据分析的基础之上，而这些数据需求分析则是通过有针对性的需求调研来获取的。

1. 需求调研

需求调研主要通过对地铁公司、监理单位、施工单位与安全质量管理相关部门进行逐一走访来开展调研工作，以便充分了解轨道交通工程建设的现状、管理模式，各参建单位的组织机构及岗位职责，各参建单位现有的安全质量隐患排查与治理工作模式、工作流程，并收集各参建单位的业务需求、相关业务表单等信息。

2. 需求分析

需求分析主要将走访调研的内容及搜集的资料从软件开发的角度进行整理、分析，厘清被调研单位部门（科室）的业务需求、功能需求、组织机构及职责、与安全质量隐患排查管理相关的岗位及职责、隐患排查与治理流程、需要系统生成的报表和报告等。在分析过程中若发现疑问或搜集的相关资料欠缺，则根据实际情况对被调研单位部门（科室）进行二次调研。

（1）用户特点分析

安全质量隐患排查与治理信息系统既是建设单位、监理单位、施工单位的协同工作平台，又是建设管理方与相关参建各方共同参与地铁施工项目建设安全质量隐患排查与治理的重要工具。信息系统涉及的用户专业多、范围广、工作内容与职责差异大，因此应根据地铁施工项目安全管理层次特点，结合业务需要，对信息系统的用户进行分级分类。对不同层级、不同身份的用户，系统应提供不同的系统页面并分配不同的功能权限与数据权限。

根据地铁施工项目的安全管理特点，安全质量隐患排查与治理信息系统的用户可分为两个层级，包括决策层、实施层。其中，决策层是指地铁公司，实施层则是指施工单位、监理单位。

（2）用户主要职责内容

安全质量隐患排查与治理信息系统主要面向参与地铁施工项目建设的建设单位及相关参建方。按不同层级、不同专业分类，信息系统用户的主要工作职责与涉及的系统功能如下：

①地铁施工项目建设分公司：负责公司管辖范围内轨道交通建设工程的安全质量隐患排查与治理体系的设计和运行；负责安全质量隐患排查与治理的管理办法、隐患分级、隐患排查要点及隐患排查清单等相关管理文件的制定、修订、宣传、培训；对各单位安全质量隐患排查与治理工作进行监督、指导和考核；负责"安全质量隐患排查要点"的发布与更新；对公司内部安全质量隐患排查与治理工作取得显著成绩的单位及个人提出奖励建议；对公司内部未履行安全质量隐患排查与治理职责的单位及个人提出处罚建议。

②安全质量部：开展安全质量隐患季度大检查；定期向公司主管领导及安全质量管理委员会报告安全质量隐患排查与治理情况；组织安全质量隐患排查与治理工作会议，定期编制安全质量隐患排查与治理报告。

③监理单位：对所监理的工程开展隐患排查与治理工作；保障安全质量隐患排查与治理工作所需要的人员、设备及相关费用；对施工单位安全质量隐患排查与治理工作进行考核，并将考核情况纳入对施工单位的履约评价中；总监理工程师对本监理标段的安全质量隐患排查与治理工作负总责，监督施工单位及时整改、消除安全质量隐患；对排查出的Ⅰ、Ⅱ、Ⅲ级隐患进行消除；参加项目管理单位主持召开的安全质量隐患排查与治理工作会议，汇报隐患排查与治理情况，定期编制隐患排查与治理工作报告；提供所管辖标段监理组织机构及联系方式、监理规划、监理细则等相关资料，并上传至安全质量隐患排查与治理信息系统。

④施工单位：施工单位是安全质量隐患排查与治理工作的主责单位，全面负责安全质量隐患排查与治理工作；施工单位工程指挥部（集团公司）对施工现场安全质量隐患排查与治理工作负领导责任，每月要组织一次安全质量隐患排查与治理工作；保障安全质量隐患排查与治理工作所需要的人员、设备及相关费用；项目经理对所管辖标段安全质量隐患排查与治理工作负总责；对排查出的Ⅰ、Ⅱ、Ⅲ级隐患进行消除；参加建设单位及监理单位召开的安全质量隐患排查与治理工作会议，汇报所管辖标段安全质量隐患排查与治理的工作情况，定期编制安全质量隐患排查与治理工作报告；提供合同标段隐患排查与治

理工作所需的组织机构及联系方式、施工方案、专家论证方案以及环境调查与设计等相关资料,并上传至安全质量隐患排查与治理信息系统。

四、监测监控与隐患排查方案设计

（一）监测监控信息管理

1.基坑变形监测

在系统分析了安全监控管理需求的基础上,进一步划分监控管理系统功能模块,其主要有如下六大模块：

（1）安全预警管理模块

该模块包括预警处理、预警以及安全形势现状3个子模块。

（2）监测信息管理模块

数据分析、数据处理、数据上传以及数据查询都是该模块下的重要子模块。

（3）现场图片、视频管理模块

该模块在实际的应用过程中,为管理者提供了现场监测的图片数据。

现场视频子模块：管理者可以通过网络对施工现场加以实时观察,并且所采用的硬件设备支持全方位无死角自动控制,在施工关键部分有所分布,监测人员可以直接通过该模块掌握施工关键现场的安全管理情况,摆脱时间和空间对监测活动的限制。

基坑视频监控系统非常关键,囊括了监控中心、现场监控中心、视频采集点以及远端监控用户端设备在内的各个子系统。其中,监控中心结合实际监控需求,配置了操作终端、多屏显示、分屏显示等多种数字化的硬件设备。

（4）工程资料管理模块

这一模块在实际的应用过程中不仅可以为管理人员及时掌握电子数据提供支持,而且是查询工程资料、存储工程资料的主要功能模块,可结合实际使用需求，提供包括地质资料、历史报告、合同在内的多种信息。

（5）信息交流模块

该模块是本系统中的重要功能模块，在实际的应用过程中可以为各种施工会议的召开提供支持，而且它是施工各方人员交流的主要平台，对施工效率的提升有着重要的积极意义，同时也有利于规避施工事故。

（6）系统管理模块

该模块为用户管理提供了必要的支持，系统将会按照预先设定的流程，分别授予用户不同的访问权限，从而使用户完成对不同等级安全信息的访问，如现场图像、施工评价、基础信息、基坑信息等。

2.沉降监测

主要用户分类为：建设单位、第三方监测和风险咨询单位、施工单位、监理单位。

（1）建设单位

预警管理有预警发布功能，向特定的隐患处置人员发送预警信息。

在发布预警信息后，便进入预警信息处置阶段。该阶段主要包括预警响应、预警跟踪、消警3部分。其中预警响应、预警跟踪操作后均会推送办公自动化（office automation, OA）提醒，且跟踪会发送短信提示。而预警响应分为两部分：预警处置者和预警响应信息。其中，预警处置者默认为预警发布的人员，可增减。预警响应需上传预警分析、现场照片附件，可上传多个附件，附件可增减。

（2）第三方监测和风险咨询单位

第三方监测和风险咨询单位主要使用的功能包括基础数据维护、风险管理、监测管理、监管动态等。其中，基础数据维护模块包含工点管理、测组管理、风险源管理、初始值控制管理4个方面的主要内容。工点管理是以二维地图的方式来显示全部线路、标段、工点信息，可以通过点击图中的某个工点，查看对应的工点基本信息，并结合列表所显示的线路、标段、工点信息，对工点进行修改、删除，添加工点描述，设置工点参建单位，更改工点工程状态；

测组管理是通过工点导航来显示某个工点下的测组列表信息，可添加、修改、删除测组，也可在工点下添加 GIS 图，同时还可以在某个测组下管理其测点信息；风险源管理是在添加风险源功能界面上，对填报的信息和数据做出进一步的修改完善和删除，可以通过设置重大风险源提示页面，对四级树状结构最后一级的工点下的风险源信息进行相关操作设置，将风险源设置为重大风险源，还可以在风险管理-工程动态下的第 3 个数据域"重大风险源清单"数据列表，点击行数据右侧的"添加评估"链接，打开风险评估录入页面，从而对风险源进行评估。

在监测管理-监测数据查看菜单下，第三方监测和风险咨询单位可通过构建的工点测组列表设置针对指定测组的监测数据操作链接，如查看最新数据，浏览查询多方单位上传的历史监测数据、联合巡检记录，以及各工点下的审批申报、历史记录。

（3）施工单位

施工单位主要使用的功能包括风险管理、监测管理等。风险管理主要包括工程动态、每日工况和动态评估。其中，工程动态部分是由多方信息上报汇总后呈现出来的结果状态，而施工单位可对己方上报的信息进行修改完善和删除操作。每日工况是施工单位对每个工点每天的施工进度和施工情况进行的文字描述和图片展示。动态评估是施工监测单位对施工方的施工情况和施工安全风险进行评估的结果。同时，在停测审批上报方面，施工单位及其监测单位应对存在的施工风险做出相关分析，并就申请停测审批做出相关描述。

（4）监理单位

监理单位主要使用的功能包括监测管理、预警管理、工程数据库。监理单位主要通过监测管理-监理巡检对某个或多个工点的巡检情况进行上报。

3.盾构监测

盾构区间的监测及管理工作，涉及的单位包括建设单位、盾构中心咨询单位（以下简称咨询单位）、勘察和设计单位、监理单位、施工单位及施工监测单位等。由建设单位和咨询单位组成的盾构中心，全面负责盾构施工监测管理工作。而由勘察和设计单位、监理单位、施工单位和施工监测单位构成的盾构现场监测分中心，则具体负责现场监测日常工作。监理单位负责现场监测分中心的运转，以及各单位间的协调工作。

在完成测点验收及初值采集相关工作后，施工监测单位和第三方便可按照预定的监测方案对盾构施工过程进行监测，主要监测范围包括盾构法隧道管片结构和周围岩土体监测项目、盾构区间周边环境监测项目、盾构区间联络通道监测项目。其中，盾构法隧道管片结构和周围岩土体监测项目主要监测管片结构竖向和水平位移、管片结构净空收敛和应力、管片连接螺栓应力、地表沉降、土体深层水平位移和分层竖向位移，以及管片围岩压力和孔隙水压力。盾构区间周边环境监测项目主要监测建（构）筑物、地下管线、高速公路与城市道路、桥梁、既有城市轨道交通（地下）、既有铁路（包括城市轨道交通面线）的位移与沉降情况。盾构区间联络通道监测项目包括联络通道结构、联络通道两侧 50 m 范围内隧道结构和联络通道中心正上方 20 m 半径内周边环境。其中，联络通道结构监测项目包括联络通道结构沉降、横向收敛和温度。联络通道两侧 50 m 范围内隧道结构监测项目包括隧道沉降、径向收敛和水平位移。其中，隧道沉降和径向收敛为必测项目，可根据现场实际情况考虑是否对水平位移进行监测。联络通道中心正上方 20 m 半径内周边环境监测项目包括建（构）筑物沉降和倾斜、管线沉降、地表沉降。

地铁工程施工远程监测监控系统还要满足以下管理需求：能够在工作中进行科学合理的监督管理；用更为先进的远程集中管理取代传统的分布式现场监管，并充分发挥图像数据的功能，为数据的搜集和整理提供了极大便利，系统本身也要有较为理想的沟通功能、预警功能，保证在意外发生之后能够及时进行有针对性的调整和应对；要有较为出色的预处理能力，能全方位分析和总结所搜集到的信息，从而为决策者的决策行为提供更为强大的辅助支持，将可能带来的损失控制在可以接受的程度以内；要预先设定预先管理策略，科学管理；要及时存储和搜集事故后相关数据，为后续研究工作的开展提供完整的数据支持，规避同类事故的发生；要具有自动报表生成、打印功能，规避外界因素所带来的不利影响，为监控工作的开展提供更为全面、更为高效的支持。

（二）隐患排查管理

为了最大限度地规避各类安全事故所带来的经济损失和不利社会影响，保障广大施工人员的人身安全，应构建完整的隐患项目排查数据库，并通过闭合管理和分级管理的有效配合，进一步落实责任，加强对责任人的教育、监管，保证工程质量，保障工程施工安全，为城市地铁交通事业的发展做出贡献。

1.隐患排查与治理管理功能模块设计

（1）主要功能模块

主要功能模块包括门户首页、隐患排查、隐患治理、综合统计、工程资料、通知通报、考核管理、手机客户端、系统管理以及隐患条目库。

（2）功能描述

各功能模块的详细分析见表7-1。

表7-1 隐患排查与治理管理功能模块的详细分析

序号	功能模块	一级功能	功能概述
1	门户首页	综合排名	对相关单位的考核扣分情况、排查隐患数目进行排名
2		隐患工作提示	排查工作提示、响应工作提示、核准工作提示、消除工作提示、隐患治理跟踪
3		隐患地图	GIS地图显示隐患信息与预警信息
4		通知通报	包括相关的公告信息、会议通知与纪要等
5		违规信息提示	未排查、未响应、响应超时、核准超时、消除超时、排查不到位等违约信息提示
6	隐患排查	排查上报	根据安全质量隐患排查要点表及相关人员排查要求系统
7		隐患补报	上报不在隐患排查表中的隐患

续表

序号	功能模块	一级功能	功能概述
8	隐患排查	表单管理	根据情况在系统上下达整改通知单、工作联系单或监理通知单
9	隐患治理	隐患响应	相关方对上报隐患通过系统进行响应并上传隐患治理意见与措施
10	隐患治理	隐患消除	相关方通过系统消除隐患
11	隐患治理	历史已消除隐患	已经消除的历史隐患
12	隐患治理	隐患查询	进行所有隐患及表单状态查询
13	综合统计	综合统计	对各层级的部门角色、等级、明细排查出的隐患进行统计，并进行对比统计
14	综合统计	态势分析	按隐患的线路类型、线路等级、类型等级进行隐患统计，形成线状图、饼状图、柱状图
15	工程资料	基础资料	基础资料的增删改查
16	工程资料	法律法规	法律法规的增删改查
17	工程资料	工程报告	上传、查看隐患周报、月报、专题报告
18	工程资料	支持性文件	上传、查看相关支持文件
19	通知通报	公告信息	对公告信息进行展示
20	通知通报	通知与纪要	上传相关会议通知与会议纪要
21	通知通报	手机短信	通过手机短信发送隐患信息
22	考核管理	违规考核统计	按线路、单位、部门、角色、人员对相关违规操作进行考核并统计
23	考核管理	记分考核统计	按记分原则对相关违约操作进行考核并统计
24	考核管理	违约责任追究	按违约责任追究原则对相关违约行为进行责任追究
25	考核管理	警告约谈	系统发布警告、约谈信息
26	考核管理	监理诚信管理功能	业主代表、施工单位、监理单位综合打分考核监理人员

续表

序号	功能模块	一级功能	功能概述
27	考核管理	施工承包商分包管理功能	施工承包商资质系统备案及纠纷信息系统备案
28	手机客户端	隐患上报	通过手机客户端随时随地对隐患进行上报
29		隐患治理	运用手机客户端随时随地开展隐患排查与治理的相关工作
30		地图定位	通过手机客户端对隐患所在地进行地图定位和隐患信息标记
31		手机管理	对手机App功能板块和上传的信息数据进行管理
32	系统管理	权限管理	各相关单位及各部门信息、人员信息、角色信息、账户信息的维护
33		流程管理	能够自定义流程包，流程包下能够自定义流程，流程能够新建、编辑、删除
34		线路管理	按部门、角色、人员灵活对系统功能权限以及访问数据权限进行分配与设置
35		隐患信息	建立线路、标段、工区等基本信息
36		基础信息	包括预警级别、报警级别等基础信息的设置
37	隐患条目库	工程建设行业	分类建立工程建设行业的隐患条目
38		其他行业	建立其他行业的隐患条目

2.隐患排查与治理分级管理

采取分级治理的方式，对质量隐患进行排查和治理。根据整改难度、危害程度等，将其进一步划分为一、二、三级。

一级隐患具有极大的危害性，所带来的经济损失、人身安全威胁非常大，并且有一定可能造成省级乃至国家级的社会危害。同时，事故发生率高，整改需要投入的时间、精力、资金量大，需要停工进行一段时间的针对性整改。

二级隐患通常具有较大的危害，可能带来一般性安全事故，并可能产生一定的社会影响，在整改过程中往往面临着较大的难度，经过针对性整改之后方可排除。

三级隐患的整改难度相对较小，并且所带来的危害也相对较小，在经过整改后可立刻排除。

五、人员培训与绩效考核方案设计

（一）安全培训管理

安全培训管理包括安全教育培训管理与安全教育培训题库两大部分。

安全教育培训管理又包括特种作业人员培训管理和施工阶段三级安全教育培训两个部分。在进行特种作业人员培训管理时，施工单位负责人员的培训、教育等具体工作，并负责做好人员备案与记录。建设单位与监理单位负责特种作业人员资质与教育培训的监督检查工作。要求将所有特种作业人员的培训记录上传系统，方便统计和查询特种作业人员的信息。施工阶段三级安全教育培训为一般培训工作，施工现场参与人员都要经过三级安全教育培训。同样，施工单位负责培训的制定、实施和记录，建设单位和建立单位负责监督与检查工作。在安全教育培训管理上，各标段施工单位只能看到自身的安全培训信息。

安全教育培训题库来源于安全规划时生产的危险源及其防护措施清单、施工过程中的安全事故和隐患等。现场施工人员的文化水平较低，所以题库素材最好选择三维动画模式，通过语音对现场的施工要点、安全管理要求等进行说明和讲解。不能采用三维动画的，尽量选择图片，少用文字，以提高施工人员的学习兴趣和学习积极性。另外，在培训完成之后可以通过系统自动生成相应的安全教育题目，对施工人员进行考核，提高施工人员的安全意识。

（二）考核管理

在考核管理模块上，系统可以对员工的系统学习与使用情况进行记录，自动监测上传数据的准确性和及时性，并定期对监测单位进行统计。考核管理系统可以对施工单位的监控视频开通情况进行考核。同时，系统责任分解管理模块还可以对各方的工作进行分解，将各方工作展示给用户，并自动记录各方工作进度情况。考核信息统计模块可以对考核情况进行统计，生成统计报表。另外，系统中还有警告模块，可以根据各参建单位实际工作开展情况对其进行预警和通报。

（三）审批管理

1. 人员请假

用户可在系统中填报请假申请，由管理人员进行审批，在审批通过后，该用户的隐患排查与治理工作由指定人员负责。

2. 人员变更

用户可在系统中填报人员变更申请，由管理人员进行审批，在审批通过后系统维护人员会在后台进行变更处理。

3. 开工停工

用户可在系统中填报开工停工申请，由管理人员进行审批，在审批通过后系统维护人员会在后台进行工点/区间开工停工设置。

六、安全应急管理方案设计

（一）预警事件管理

预警事件的参与用户包括分中心用户与管理层用户两大类。

分中心用户是具体的操作和记录人员，对数据的异常情况、事件过程和升降级问题进行记录和说明。对于分中心用户来说，他们更关心信息的传递功能。在预警事件发生之后，他们需要对现场的事件情况、原因、可能危害程度等进行了解，并判断是否需要进行预警。同时，他们对预警事件的全过程进行记录，为后期的专家处理和管理层了解事件提供依据。

管理层用户是指挥层人员，需要对事件进行全面了解、及时处理。所以，对管理层用户来说，他们更关心事件的起因和进展，需要对事件进行全面的了解，并进行整体的调度。同时，在管理层用户设置上还要注意权限的划分。

剥离事件是在安全评估中生成的原有机制，原有事件只作为监测异常事件。要根据当前的施工现场实际情况、工程项目进度、事件危害风险等对剥离事件进行综合评估。剥离事件通常包括在风险巡检中发现的问题、群体性事件等。每个事件都可以按照对应的事故类型走不同的处理流程或者升降流程。在对各类事件进行综合评估之后，通过科学的指标进行展示。

（二）应急指挥管理

应急指挥管理主要在应急指挥调度页面进行。应急指挥调度页面可以对当前的应急物资管理情况、预警事件情况、参考案件、专家会商情况等进行查阅，具体模块如下：

①建议处理措施：主要是对预警事件的处理建议。

②应急物资管理：当前预警状态下的相关应急物资储备情况。

③应急处理人员：能查看工点相关信息及联系方式。

④应急指挥流程：以预警事件等级为基础对应急指挥流程进行显示。

⑤参考案例：相关参考案件。

参 考 文 献

[1] 曹炜炜.地铁弱电工程的投标造价管理与施工成本控制[J].城镇建设，2021（1）：251-253.

[2] 陈克济.地铁工程施工技术[M].北京：中国铁道出版社，2014.

[3] 陈乔松，林锐深.广州地铁工程施工阶段安全风险管理实践与思考[J].广州建筑，2015（2）：43-48.

[4] 陈煜.探讨地铁轨道工程施工质量控制与管理要点[J].建筑工程技术与设计，2020（16）：2704.

[5] 付静.关于地铁工程施工安全与质量管理的思考[J].建筑与装饰，2019（12）：51，53.

[6] 葛付勇，柏春林.地铁工程施工现场管理存在的问题与对策[J].工程管理，2023，4（8）：112-114.

[7] 胡文涛.综合住区土建工程施工管理中的风险与对策：以福州地铁 4 号线洪塘站（TOD）为例[J].运输经理世界，2022（25）：28-30.

[8] 黄泽军.地铁车辆段工程施工关键技术与施工管理[J].四川水泥，2018（12）：230.

[9] 金国辉.建设工程质量与安全控制[M].北京：清华大学出版社，2009.

[10] 井红光.关于地铁工程施工安全与质量管理的思考[J].数字化用户，2019，25（39）：202.

[11] 康林.探讨地铁工程施工安全与质量管理[J].居业，2020（12）：132-133.

[12] 李利.地铁工程施工企业项目管理与成本控制分析[J].装饰装修天地，2019（6）：106.

[13] 梁新宇.浅谈城市道路与地铁施工交叉工程管理[J].价值工程，2019，38（7）：139-141.

[14] 刘林平.探讨地铁工程施工中监测技术与安全风险管理[J].建材与装饰，2021，17（12）：273-274.

[15] 刘占磊.探讨地铁工程施工安全与质量管理[J].百科论坛电子杂志，2021（12）：2713.

[16] 刘钊，余才高，周振强.地铁工程设计与施工[M].北京：人民交通出版社，2004.

[17] 罗旭，胡江民，刘龙秋.轨道交通规划设计与施工管理[M].武汉：华中科技大学出版社，2020.

[18] 牛文，黄日生，刘红伟.盾构隧道施工技术与管理研究[M].天津：天津科学技术出版社，2021.

[19] 潘长隆.关于地铁工程施工安全与质量管理的思考[J].魅力中国，2020（5）：311-312.

[20] 卿三惠.隧道及地铁工程[M].2版.北京：中国铁道出版社，2013.

[21] 施仲衡，张弥，宋敏华，等.地下铁道设计与施工[M].2版.西安：陕西科学技术出版社，2006.

[22] 孙策.基于PDCA的地铁工程BIM施工管理模式研究与应用[J].工程建设与设计，2021（17）：193-196，202.

[23] 孙冬.大型地下空间与地铁工程施工技术及管理措施[J].现代企业，2023（5）：170-172.

[24] 孙桐林，赵云，王冬卫，等.现代有轨电车建设施工技术与工程管理[M].北京：机械工业出版社，2018.

[25] 王昌水，包乃文.南京地铁1号线一期工程施工项目中材料的采购与管理[J].都市快轨交通，2005，18（4）：14-16.

[26] 王鑫.监理在暗挖隧道施工安全管理中的作用与实现路径分析：以成都地

铁7号线某段暗挖隧道工程为例[J].四川建筑,2018,38(2):253-254,256.

[27] 吴绍升,毛俊卿.软土区地铁深基坑研究与实践[M].北京:中国铁道出版社,2017.

[28] 徐猛勇,陶继水,张松,等.建设工程质量与安全控制[M].北京:中国水利水电出版社,2011.

[29] 颜治军.地铁工程施工单位的成本管理与控制策略探究[J].现代商贸工业,2022,43(13):98-100.

[30] 杨亮.地铁工程施工中的成本管理与控制[J].魅力中国,2019(29):353-354.

[31] 杨其新,王明年.地下工程施工与管理[M].成都:西南交通大学出版社,2015.

[32] 姚义.地铁工程防水施工质量管理与控制[J].中小企业管理与科技,2020(13):36-37.

[33] 尹文,杜博,陈瑞春,等.地铁工程设计与施工[M].北京:中国石化出版社,2021.

[34] 于景臣,张冰,夏芳.城市轨道交通工程施工[M].北京:中国铁道出版社,2009.

[35] 苑敏,张百岁,李燕燕,等.建设工程质量控制[M].北京:中国电力出版社,2014.

[36] 张爱妹.地铁工程施工中的造价管理与控制策略探究[J].科技创新导报,2021,18(4):158-160.

[37] 张冰,于景臣,刘巧静,等.城市轨道交通工程施工[M].北京:中国铁道出版社,2014.

[38] 张培元,郑子腾.探讨地铁工程施工安全与质量管理[J].魅力中国,2021(25):3-4.

[39] 张强. 地铁盾构工程施工阶段造价管理与控制[J]. 中国房地产业，2020（25）：238.

[40] 周爱国. 隧道工程现场施工技术[M]. 北京：人民交通出版社，2004.

[41] 周晓军，周佳媚. 城市地下铁道与轻轨交通[M]. 成都：西南交通大学出版社，2016.